동
화
창
작

동화창작

1판 1쇄 찍은날 2014년 8월 1일
1판 1쇄 펴낸날 2014년 8월 5일

지은이 이성훈
펴낸이 송희영

펴낸곳 건국대학교출판부
등록 / 제4-3 호(1971. 6. 21.)
주소 / 143-701, 서울시 광진구 능동로 120 건국대학교
전화 / (02) 450-3891~3
팩스 / (02) 457-7202
홈페이지 / http://press.konkuk.ac.kr
e-mail / press@konkuk.ac.kr

책임편집 박명희

찍은곳 ㈜동화인쇄공사

정가 14,000원

ISBN 978-89-7107-574-6 03800

이 도서의 국립중앙도서관 출판예정도서목록(CIP)은 서지정보유통지원시스템 홈페이지(http://seoji.nl.go.kr)와 국가자료공동목록시스템(http://www.nl.go.kr/kolisnet)에서 이용하실 수 있습니다.(CIP제어번호: CIP2014022235)

동화창작

이 성 훈 저

건국대학교출판부

동화 창작, 어떻게 할 것인가?

동화 창작, 어떻게 할 것인가? 하는 고민은 동화에 관심이 있는 사람은 누구나 한번쯤은 자문하는 말이다. 동화에 종사하는 동화 작가·구연가·치료사·학자·화가·엔터테이너 등의 인구가 약 100만이라고 하니, 이러한 질문을 던지는 것이 무리는 아닐 듯싶다.

그럼, 그 대답을 듣기 위해 무엇부터 시작해야 하나? 우선은 동화를 창작하기 전에 시와 소설 그리고 드라마에 대한 전반적인 문학지식을 쌓아야 한다. 왜냐하면, 동화는 서정적·서사적·극적 요소를 갖춘 문학의 본질이기 때문이다. 이후 동화의 개념을 알아야 하고, 동화를 창작하는 방법이 무엇인지 배워야 하며, 어떤 종류의 동화 창작을 할 것인가를 결정해야 한다.

많은 책들이 동화라는 장르로 출판된다. 요즘 우리 출판계 현황이 시·소설·드라마·수필 등으로 출판되는 책은 적자지만, 동화로 출판되면 적어도 본전은 건진다고 하니, 참으로 동화의 마력이라 아니할 수 없다. 심지어 동화 작가를 단기간에 양육하여 배출하는 사설학원, 각종 동화구연모임, 독서지도사와 스토리텔러 양육기관 등이 곳곳에서 성황이라니, 어찌 동화의 세상이라 아니할 수 있겠는가?

유럽에서 동화를 전공한 필자는, 어떻게 하면 우리나라에 올바른 동화 이론과 창작 방법을 정립할 것인가? 동화를 창작하고 싶은 사람은 많은데, 어떻게 쓰게 하는가? 해마다 홍수처럼 쏟아지는 동화책들이 아무런 이론적 잣대도 없이 그냥 시장논리로 수용되는 것을 방관해도 되는 건가? 하는 번민 끝에 이 이론서를 집필하게 되었다.

먼저 시와 소설 그리고 드라마에 대한 전반적인 고찰과 창작 방법을 알아본 뒤, 세계적으로 동화 이론의 기준이 되는 뤼티Lüthi와 프로프Propp, 프로이트Freud와 융Jung 그리고 프란츠Franz와 페처Fetscher 등의 이론을 중심으로 동화 창작 방법을 세우고, 거기에 따른 실례를 작성함으로써, 동화 창작의 가능성을 제시하는 데 저술의 의의를 둔다.

끝으로 동화 관련 전공서적이 미비한 현실에서 개척자의 자세로 도서출판에 도움을 주신 건국대학교출판부 신채호 부장님과 박명희 선생님께 감사의 마음을 전한다.

2014년 8월

이 성 훈

목 차

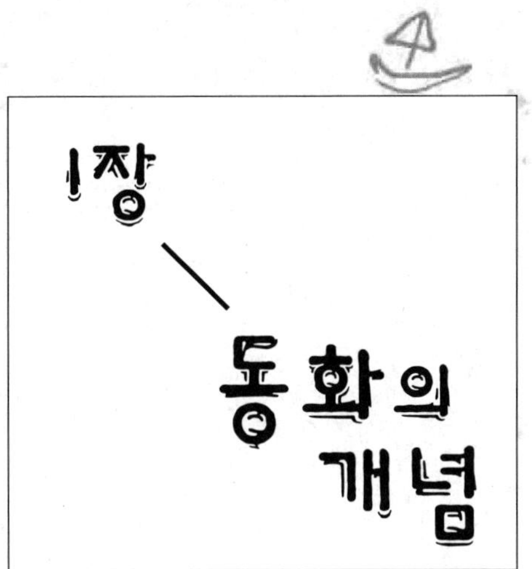
1장
동화의 개념

1.1. 동화는 긴장감이 감도는 이야기

동화童話란, 경이로운 사건을 다루기 때문에, 항상 긴장감이 감도는 이야기이다. 그래서 동화를 듣는 사람은 너무 기뻐서 그 이야기를 또다시 듣고 싶어 한다. 좋은 결말이 동화의 본질이기 때문에, 대부분의 동화는 해피엔드로 끝난다. 또한 동화에서는 삶과 죽음, 이승과 저승 사이의 경계가 뚜렷하지 않고, 대개 인간의 문제, 곧 인간의 운명이 다루어진다. 따라서 동화에서는 신적인 존재나 초인간적인 존재가 등장하긴 하지만, 그들이 중심이 아니라, 인간이 중심인물이 된다. 그럼에도 불구하고, 동화 문학은 환상적인 이야기이다. 환상 없이 동화 문학은 존재하지 않으며, 환상적인 작가 없이도 동화는 창작되지 않는다. 문학적 환상을 통해 동화는 창작되며, 환상의 세계가 곧 동화의 세계이다.

1.2. 동화는 소원성취의 생산물

심리학자들이 말하는 꿈을 통해 형성되는 환상의 세계가 동화의 세계와 가깝기는 하지만, 일치하는 것은 아니다. 꿈에서 형성된 세계와 동화의 세계에는 정신적·예술적 간격이 존재한다. 그 간격을 인정하고 동화 작가가 자신의 환상을 예술적으로 승화시킬 때, 비로소 동화 작품은 완성된다. 동화는 소원성취의 생산물이다. 동화 작가는 무의식적인 환상에서, 현실의 삶이 그에게 불허했던 소망을 동화로 만들어 낸다. 동화가 신화나 전설보다 더 인간적이고, 더 자유롭기 때문에, 작가는 동화에서 가장 화려한 소원성취의 생산물을 묘사하는 것이다.

1.3. 전래동화의 이해

유럽에서는 1696/1697년에 프랑스 페로Perrault의 동화 이래로 전래동화가 문학적인 가치를 얻었다. 독일에서는 로코코 시대에 무조이스Musäus가 『전래동화』(1782~1786)라는 책을 출판했고, 빌란트Wieland는 동화 서사시를 썼다. 고전주의 때는 괴테Goethe가 동화 문학을 구성하여, 3편의 동화로 창작했다. 낭만주의 때 노발리스Novalis는 동화를 '문학의 본질'로 간주했고, "모든 문학적인 것은 동화적이어야 하고, 동화에서 정서의 최상의 것을 표현할 수 있으며, 모든 것이 동화이다."라고 예찬했다. 이러한 전주곡 뒤에 1812~1815년에 드디어 그림형제가 동화 모음집 『아동과 가정 동화』를 출간했다.

전래동화는 민요와 마찬가지로 민중 속에 살아 있고, 작자미상이다. 내용적으로 동화는 민요보다 더 신비스러운 것을 요구한다. 그래서 사람들은 동화의 본질적 가치를 저승 모티브에서 보기를 원했다. 시도우Sydow는 인도게르만 동화를 환상동화로 보았고, 맥켄슨Mackensen, 포이케르트Peuckert, 뢰비스Löwis 등은 마법동화를 전래동화의 가장 완전하고 순수한 형식이라고 주장했다.

1.4. 동화 – 전설 – 성담

동화의 내용에서 특별한 것은 기적적인 것과 밀접한 관계가 있다. 하지만 동화가 발하는 진기한 마력은 저승모티브에서 생기는 것은 아니다. 기적적인 것, 마력적인 것 그리고 저승세계의 존재에 대해 또한 전설과 성담도 이야기한다. 더욱이 전설과 성담이 기적, 마력 그리고 저승존재에 대해 동화보다 훨씬 독립적이다. 기적은 성담의 이야기 방법이고, 기적을 설명하는 게 성담이다. 그래서 '기적'이라는 용어는 성담과 일체이다. 전설은 초현실의 인간관계를 다룬다. 다시 말해, 전설은 생활의 마법적인 토대에 언급하고, 알려지지 않은 적과 권력에 대해 경고하며, 온갖 방법을 다해 독자들을 다른 세계로 몰입하게 한다.

하지만 전설과 성담은 동화의 절반만큼도 신비롭지 않다. 전설과 성담에서 기적과 완전히 다른 것을 묘사하려는 의도가 명백히 드러나는 반면에, 동화에서는 그런 것이 수수께끼로 머문다. 즉, 동화에서는 기적적인 것과 평범한 것, 가까이 있는 것과 멀리 떨어져 있는 것, 명백한 것과 이해하기 어려운 것이 혼합되어 있기 때문이다. 쉽게 말해, 성담은 사람들을 개종시키거나, 믿음을 강화시키려 하고, 전설은 의미 있는 것 혹은 진기한 것에 대해 주의를 환기시켜 사람들을 감동시키거나 가르치려고 하는 반면에, 동화는 단지 사람들이 그것을 읽고 서로 이야기하기를 원한다. 그래서 전설과 성담이 단순한 형식으로 이야기되는 반면에, 동화는 복잡한 예술 형식으로 꾸며지는 것이다.

1.5. 동화는 환상적 · 경이적인 사건들을 다룬 이야기

동화는 짧은 환상적 · 경이적인 사건들을 다룬 이야기이다. 그 사건들은 자연법에 모순이 되기 때문에, 실제로 일어나지 않고, 결코 일어날 수도 없다. 현실에서 일어나지 않지만, 일어났으면 좋겠다는 소망을 동화는 가벼운 상상력으로 묘사한다. 원래, 동화는 '알림, 보고'를 의미하는 명사의 축소형으로, 가장 오래된 이야기의 형식이다. 그래서 태초에 동화가 있었다는 주장이 낯설지 않다. 특히 18세기에 프랑스의 '요정 이야기Contes de fées'가 유럽

동화에 강력한 영향을 미쳤고, 전설·우화·성담·익살·일화 등의 유사한 개념들과 학문적인 경계를 분명하게 했다. 옛날부터 전해 내려온 이야기, 동물을 주인공으로 한 교훈적인 이야기, 기독교의 성스러운 이야기, 웃음을 자아내는 이야기, 짧은 감동적인 이야기와는 달리 요정 콩트는 사교계의 환담을 위한 이야기였다. 서로 이야기를 주고받기 위해 직설적인 화법보다는 간접적인 화법으로 자신의 상상력을 즐겁게 표현함으로써, 동화는 18세기 유럽 사교계의 꽃으로 등장했다. 그러나 요정 콩트의 제한적인 내용과 소재의 빈곤 때문에, 더 이상 존립하지 못하고, 19세기 초에 그림형제에 의해 수집된 전래동화에게 자리를 내준다. 210편에 달하는 그림 동화가 본질적인 동화의 고전으로서 오늘날까지도 막대한 영향을 미치고 있으며, 그 안에 온갖 종류의 이야기가 수집되어 동화로 승화된 것이다.

1.6. 동화는 초민족적인 현상

동화는 초민족적인 현상이다. 왜냐하면, 여러 나라들에서 비슷한 동화들이 공존하기 때문이다. 어떻게 그것이 가능한가? 오늘날처럼 자유롭게 왕래할 수 없었던 그 옛날, 서로 다른 민족이 서로 다른 환경에서 살고 있었는데, 어떻게 비슷한 내용의 동화들을 공유하는 것일까? 그 이유는 인류학적으로 인간의 원시적 삶은 비슷했고, 서로 유사한 사고방식을 가지고 있었기 때문이다. 피부색과 생김새, 체격과 언어는 제각기 다를지라도, 인간의 의식주衣食住와 희로애락喜怒哀樂은 동서고금을 막론하고 동일하다. 특히 정신적으로 비슷한 믿음과 생각을 가지고 있었기 때문에, 서로 다른 주거지역에 살고 있었을지라도, 동일한 소재를 바탕으로 한, 동일한 옛이야기를 만들 수 있었던 것이다. 이러한 인류학적인 견해를 영국 학자 테일러Tylor와 랭Lang이

뒷받침한다. 그들은 인간의 풍습과 믿음의 영역에 대해 그들의 연구를 시도했고, 모든 민족들에게서 믿음과 상상이 매우 비슷하기 때문에, 상이한 지역에서 비슷한 동화들이 생성되었다고 주장한다. 그러므로 모든 민족에게서 동일한 정신적인 전제조건이 동일한 생산물을 낳으며, 이러한 서로 다른 민족들에게서 동화의 일치는, 상대적으로 서로 종속되거나 전이되는 것을 통해서 뿐만 아니라, 동화의 여러 번의 반복을 통해서 생성되는 것이다.

상이한 민족에게서 동화의 일치가 종속과 전이 그리고 반복을 통해 가능하다는 견해를 보다 구체적으로 주장한 사람이 산스크리트어Sanskrit語 연구자인 벤파이Benfey이다. 그는 거의 모든 동화가 인도에서 유래되었다고 주장한다. 인도의 불교가 동화를 만들었고, 그 뛰어난 동화들이 회교도들의 번역에 의해 10세기경 아시아, 아프리카 그리고 유럽으로 전이되었다는 것이다. 틀린 말은 아니다. 특히 동양의 아라비안나이트가 유럽 문학에 끼친 영향은 막대하기 때문에, 문명의 발생지의 하나인 인도에서 동화가 태동하여, 불교와 함께 이동했다는 주장은 설득력이 있다. 동물동화는 그리스의 이솝우화에서 태동하여 오히려 인도로 전이되었으니, 서로 다른 민족에게서 전이와 종속에 따라 동화의 내용이 동일할 수 있다고 본다.

동화의 원천에 대한 또 하나의 견해는 자연현상에서 동화가 생성되었다는 오스트리아의 한Hahn, 동양학자인 뮐러Müller 그리고 이탈리아의 구버나티스Gubernatis의 주장이다. 그들은 그림형제의 추종자들이며, 동화 유형의 체계를 자연현상의 입장에서 설명할 것을 시도했다. 그래서 예를 들면, 「빨간 모자」 동화에 대해 빨간 모자의 붉은 색깔은 아침노을의 붉은색이고, 빨간 모자 자체는 아침노을이며, 늑대는 다 먹어치우는 태양 또는 구름과 밤이고, 할머니는 오래된 아침노을의 의인화라고 주장한다. 약간은 비약된 점이 없진 않지만, 나름대로 자기 주관대로 시도한 해석이라 하겠다.

아무튼 동화는 민족의 입속에 살아 있는 민속적 이야기이며, 그럼에도 불구하고 초민족적인 특성이 있다고 하겠다. 인류학적인 견해도, 인도에서 유래했다는 주장도, 자연현상에서 생성되었다는 견해도 나름대로 의미가 있지만, 동화는 동서고금東西古今을 막론하고 인간의 삶 속에서 같이 호흡하며, 인간과 함께 영원히 생존하리라 확신한다. 동화는 정서의 본질이고, 영혼의 자식이기 때문에, 동화를 창작한다는 것은 마법적인 행위이며, 순수한 자연의 묘사이다. 그래서 동화의 세계는 마법의 세계이자, 영혼의 나라이다. 동화는 즐겁게 이야기하고, 기쁘게 듣게 된다. 동화는 쉽게 기억할 수 있기 때문에, 즐겨 읽혀지는 게 아니라, 그 자체가 아름답고 매혹적이기 때문에, 기꺼이 이야기되어지는 것이다.

1.7. 동화의 예술적인 원칙

동화에서 작용하는 가장 중요한 예술적인 원칙들은 대조, 반복, 상승, 성취라고 말할 수 있다. 크고 작고, 높고 낮고, 강하고 약하고, 검고 하얗고, 영리하고 어리석고, 하늘과 땅, 빛과 어둠, 이승과 저승, 삶과 죽음, 여자와 남자, 아버지와 어머니, 정신과 육체, 감성과 이성, 선과 악, 죄와 벌, 인간과 짐승, 성실과 불성실 등, 다양한 대조가 동화에서 예술적으로 다루어지고, 동화의 내용을 풍부하게 하며, 대조로써 끝나는 게 아니라, 조화로운 통일로써 매듭지어진다. 동화에서는 늘 3번의 반복이 나타나며, 반복될 때마다 상승되어 진행된다. 동화의 주인공이 세 가지 과제를 해결하거나, 세 가지 시험을 극복할 때, 반복과 상승이 나타나며, 대부분 행복한 결말을 성취한다. 그래서 동화 문학에 나타나는 극단적인 대조, 3번의 반복과 상승, 행복한 또는 불행한 결말의 성취가 동화를 예술적으로 승화시키는 기본 원칙이라고 말할 수 있다.

1.8. 동화는 환상의 순수한 놀이 - 유토피아적 희망 - 디스토피아적 동화

동화는 현실의 모든 경계를 무시하는 환상의 순수한 놀이이다. 그 놀이가 인간에게 즐거움을 주기 위해 꾸민 이야기가 되고, 민속적인 믿음과 풍습 그리고 경험과 결합되어 경이로운 작품이 된다. 그러나 오늘날 동화는 더 이상 신비롭거나 경이로운 읽을거리가 아니다. 이전에 동화를 듣거나 읽어 꿈과 희망에 사로잡혔던 세대는 지나갔다. 시대가 변했다. 순수한 감성에 호소하던 이야기책은 이제 소수의 몫이고, 동화는 낯설고 기괴한 이야기로 변형되었다. 동화에 등장하는 공주, 왕자, 늑대 등이 현실에서 실제로 존재하지 않는다는 것을 너무나 잘 안다. 단지 꿈에서나 가능하다고 체념하고는 유치한 책이라 내던진다. 동화의 주인공과 자기가 하나라는 관념연상이 환상에서나 가능하지 현실에서는 아니다. 그런 시대에 동화를 어떻게 써야 할까? 현실 사회와 토론할 수 있는 동화를 써야 한다. 동화 주인공의 갈등과 경험이, 자신의 갈등과 경험과 일치하는 게 아니라, 동화 인물을 통해 자신을 자각하고 발전하는 동화를 창작해야 한다. 동화의 유토피아적 기능이 막연한 상상 속에서 뜬구름 잡는 이야기가 되지 않도록, 독자와 관계있는 구체적인 현실 사건을 소재로 유토피아적 희망을 주는 동화를 써야 한다. 서사극의 소외효과처럼, 동화도 독자를 이야기 속으로 빠지게 하지 말고, 격리시켜 자신을 돌아보게 해야 한다. 그러나 독자의 가치관을 혼란시키는 디스토피아적 동화는 영화처럼 등급을 매겨서 출판해야 한다고 생각한다.

1.9. 창작동화의 이해

17세기 말 프랑스에서 꽃을 피웠던 창작동화는, 낭만주의 이래로 전래동화와 더불어 전성기를 맞이한다. 창작동화는 예술을 잘 아는 독자를 위해 작가에 의해 창작된 것이다. 창작동화는 서구문명의 번영과 미래에 대한 정치적·사회적 담화를 다룬다. 동화 작가들은 우아하고 고상한 담화예술을 창작동화로 표현함으로써, 사교계에 즐거움과 도덕적 인식을 주고, 지루함을 몰아낸다. 전래동화가 주로 유모·하인·가정교사·농부 등의 하층민에 의해 이야기되어진 반면에, 창작동화는 사교계의 보다 부유한 상류층에 의해 만들어진 것이다. 하지만 전래동화에서도, 창작동화에서도 꼭두각시가 동화의 알맞은 모습이다. 꼭두각시로서 동화의 등장인물들은 정해진 줄거리의 진행에 따라 자신이 맡은 역할, 곧 주인공, 가짜주인공, 조력자, 가해자, 적수, 찾는 사람 등의 역할을 행한다. 특히 낭만주의 창작동화는 전래동화의 소재를 바탕으로 새롭게 만들어졌고, 작가 자신의 내면적 이야기를 보여주려고 했다.

1.10. 동화와 과학의 만남 – 영원한 노래

동화가 현대에 와서 스릴러 소설, 모험이야기, 유토피아, 판타지, 대중소설, 행상잡지, 우화 문학, 풍자, 그로테스크 등으로 변형되어, 꿈같은 동화세계와 현실 사이의 모순적 조화를 실현한다. 환상적인 동화의 이상이 과학적인 기술과 접목된다. 동화에 등장하는 소도구들, 저절로 꿰매지는 요술바늘, 한 걸음에 7마일을 나는 장화, 몸을 감추는 마법의 외투, 자루에서 나오는 몽둥이, 주문을 읽으면 음식이 솟아나는 마술탁자, 춤을 추게 하는 마법의 바이올린, 백발백중의 총, 모든 것을 볼 수 있는 망원경 등이 동화와 과학의 만남의 결실이다. 옛날에는 단지 상상 속에서 꿈꿔 왔던 물건들이 오늘날 기술적으로 실현되며, 미래의 공상과학적인 판타지와 유토피아가 기술적인 발명을 통해 언젠가는 실현될 것이라는 희망을 준다. 현대 동화는 공상적·상징적 방법으로 사회 현상과 모순을 찾아내어 묘사하고, 설명하며, 평가한다. 동화는 희생과 헌신, 사랑과 순수, 성실과 고상함 등을 가르치는 윤리적 이야기이다. 동화에서 여성의 아름다움이 종속·복종·순종·부지런함·인내 등으로 묘사되는 반면에, 남성의 특성은 극기·예의·이성·끈기·용기 등으로 표현되니 말이다. 동화는 서정적·서사적·극적 요소를 갖춘 영원한 노래이다.

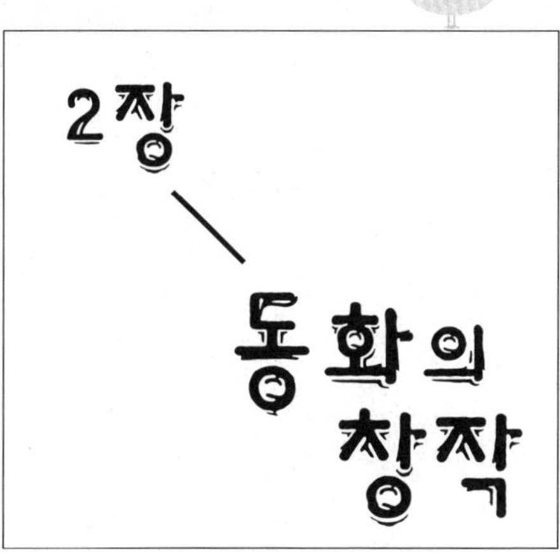

2장 동화의 창작

시인이 시작법에 따라 시를 쓰듯이, 소설가가 소설 이론에 따라 소설을 쓰듯이, 극작가가 극작법에 따라 드라마를 쓰듯이, 동화 작가도 동화 이론에 따라 동화를 써야 한다. 오늘날 동화를 어떻게 써야 하는지도 모르면서 동화라는 이름으로 많은 작품들이 배출된다. 혹자는 '무슨 얘기냐, 현대문학에서는 형식과 내용이 어떠한 규칙에 구애받지 않고, 자유롭게 시·소설·희곡 등을 쓸 수 있는데…'라고 반문할지도 모른다. 그러나 형식과 내용에서 벗어난 문학작품은 좋은 작품이 될 수 없고, 문학 이론에 따르지 않은 창작물을 순수문학작품이라 할 수 없다. 더욱이 동화라는 작품에서 동화적인 특성이 없다면, 어찌 동화라고 할 수 있겠는가!

그러나 동화에는 서정적·서사적·극적 요소가 모두 들어 있기 때문에 동화 창작을 위해 시 창작 방법, 소설 창작 방법, 드라마 창작 방법을 먼저 알아보는 일이 필요하다.

2.1. 시 창작 방법

시를 창작하는 방법을 한마디로 요약할 수는 없다. 시에 대한 이론이 다양하기 때문이다. 시는 마음의 거울이다. 사람을 만날 때 눈을 보고 그 사람의 마음을 알 수 있듯이 시를 읽으면 시인의 마음을 읽을 수 있어야 한다. 오규원은 그의 『현대시작법』에서 시 창작 방법을 '시적 표현의 이해', '대상과 인식 과정', '시적 묘사', '묘사의 구조와 시점' 등으로 나누어서 설명했고, 강희안은 그의 『새로운 현대시작법』에서 '시적 언어와 이미지', '언어를 창조하는 은유', '약속을 파기한 상징', '세태를 풍자한 알레고리', '모순 관계로서의 역설', '이율배반의 아이러니', '언어유희로서의 펀pun' 등으로 구분하여 설명했다.

그러나 필자는 시 창작 방법을 시 이론, 시의 수사법, 시의 모티브와 형상화, 시 창작 예문, 시에 나타난 주관성 등으로 나누어서 살펴보고자 한다.

2.1.1. 시 이론

세계적 시 이론을 체계적으로 정리하면 다음과 같다.

1) 체험시

독일 시인 괴테J. W. v. Goethe(1749~1832)는 자신의 체험을 바탕으로 시를 씀으로써 '체험시Erlebnislyrik' 이론을 정립하였고, 시 속에서 사랑과 이별, 우정과 환희 등의 삶의 제 문제들을 체험적으로 노래했다.

2) 사상시

독일 시인 실러F. v. Schiller(1769~1805)는 구체적 현실을 빌려 시인의 생각을 표현하고 추상적 교훈을 전달하려는 '사상시Gedankenlyrik' 이론을 정립하였다.

3) 분위기시

독일 시인 아이헨도르프Eichendorff(1788~1857)는 '분위기시Stimmungslyrik' 이론을 통해 자연을 동경하고 그 안에서 영혼과 사물의 조화를 찾으려고 시도했다.

4) 사물시

독일 시인 마이어C. F. Meyer(1825~1898)는 '사물시Dinggedicht' 이론을 통해 사물

의 진수를 관찰하고 사물 속에서 자기 자신을 보며 사물과 자기 자신의 구별이 없어지는 그 체험을 절묘한 비유로 시 속에서 구상화했다.

5) 몰개성의 시론

영국 시인 엘리엇T. S. Eliot(1888~1965)은 '몰개성의 시론Theory of Impersonal'과 '객관적 상관물objective corelative'의 시 이론을 주장함으로써 시인에게 시를 읽는 독자의 마음속에 정서를 불러일으킬 것을 요구했다.

6) 순수시

프랑스 시인 발레리Paul Varély(1871~1945)는 '순수시' 이론을 통해 시어는 일상생활의 언어가 아닌 정서감동을 전하는 순수한 시적 언어이어야 할 것을 주장했다.

7) 황홀한 상태

영국 시인 리드Herbert Read(1893~1968)는 그의 시 창작 경험을 바탕으로 '황홀한 상태'에서 그 즉시 시를 쓰며, 직관直觀에 입각하여 언어를 연속하는 리듬의 형태로 배열하는 시 이론을 주장했다.

8) 전달론

영국 시인 리처즈I. A. Richards(1893~1979)는 '전달론'을 주장함으로써 인간 경험의 전달 활동 중에서 최고의 형식을 시로 보았고, 시를 받아들이는 자는 마음속에서 이미지와 정서를 느끼면서 시인의 심적 태도를 공감한다고 주장했다.

9) 일곱 개의 모호성

영국 시인 엠프슨William Empson(1906~1984)은 '일곱 개의 모호성Seven Types of Ambiguity' 이론을 통해 의미가 불확실하거나 중복된 단어를 쓰는 것은 잘못이 아니고, 오히려 시를 더 풍부하게 할 수 있다고 주장했다.

10) 인식으로서 시론

미국 시인 랜섬John Crowe Ransom(1888~1974)이 주창한 '신비평New Criticism'의 '인식으로서 시론Poertry as Knowledge'에서는 시를 일종의 인식認識으로 보았고, 시를 통해 인간 체험의 완전한 인식을 표현함으로써 인식이야말로 시가 지니는 지성적知性的인 요소라고 주장했다.

위와 같은 세계적인 시 이론에 따라 시인은 어떤 이론에 맞춰 시를 쓸 것인가?를 고민해야 한다.

2.1.2. 시의 수사법

시의 수사법은 매우 다양하다.

1) 우의법과 상징법

우의법寓意法, Allegory은 비물질적인 것을 물질적인 것으로, 곧 추상적인 것을 구체적인 것으로 표현하는 것을 말한다. 반면에 상징법symbolism은 물질적인 것을 비물질적인 것으로, 곧 구체적인 것을 추상적인 것으로 표현하는 것을 말한다. 예를 들면, 청바지는 젊음을, 비둘기는 평화를, 장미는 사랑을 상징한다고 말할 수 있는 반면에, 젊음은 청바지를, 평화는 비둘기를, 사랑은 장미를 우의한다고 말할 수 있다. 그러나 '젊음'·'평화'·'사랑'이 원관념이라면 '청바지'·'비둘기'·'장미'는 보조관념이라 할 수 있는데, 앞의 예에서처럼 보조관념으로 원관념을 짐작할 수 있지만, 반대로 원관념만으로 보조관념을 짐작해 내기는 쉽지 않다. 따라서 시 속에서는 보조관념을 어떻게 우의적으로 묘사할 수 있는지, 반대로 원관념을 어떻게 상징적으로 그려낼 수 있는지가 시인의 몫이다.

2) 의인법

의인법擬人法은 산·도시·안개 등과 같은 무생물, 표범·새·나무 등과 같은 동식물, 사랑·우정 등과 같은 추상적 개념 따위를 인격화해서 표현하는 시의 수사법이다. 예를 들면, 박목월(1916~1978)의 「산이 날 에워싸고」, 다하Dach(1605~1659)의 「우정의 가치」, 릴케Rilke(1875~1926)의 「표범」, 정지용(1902~1950)의 「산에서 온 새」, 헤세Hesse(1877~1962)의 「안개 속에서」 등의 시에서 의인법이 사용되었다.

3) 과장법

과장법誇張法은 글자 그대로 실제보다 과장해서 표현하는 수사법을 말한다. 예를 들면, 조지훈(1920~1968)의 「가야금」에서 '깊은 밤은 바다런 듯 창망한 물결소리 초옥이 떠나간다.'와 정지용의 「향수」에서 '그곳이 차마 꿈엔들 잊힐 리야.' 등이 그것이다.

4) 영탄법

영탄법咏嘆法은 아! 오! 등의 감탄사를 활용하여 시인의 가슴에 벅찬 감동을 시에 쏟아놓는 수사법이다. 예로서 이상화(1901~1943)의 「나의 침실로」에서 '아, 어린애 가슴처럼 세월 모르는 나의 침실로 가자.'와 괴테의 「오월의 노래」에서 '오 대지여, 오 태양이여! 오 행복이여, 오 즐거움이여!' 등을 들 수 있다.

5) 반복법

반복법反復法은 동일한 단어나 어구를 반복하여 시인이 표현하고 싶은 의미를 강조하거나 흥을 돋우기 위해 사용하는 수사법이다. 예를 들면, 박두진(1916~1998)의 「해」에서 '해야 솟아라. 해야 솟아라. 말갛게 씻은 고운 해야 솟아라.'와 신형건(1965~)의 동시 「들썩들썩」에서 '온 학교가 들썩들썩, 들썩들썩, 온 지구가 들썩들썩!' 등이 그것이다.

6) 열거법

열거법列擧法은 시인이 뜻을 강조하기 위해 같은 계통이나 비슷한 말들을 열거하여 표현하는 수사법을 말한다. 예로서 김광섭(1905~1977)의 「호수」에서 '나의 마음은 고요한 물결 / 바람이 지나가도 그림자 지는 곳 / 구름이 지나가도 그림자 지는 곳 / 돌을 던지는 사람 / 고기를 낚는 사람 / 노래를 부르는 사람'을 들 수 있다.

7) 중의법

중의법重義法은 하나의 단어나 어구에 두 가지 이상의 의미를 포함시키는 수사법을 말한다. 예를 들면, 성삼문(1418~1456)이 쓴 '수양산 바라보며 이제를 한하노라.'에서 '수양산'은 중국의 '수양산'과 조선 시대 '수양 대군'을 뜻하며, 황진이가 쓴 '청산리 벽계수야 수이감을 자랑마라[…] 명월이 만공

산하니 쉬어간들 어떠리.'에서 '벽계수'는 푸른 시냇물과 왕족 벽계수를 의미하고 '명월'은 밝은 달과 기생 황진이를 의미한다.

8) 도치법

도치법倒置法, inversion은 독자로 하여금 지루함을 없애 주기 위해 일부러 논리상 자연스러운 시구의 단어나 문장의 순서를 엇바꾸거나 거꾸로 작성하는 수사법을 말한다. 예로서 김소월(1902~1934)의 「진달래꽃」에서 '죽어도 아니 눈물 흘리오리다.'를 들 수 있다. '아니'라는 부사의 위치가 '눈물' 뒤에 놓여야 하지만, 화자의 각오를 더욱 강조하기 위해 '눈물' 앞에 놓았다고 말할 수 있다.

9) 대조법

대조법對照法은 시인이 자신의 뜻을 더욱 강하게 표현하기 위해 상반되는 사건이나 사물을 맞세워 대조 비교하는 수사법을 말한다. 예를 들면 '인생은 짧고 예술은 길다' 또는 '얼굴은 미끈하지만 마음은 거칠다' 등의 문장이 그것이다.

10) 대구법

대구법對句法, parallelism은 서로 닮은 어구語句를 나란히 놓아 병행과 대립의 미美를 표현하는 수사법을 말한다. 다시 말해, 한 요소가 동등한 중요성과 비슷한 표현법을 가진 다른 요소와 균형을 이루도록 대등한 개념들을 시구나 문장에 배열하는 것이다. 예를 들어 가장 단순한 형태의 대구는 '규정하고 제정하다' 또는 '추월하고 능가하다'처럼 뜻이 거의 비슷한 낱말 2개를 나란히 병렬시키는 방법이다. 또한 시편 78편 4절 '여호와의 영예와 그의 능력과 그가 행하신 기이한 사적을 후대에 전하리로다.'와 시편 78편 36절 '그러나 그들이 입으로 그에게 아첨하며 자기 혀로 그에게 거짓을 말하였으니' 등과 같은 표현이 대구법의 좋은 예이다.

11) 생략법

생략법省略法은 표현상의 군더더기를 모두 제거하여 그 핵심만을 간결하게 묘사하는 수사법이다. 예로서 시저Caesar(100~44 B.C.)의 '왔노라, 보았노라, 이겼노라'를 들 수 있다.

12) 비유법으로서 은유법과 직유법

마지막으로 비유법比喩法으로서 은유법隱喩法과 직유법直喩法이 있다. 비유법은 시인이 표현하고자 하는 대상을 다른 말과 비교함으로써 더욱 생생하게 묘사하는 수사법이다. 말을 좀 더 멋지고 재미있게 하기 위해서 시인은 비유법을 잘 활용해야 한다.

먼저 은유법은 사물의 상태나 움직임을 암시적으로 나타내는 수사법으로 시인이 비유하려는 주체와 비유되는 객체를 하나로 간주하여 표현하는 수사법을 말한다. 예로서 '내 마음은 호수요'처럼 'A는 B이다'라는 식의 표현이다.

반면에 직유법은 '…처럼' '… 같은' 등의 비교를 나타내는 단어를 가지고 하나의 사물이나 대상을 직접 다른 사물이나 대상과 비교하는 비유의 한 형식이다. 예로서 '호수 같은 내 마음'처럼 'B 같은 A'의 표현이 그것이다. 다시 말해, 직유가 '그 종이는 눈처럼 희다The paper is as white as snow'로 묘사된다면, 은유는 '이 종이는 눈이다This paper is snow'로 표현된다.

2.1.3. 시의 모티브와 형상화

시의 모티브란 시인의 시 창작에 대한 충동에서 비롯된다. 곧 시인으로 하여금 시를 쓰지 않고는 못 배기게끔 하는 순수한 감동의 덩어리가 시의 모티브이다. 이 엄청난 감동의 덩어리가 밀려올 때 시인은 자신의 내면세계에 몰입하고 내부 정신을 찾아 표출하고 싶은 진실한 감정을 시적 언어로 가다듬으며, 뜸을 들이게 되는데 바로 이것이 시의 모티브가 되는 것이다.

예를 들면, 괴테는 그의 나이 21세 때 아름다운 소녀 프리데리케Friederike Brion를 만나 1년 동안 뜨겁게 사랑하게 되는데, 그 사랑의 체험 감동이 시의 모티브로 자리 잡아 다음과 같은 「오월의 노래」로 형상화되는 것이다.

오월의 노래

자연이 내게
얼마나 찬란하게 빛나는가!
태양이 찬란하게 비치고 있구나!
들판이 활짝 웃고 있구나!

나무 가지마다
꽃이 싹터 나오고
관목 숲에서
온갖 소리 터져 나오며

가슴마다
기쁨과 희열이 용솟음친다.
오 대지여, 오 태양이여!
오 행복이여, 오 즐거움이여!

오 사랑, 오 사랑이여!
저 산 위에
아침구름처럼
그렇게 금빛 찬란하구나!

그대는 훌륭하게
신선한 들판을 축복하고,
꽃 안개로
온 세상을 축복하누나.

오 소녀, 소녀여,
내 얼마나 그대를 사랑하는가!
그대의 눈이 찬란하게 빛나는구나!
그대는 너무나 나를 사랑하는구나!

그렇게 종달새는
노래와 대기를 사랑하고,
아침 꽃들은
하늘의 향기를 사랑하노니,

내가 그대를
뜨겁게 사랑함 같도다.
내게 젊음과
기쁨 그리고 용기를

새로운 노래와
춤을 위해 주는 그대를.
그대 나를 사랑하듯이,
영원히 행복할 지어라!

이 시는 괴테의 '제젠하임의 서정시Sesenheimer Lyrik'의 절정이며, 그의 최초의 매우 위대한 시이다. 이 시 안에서 어떻게 인간 속에서 자연관과 사랑의 삶이 하나의 공동의 종교적 원천으로부터 경험되어지는지가 표현되었다. 시의 모티브의 배경을 엘자스Elsaß 지방과 제젠하임의 목사 딸 프리데리케 브리온에 대한 괴테의 사랑이 만든다. 괴테는 1770년(21세)부터 1771년까지 슈트라스부르크에서 법학을 공부했고, 그곳으로부터 프리데리케를 만나기 위해 자주 엘자스 지방으로 말 타고 갔다. 이 시의 모티브에 대해 실제로 1771년 5월 29일에 친구 요한 다니엘 잘츠만Johann Daniel Salzmann에게 보낸 괴테의 편지에서 "나와 소녀는 성령강림절 후 월요일에 오후 2시부터 밤 12시까지 먹고 마시는 약간의 간주곡 이외에 계속해서 춤을 추었다."는 내용이 가리킨다.

물론 시의 모티브만으로 시를 쓸 수는 없다. 시의 모티브가 시인에 의해 형상화되어가는 과정이 필요하다는 말이다. 괴테는 사랑하는 여인에 대한 자신의 주체할 수 없는 사랑의 감정을 시의 형식으로 형상화하는 과정도 소홀히 하지 않았다. 이 시는 형식적으로 각 4행으로 모두 9연으로 이루어졌다. 모든 행들에서 2강음의 약강격zweihebige Jamben이 나타난다. 하지만 운각이 완전한 행의 마지막과 운각이 불완전한 행의 마지막이 교환된다. 9개의 연들 중 8개의 연들 속에서 사람들은 각운도식이 abcb인 것을 알 수 있으며, 단지 3번째 연에서 abab의 십자각운이 나타난다. 시의 내용은 형식적·외부적 구조에 대해 강한 편차를 나타낸다. 즉, 감정적인 것의 도취가 환성을 지르고, 춤을 추면서 축제적·송가적으로 묘사됨으로써 동시에 형식적인 것을 씻어내고 솟아 나오게 한다. 이것은 질풍노도 시기의 괴테에게는 전형적인 것이다.

시의 모티브를 형상화하는 과정을 보다 세부적으로 살펴보자. 이 시의 형상화의 과정은 3개의 국면들로 이루어졌다.

첫째, 1연 1행에서 3연 2행까지에서는 봄기운이 감도는 자연의 아름다움에 대한 3개의 행복한 인간적인 외침(감탄사)들이 묘사되며, 그러고 나서 5~

10행이 식물계와 동물계를 인간의 정신의 환호 속에서 하나로 이끈다.

둘째, 3연 3행에서 5연 4행까지에서는 우선 다시금 풍부한 외침(감탄사)들이 묘사되고, 그러고 나서 자연과 신의 사랑의 (범신론적) 비교가 나타나며, 마침내 이러한 신의 사랑의 축복이 봄기운이 도는 자연에 나타나게 된다.

셋째, 6연 1행에서 9연 4행까지에서는 다시 사랑의 감탄사(외침)가 묘사되고, 지금 그러나 매우 명확히 인간적 사랑의 감탄사로 나타나며, 덧붙여 종달새와 아침 꽃들과의 비교에서는 사랑 속에서 자연과 인간의 (다시금 범신론적) 일치가 나타난다. 그래서 이 시는 마지막 소망의 형식으로 나타난 감탄사(외침)로 끝을 냄으로써, 마치 그 순환이 종결되는 것처럼 이루어졌다.

이 시는 누구나 그 묘사된 것을 이해할 수 있다. 괴테의 소녀에 대한 사랑을 자연과 조물주에 의한 축복으로까지 승화시켰으니 말이다. 막스 콤머렐 Max Kommerell은 이러한 시구들의 마법에 대해 "자신의 그리고 뒤바꿀 수 없는 영혼이 자기 자신의 말에 경청하면서, 다른 이들이 가지고 있지 않고 알지 못하는 자연의 어떤 것을 엿듣는다. 더욱이 자연이 인간들의 언어를 말하는 것을 믿는다는 것은 무죄이다. 왜냐하면 자연은 실제로 자신의 언어를 말하기 때문이다."라고 말했다. 이 시의 주제는 사랑의 아름다움 속에서 자연과 인간이 범신론적으로 하나로 일치되는 기쁨을 노래했다고 말할 수 있다.

예를 하나 더 들면, 한국인에게 사랑받는 시인 헤세는 안개와 고독을 모티브로 그의 시 「안개 속에서」에서 늙음과 인생무상을 형상화하였다.

안개와 고독을 모티브로 헤세의 내면세계를 잘 형상화한 이 시는 형식면에서 각운도식 abab의 십자각운을 지닌 4연 16행의 아름다운 시이다. 시인은 '안개 속에서'라는 제목을 통해 이미 이 시의 주제를 암시하고 있다. 즉, 안개는 인생을 마감하는 시기에 대한 비유요, 늙음의 상징이다. 따라서 이미 제목에서 이 시의 주제인 인생무생人生無生과 삶의 회의懷疑가 암시되어 있다고 말할 수 있다.

안개 속에서

진기하다, 안개 속을 거니는 것이!
모든 숲과 바위가 고독하다,
어떤 나무도 다른 나무를 보지 못하니,
모두가 혼자구나.

아직 나의 삶이 밝았을 때,
세상이 나에게 친구들로 가득 찼다,
이제, 안개가 드리워지니,
아무도 더 이상 보이지 않는구나.

참으로, 모든 이들로부터 그를
피할 수 없게 가볍게 떼 놓는
어둠을 알지 못하는 자는,
현명하지 못하다.

진기하다, 안개 속을 거니는 것이!
삶(인생)은 고독한 것.
어떤 인간도 다른 인간을 알지 못하니,
모두가 혼자구나.

1연에서 헤세는 고독의 의미를 자연 속에서 나타낸다. 그는 자연의 대표적 현상인 '숲과 바위' 그리고 '나무'를 고독하다고 표현함으로써 안개 속에서 산책하면서 느끼는 외로움을 자연과 공유하는 것이다.

2연에서 시인은 과거문장과 현재문장을 대비시키면서 젊음과 늙음의 이원적 느낌을 표현한다. 다시 말해 과거 자신의 인생이 밝았을 때, 그에게는 세상의 친구들로 가득했지만, 이제 몸도 마음도 늙은 지금 아무도 내 주위에 없다는 것이다.

3연에서 헤세는 죽음의 상징인 '어둠'을 등장시킴으로써 죽음을 대비하는 초월적인 삶을 묘사한다. 죽음을 준비하면서 세상을 살아가는 사람은 많지 않을 것이다. 하지만 죽음은 언젠가는 말없이 조용히 누구에게나 다가올 피할 수 없는 개념이다. 그 죽음을 통해 우리는 모든 이와 헤어져야 하며, 역시 혼자라는 생각을 하지 않을 수 없다. 따라서 죽음을 알지 못하는 사람은 현명하지 못하다는 것이다.

4연은 주제연이다. '진기하다, 안개 속을 거닌다는 것이!'라는 13행의 문장이 1연 1행에 이어 여기서 반복된다. 아울러 1연 4행의 '모두가 혼자구나'가 이 시의 마지막 행에서 되풀이된다. 그래서 시 전체가 하나의 고리처럼 그 순환을 맺는 듯한 느낌을 준다. 14행의 '삶(인생)은 고독한 것'이 주제 행으로 이 시의 결론을 얘기한다. 인생무상과 삶의 회의가 인생의 결론으로 나타나며, 우리의 삶은 결국 고독하다는 진리를 보여주는 것이다. 1연에서 등장하는 자연의 개념 '나무'(3행)가 여기서 '인간'(15행)으로 탈바꿈하며, 안개가 드리워진 숲에서 나무가 다른 나무를 보지 못하듯이, 인간도 어둠 속에서는 다른 인간을 볼 수 없다는 것이다.

이러한 고독한 삶을 모티브로 헤세는 의미 있는 시를 창작했고, 평생 동안 실제로 고독을 즐겼으며, 자아성찰을 통한 내면세계의 유희를 그의 문학작품 속에서 형상화하여 표현한 것이다.

2.1.4. 시 창작 예문

위와 같은 시 이론들을 바탕으로 필자가 창작한 시 한 편을 소개한다. 이 시는 어머니의 사랑과 은혜를 모티브로 5연으로 형상화한 구조를 지닌다. 특히 시의 수사법에서 은유법과 과장법, 반복법과 비교법 등이 잘 조화되어 묘사되었다. 특히 2연에서 반문법反問法의 수사법을 사용함으로써 시인이 독자에게 말하고 싶은 사실을 일부러 독자들의 판단에 맡기는 방법을 썼다. 마지막 연에서는 '어머니'의 원개념을 '사랑'·'희생'·'포도나무'의 보조 개념으로 묘사함으로써 은유법의 진수를 볼 수 있으며, 3연과 4연에서 묘사하는 '어머니'는 우리 모두의 어머니요, 마음 깊숙한 곳에 자리 잡고 있는 어머니의 모습을 그렸다고 말할 수 있다.

나의 어머니

바다보다 깊고,
하늘보다 높으며,
땅보다 넓은 나의 어머니.

어머니의 그 크신 사랑을
어찌 말로 다 형언할 수 있을까?

자나 깨나
앉으나 서나
항상 나를 위해
기도하시는 어머니.

언제
어디서
무엇을 할지라도
늘 걱정하시는 어머니.

나의 어머니는 사랑이요,
나의 어머니는 희생이요,
나의 어머니는 포도나무다.

2.1.5. 시에 나타난 주관성

시에 나타난 주관성에 대해 호프만스탈Hofmannsthal(1874~1929)의 시를 중심으로 살펴보자.[1)]

시인 호프만스탈은 1890년부터 1899년까지 약 300편의 서정시들을 5강음의 약강격der fünfhebige Jambus, 헥사메터Hexameter와 펜타메터Penthameter 등의 시구의 형식으로 묘사하여 민요시련, 테르치네Terzine, 소네트Sonett, 이행시Distighon, 가젤Ghasel, 발라드Ballade 등 다양한 시련의 형식들로 발표하였다. 이러한 놀라운 시적 재능의 소산인 그의 시들은 상징주의와 인상주의의 영향 아래 써졌으며, 주관주의적 관점에서 눈에 보이는 현상들을 자신의 내면적 반영으로 승화시켜 세련되고 섬세하게 묘사하는 것이다.

더욱이 호프만스탈이 그의 시들의 언어형성 과정에 있어서 일상어를 시어로 변화시킴으로써, 자신의 소리를 창조하여 시 작품을 가능하게 만들 수 있는 내면적 자유를 획득하는 것이다. 이러한 내면적 자유 속에서 자연의 현상을 자신의 영혼의 상태로 묘사하려는 노력이 바로 주관성의 문제이며, 그것은 자아의 내면세계에서 미학적으로 해결되는 것이다.

따라서 시인은 자신의 현실 속에서 경험한 모든 일들을 순수시의 형태로 그의 시들에서 표현하며, 특히 그 속에 숨겨진 미학적 주관성 문제를 심도 있게 다루고 있는 것이다.

1) 나의 정원

1891년에 쓴 소네트 「나의 정원My Garden」에서 호프만스탈은 자아의 닫힌 세계를 상징적으로 묘사한다. 제목으로부터 쉽게 알 수 있듯이 소유대명사 '나의my'는 주관성의 가장 강한 표현이며, 대명사 '나'를 주어로 서술한 표

1) Hugo von Hofmannsthal, *Gedichte und lyrische Dramen*, Hrsg. von Herbert Steiner, S. Fischer Verlag Frankfurt am Main, 1970 참조.

현의 특징이 주관주의적이다. 시인이 '정원Garden'이라는 자연의 현상을 '반대 감정의 양립적 구조'로 대립시켜 자신의 영혼의 상태에서 묘사함으로써, '존재로서 자아와 생성으로서 자아'의 중심 모티브를 그의 서정시에서 표출하는 것이다.

나의 정원

황금 나무들로, 은빛 바스락거림으로 떨고 있는 나뭇잎들로,
다이아몬드 이슬로, 문장 울타리들로,
청동 사자들을 꿈꾸게 하는 징소리들로,
황옥 소용돌이무늬들로,
결코 은 샘물로부터 마시진 않지만
빛나는 왜가리들이 살고 있는, 큰 새장으로 이루어진
나의 정원은 아름답다…….
너무 아름답기에, 내가 이전에 지냈던,
다른 정원에 대해, 거의 동경하지 않는다.
나는 어딘지 알지 못한다. 단지 나는 전에
나의 머리카락에 매달려 있던, 이슬의 냄새를 맡는다,
나는 축축하고, 미지근한 대지의 내음을 안다,
내가 부드러운 딸기들을 찾으러 갔을 때…….
내가 이전에 있었던, 그 정원에서…….

이 서정시는 전통적인 소네트 시련의 형식과는 다소 차이가 난다. 즉 14행으로 이루어진 전체적인 시행의 구조는 동일하지만, 전통적인 소네트의 형식인 2개의 4행 시련과 2개의 3행 시련의 모습은 구분되어 있지 않다. 뿐만 아니라 각운 배열에 있어서도 전통적 소네트가 abba / abba / cde / cde를 고수하는 반면에, 호프만스탈의 소네트는 abba / baab / cde / dec로 변용되어 나타나 있다. 그러나 시구의 형식에 있어서는 5강음의 약강격으로 이

루어져 있다. 이러한 소네트의 시련 형식을 17세의 어린 시인이 자유로이 구사했다는 점은 그만의 커다란 시적 재능이며, 놀라운 천재성의 발로라고 말할 수 있다.

호프만스탈은 「나의 정원」에서 두 가지 정원, 곧 '예술정원'과 '자연정원'을 대립시킨다. 소네트의 1행에서 7행까지가 현재의 자아가 속한 예술정원을 의미한다면, 8행에서 14행까지의 시구들은 과거에 자아가 경험한 자연정원을 묘사한다. 동일한 장소 정원에 대한 '반대 감정의 양립적 의미'에서 예술적인 정원과 자연적인 정원이 분산된 것이며, 그럼에도 불구하고 이러한 두 가지 정원은 하나의 '나의 정원'에서 모순적으로 공존하는 것이다. 즉 자아라는 주관성의 공간에서 존재와 생성, 곧 '전존재Präexistenz'와 '현존재Existenz'가 만나는 것이며, 이러한 만남의 장소가 상징적으로 자아의 내면세계를 의미하는 정원인 것이다.

정원은 2행의 '울타리'로 둘러싸인 장소이며, 라틴어로 'hortus conclusus'를 의미한다. 성경적으로 태초의 정원은 에덴동산이며, 인간이 타락하기 전에 머무는 곳이다. 이러한 낙원 같은 'hortus conclusus'에서 체류하던 인간이 '이전에' 원래의 자연정원으로부터 추방당했고, 단지 자신이 만들어 놓은 예술정원에서 막연한 기억 가운데 14행의 '내가 이전에 있었던 그 정원'을 회상한다. 다시 말해 생성한 현존재인 '나'가 기억을 통해 '전존재적 존재'를 깊이 인식하는 것이다. 바로 이러한 내면적 인식이 존재로부터 생성으로 가는, 곧 전존재로부터 현존재로 가는 '자아의 인식길'이며, 동시에 주관성 문제의 열쇠인 것이다.

더욱이 우리가 '유치원Kindergarten'이라는 단어를 통해 쉽게 알 수 있듯이, 정원은 어린아이들을 안전하게 보호하는 장소이며, '어린아이적-전존재적 현존재 감정'의 장소이다. 따라서 8행의 '내가 이전에 지냈던, 다른 정원'은 추억 속에서 회상하는 원래의 자연에 대한 어린아이적 인상을 표현한 것이며, 전존재적 현존재의 감정이 이슬의 냄새, 축축한 땅의 냄새, 딸기의 냄새를 통해 예감되는 것이다.

그러나 이와 반대로 현존재의 '나의 정원'은 비자연적이다. 즉 '황금 나무들, 다이아몬드 이슬, 청동 사자들, 황옥 소용돌이무늬들, 빛나는 왜가리들, 은 샘물' 등이 기교적이고 인공적이며, '금속과 석조의 예술세계'를 형성한다. 이러한 예술정원이 소네트의 원래 제목인 「미다스 정원Midas Garden」이며, '격리된, 인간에 의해 형성된 자연 조각품'인 것이다.

호프만스탈이 「나의 정원」에서 예술과 자연의 대립을 통해 상징주의적이고, 인상주의적으로 정원의 아름다움을 묘사한 궁극적인 목적은 미학적 주관성을 해결하기 위함이며, 이러한 문제가 7행의 '나의 정원은 아름답다'에서 자기중심적 미학적 태도로 나타난다. 다시 말해 '꿈꾸고, 떨며, 빛나는' '나의 정원'이 '시간 없는 장소'로서 나의 내면세계의 상징이며, 자아도취적 미적 세계를 폐쇄적으로 6행의 '빛나는 왜가리들이 살고 있는, 큰 새장'에서 암시하는 것이다. 따라서 일반적인 세계와 격리된 '나의 정원'은 '인식의 정원'이며, 주관성 문제를 해결하는 미적 자아의 세계인 것이다.

2) 체험

호프만스탈이 1892년에 쓴 서정시 「체험Erlebnis」은 삶과 죽음에 대한 '주관적 감정체험'을 묘사하며, '전존재와 삶 사이에 반대 감정의 양립적 상태'에서 '자아'와 '다른 자아'의 동일성에 대한 체험을 대립적으로 서술하는 것이다.

이 시는 앞에서 살펴본 소네트 「나의 정원」과 비교해 볼 때, 시의 형식이 매우 독특하다. 즉 시련이 나누어져 있지 않고, 각운이 없으며, 시구의 의미가 다음 시구로 계속 이어지는 '앙장버망Enjambement'의 독특한 형식을 취한다. 단지 시구의 형식에 있어서는 앞의 시와 동일한 5강음의 약강격으로 이루어져 있다. 호프만스탈이 이러한 불규칙한 형식을 시 「체험」에서 사용한 이유는 자아의 주관적 체험을 물 흐르듯이 인상주의적 수법으로 표현하기 위해서이다.

체험

마치 달빛이 구름을 뚫고 스며 나오듯,
황혼의 골짜기는 은회색 안개로 가득 찼다.
하지만 밤은 아니었다.
어두운 골짜기의 은회색 안개와 더불어
나의 희미한 생각들은 몽롱해졌고,
고요히 나는 움직이는
투명한 바닷속으로 가라앉았다 그리고 삶을 포기했다.
얼마나 경이로운 꽃들이 거기서
꽃받침에 안겨 신비롭게 작열하고 있었던가!
초목 덤불을 뚫고 황옥처럼 황적색의 빛이
따스한 물결로 지나갔고 희미하게 빛났다.
그 모두가 우울한 음악의
깊은 물결로 가득 찼다. 그리고 이러한 것을 나는 알았다,
비록 내가 그것을 이해하진 못했을지라도, 나는 그것을 알았다.
그것은 죽음이다. 죽음이 음악이 되었고,
매우 동경하면서, 달콤하게 그리고 신비롭게 작열하면서,
가장 깊은 우울과 유사했다.
그러나 진기하구나!
이름 모를 향수가 삶을 향한
나의 영혼 속에서 소리 없이 울고 있었고,
어떤 이가 황색 돛단 커다란 배를 타고
저녁 무렵 검푸른 바다 위에서 그 도시,
고향 도시를 지나갈 때, 눈물 흘리듯이 울고 있었다.
거기서 그는 거리들을 보고,
샘이 속삭이는 소리를 들으며,
라일락 숲 향기를 맡는다, 그리고 자기 자신을 본다.
불안하여 울려고 하는 천진스러운 두 눈으로,
강가에 서 있는, 한 아이가,
열린 창문을 통해 자기 방에 있는 빛을 본다 —
그러나 커다란 바닷배는
낯선 모양의 황색 돛대를 달고
검푸른 바다 위에서 소리 없이 미끄러지면서 그를 운반한다.

이 시는 내용적으로 두 부분으로 나눌 수 있으며, 18행에 '그러나 진기하구나!'의 외침이 주관적 체험 안에서 죽음과 삶의 분기점이 된다. 다시 말해 1행에서 17행까지 '체험하는 자아'가 죽음의 분위기에 몰입하는 반면에, 19행에서 마지막 행까지는 그러한 자아가 삶의 동경으로 변화되는 것이다. 이것이 바로 호프만스탈의 모든 문학작품의 근본 주제인 '삶과의 결합'을 의미하는 것이며, '전존재로부터 현존재로의 관통'을 자아의 주관성 문제에서 성취하는 것을 말한다.

뿐만 아니라 1행에서 17행까지의 전반부에서는 '나ich'가 주어로서 황혼 분위기에 몰두하는 자아의 주관적 체험을 서술하는 반면에, 19행 이후의 후반부는 '어떤 이'가 주어로서 비유적으로 '이름 모를 향수'에 열망하는 다른 자아의 주관적 체험을 묘사한다. 이것은 자아가 스스로 자신을 타인으로서 체험하는 것을 의미하며, 서정시극 『바보와 죽음*Der Tor und der Tod*』(1893)에 나오는 주인공 클라우디오Claudio가 죽음을 통한 새로운 삶의 환생을 맛보듯이, 그렇게 죽음을 미학적으로 체험한 자아가 삶을 향한 열망으로 20행에 '나의 영혼 속에서' '변신'과 '환생'을 통해 '보다 높은 삶'을 획득하는 것이다. 따라서 자아와 다른 자아는 궁극적으로 삶과 죽음 사이에 반대 감정의 양립적 상태에서 동일시되며, 이러한 주관적 감정 체험이 호프만스탈의 시에 나타난 주관성 문제의 해결인 것이다.

이제 불변의 상태 '밤'이 거절되고, 2행의 '황혼'과 22행의 '저녁 무렵'이 동일하게 '흘러가는 시간의 상징'으로서 일치한다. 저녁은 회상의 시간이며, '심원과 비애가 흐르는 단어'이다. 이러한 흐르는 시간이 자아를 '움직이는, 투명한 바닷속으로'로, 곧 자아의 내면세계 속으로 몰입시켜 '경이로운 꽃들'과 '우울한 음악'으로 가득 찬 미학적 죽음의 세계를 맛보게 한다. 여기서 음악과 죽음이 동일시되며, 영원한 존재의 상징으로서 음악이 삶을 포기했던 자아를 '가장 깊은 우울' 속으로 빠뜨려서, 자신을 지키려는 삶을 향한 소망, 곧 '이름 모를 향수'를 불러일으키는 것이다. 이것이 '진기한 일!'이며, 이러한 외침이 죽음의 세계로부터 삶의 세계로 옮겨 가는 자아 인식의 길인 것이다.

다시금 동일한 흐르는 시간 '저녁 무렵'에 자아가 타인으로서 변신되어 바다 위에서 자신의 추억이 묻혀 있는 '고향 도시'를 바라보는 동안에, '강가에 서 있는, 한 아이'는 자아의 또 다른 모습으로 보다 높은 삶의 열망인 '빛'을 바라본다. 이것이 바로 자아의 '전존재적 현존재의 감정'의 표현이며, 자아의 주관적 감정 체험을 통한 '존재로서 자아와 생성으로서 자아'의 '모순적 조화concordia discors'를 의미하는 것이다. 따라서 죽음으로부터 삶으로, 전존재로부터 현존재로 관통하려는 주관적 인식의 길 위에서 자아는 '보다 높은 삶'을 체험하기 위해, 곧 '올바른 운명의 성취'를 위해 꿈이 아닌 현실에서 '커다란 바닷배'에 자신을 맡긴다. 이것이 바로 호프만스탈적 '삶과의 결합'을 의미하며, '두 개체들의 결합을 통한 세계와의 결합'을 상징적으로 묘사하는 것이다.

3) 세계와 나

호프만스탈이 19세 때에 쓴 시 「세계와 나World and I」(1893)는 '세계와 나의 통일'에 대해 주관주의적 관점에서 묘사한다. 시인에게 있어서 세계는 자신의 내면적 반영이며, '영혼의 거울'을 의미한다. 따라서 세계는 자아의 내면을 통한 외면으로의 통찰에 의해 성취되며, '모든 경험 전에 지식과 이전 지혜'가 들어 있는 '마법적 자아-공간'인 것이다.

서정시 「세계와 나」는 호프만스탈이 1893년도에 쓴 19개의 서정시들 중 단지 4개만을 출판한 시들 — 「전원시Idylle」, 「생동하는 이미지를 위한 서시Prolog zu lebenden Bildern」, 「바보와 죽음을 위한 서시Prolog zu Der Tor und der Tod」, 「세계와 나Welt und Ich」 — 가운데 하나이며, 특히 시의 구성이 '대칭적'인 점이 눈에 띈다. 즉 첫 번째 시련과 마지막 시련이 대칭적으로 그의 '노래'에 대한 시인의 명령을 묘사하고, 두 번째 시련과 마지막에서 두 번째 시련이 동일하게 세계와 나의 결합을 시도하며, 가운데 시련, 곧 9행에서 16행까지가 세계의 내용을 서술한다. 이러한 대칭적인 시의 구성과 함께 시련의 형식이 매우 불규칙적이며, 단지 시구의 형식만이 앞에서 언급한 서정시들처럼 5강음의 약강격으로 이루어져 있다.

세계와 나

나의 노래여, 천체를 팔과 목으로 받치고 있는
거인 아틀라스에게 가거라.
그리고 말해라. "당신에게 유익하다면,
당신은 헤스페리덴Hesperiden의 나라로 지금 가서 사과를 따도 좋다고.

어떤 이가 속삭이는 가벼운 라우테Laute를 들고 있듯이,
나의 주인이 당신의 짐을 덜어 주려고,
한 접시의 과일처럼, 그렇게
그가 두 팔로 이 세계를 받들겠다고.

그 속에 모든 삶의 공허한 가면들인,
괴물들이 들어 있는 깊은 바다가 있다고.
뿌리로 진하게 빨아들이고
수관樹冠엔 향기와 바람으로 가득한 나무들이 있다고.
그리고 잎을 뚫고 땅으로 흘러내리는 달빛과,
사람들을 말없는 단지들처럼, 잠들게 하는
잔디가 있다고, 모두는
하나의 온전한 세계로 채워진다고.
……그 모든 것을
나의 주인이 그의 두 팔로 당신을 돕기 위해 떠받치고,
떨지 않으며
나지막이 속삭이는, 생동하는 물결로 가득 찬
은대야처럼, 그것을 기꺼이 잘 지탱한다고."

나의 노래여, 아틀라스Atlas에게 가서, 그에게 이러한 것을 말해라,
만약 거인 아틀라스가 너의 말을 믿지 않으면,
말해라. "나의 주인이 그것을 웃으면서 머릿속에 지니고 있는데,
어째서 팔로 지탱하지 못하겠는가?"라고.

호프만스탈은 1893년 12월 17일에 쓴 일기 메모에서 "비극적 근본신화: 개체들로 잘게 나누어진 세계가 통일을 동경한다."라고 시 「세계와 나」의 모티브를 밝힌다. 그리스 신화에 나오는 아틀라스는 제우스Zeus에게 징벌을 받아 세계의 서쪽 끝에서 하늘을 어깨로 받치고 있는 거인이며, 또한 헤스페리덴Hesperiden은 헤라Hera가 제우스와 결혼했을 때 얻은 황금사과를 지키고 있는 헤스페루스Hesperus의 딸들이다. 이제 헤라클레스Herakles가 아틀라스에게 황금사과를 따오는 동안에 하늘을 대신 받쳐 주겠다고 제의를 한다. 이에 아틀라스가 승낙하고 황금사과를 따가지고 오지만, 하늘을 떠받치는 일을 계속하고 싶지 않았다. 그러자 헤라클레스는 꾀를 내어, 자기의 어깨에 단지 이불을 좀 댈 테니, 하늘을 받치고 있으라는 말을 하자, 아틀라스는 의심 않고, 하늘을 다시 떠받친다. 그러는 사이에 헤라클레스는 슬쩍 도망을 친다. 이러한 비극적 근본신화를 모티브로 시 「세계와 나」가 태동한 것이며, 도망친 헤라클레스와는 달리 '나'인 시인은 천체를 떠받치고 있는 아틀라스를 동정하는 것이다.

시인은 비극적 아틀라스의 신화에 대한 지식과 자신의 영혼의 반영인 세계에 대한 이전지혜를 이미 자신의 머릿속에 지니고 있기에(24행), 천체의 무거움을 느끼지 못하며, 세계를 자기 자신의 것으로 인식한다. 따라서 자아는 두 번째 시련에서처럼 세계를 '어떤 이가 속삭이는 가벼운 라우테를 들고 있듯이' 그리고 '한 접시의 과일처럼' 쉽게 지니고, 다섯 번째 시련에서처럼 '떨지 않으며', '은대야처럼' 가볍게 떠받치고 있는 것이다. 다시 말해 옛날에 거인 아틀라스가 행하던 힘든 직무를 시인은 마법적인 자아 공간에서 힘들지 않게 행하는 것이다. 즉 시인의 다른 시 「테르치네 3Terzine III」(1894)의 마지막 시구 '인간, 사물, 꿈 그 셋은 하나이다.'처럼 자아는 '꿈꾸는 자'로서 세계를 이미 자신 속에 지니고 있으며, 가벼운 라우테, 은대야 그리고 한 접시의 과일인 양 가볍게 떠받치고 있는 것이다. 이것이 바로 세계와 나의 통일의 순간이며, 신화적 인식을 통한 '순수한 통일 감정의 상태'의 표현인 것이다.

호프만스탈이 1890년에 발표한 소네트 「세계란 무엇인가?Was ist die Welt?」에서 '세계란 무엇인가? 영원한 시'라고 고백하듯이, 시 「세계와 나」의 제목을 우리는 영원한 시와 그 시를 쓴 시인으로 해석할 수 있다. 따라서 시인은 세계와 자아의 통일을 그의 시문학에서 구현하며, 이러한 외면과 내면의 일치를 '나의 노래', 곧 음악이라는 매개체를 통해 야기하는 것이다. 뿐만 아니라 제목 「세계와 나」에서 단어 '나'를 후치시킴으로써 '세계'에 대한 '나'의 관계가 보다 커다란 의미를 지니며, 주체인 '나'를 구심점으로 객체 '세계'가 묘사되는 주관성 문제가 제시되는 것이다. 그러므로 시인은 세계를 자기의 '머릿속에' 지니고 있으며, 자신의 내면을 통한 외면으로의 통찰에 의해 세계를 자신과 하나로 결합하는 것이다. 이러한 자아의 상태가 '무의식적이거나 전의식적인 상태'이며, '영광스러운 그러나 위험한 상태'인 것이다.

이제 '하나의 온전한 세계'가 시의 중심 부분인 9행에서 16행까지에서 묘사된다. 즉 세계는 '괴물들', '바다', '나무들', '향기와 바람', '달빛', '땅', '잔디', '잠', '사람들' 등으로 이루어진 '총체성의 영역'이며, 동시에 '총체-통일의 영역'이다. 이러한 신비스럽고 무의식적인 순수한 통일 감정의 상태에서 자아는 세계를 하나의 통일체로서 체험하며, 삼라만상의 대표적 이미지들을 인상주의적 기법으로 하나로 결합하는 것이다. 그래서 시인은 완전한 세계를 구성하는 '그 모든 것을' '기꺼이 잘' 지탱할 수 있으며, '삶 속에서 해명하지 못하는 한 권의 책'으로서 세계를 영원히 자아의 주관성 공간에서 간직하는 것이다.

시들에 나타난 주관성 문제를 필자는 시인의 내면적 자유 속에서 자연현상을 자신의 영혼 상태로 묘사하려는 노력으로 이해한다. 따라서 시인은 자아의 내면세계를 시문학 창작을 위한 작업실로 개방하여, 그곳에서 상징주의적이고 인상주의적으로 미학적 주관성 문제를 해결해 나가는 것이다. 즉 자아의 닫힌 세계가 주관성의 공간이며, 이 마법적 자아 공간에서 존재로서 자아와 생성으로서 자아에 대한 반대 감정의 양립적 구조가 주관성 문제로서 다루어지는 것이다.

17세의 조숙한 호프만스탈이 쓴 소네트 「나의 정원」은 예술정원과 자연정원을 대립시켜 존재와 생성의 양립적 상태를 주관적 자아의 공간에서 묘사하며, 전존재와 현존재의 만남의 장소로서 'hortus conclusus'를 전존재적 현존재의 감정으로 서술하는 것이다. 따라서 「나의 정원」은 인식의 정원으로서 자아의 내면세계에 대한 상징이며, 바로 미학적 주관성 문제를 해결할 수 있는 자기도취적 미학의 세계인 것이다.

1892년에 호프만스탈은 서정시 「체험」을 통해 삶과 죽음에 대한 주관적 감정 체험을 토로하며, 삶과 죽음 사이에 반대 감정의 양립적 상태에서 결국 삶과의 결합을 성취하는 시인의 미학적 가치관을 표명한다. 즉 시인은 영원한 미적 존재인 음악을 통해 죽음과 시적으로 토론하며, 전존재적 현존재의 감정에서 자아와 다른 자아의 동일시를 자신의 주관적 체험을 통해 성취한다.

끝으로 호프만스탈은 1893년에 쓴 「세계와 나」에서 세계와 내가 하나라는 총체 통일의 개념을 신화적 인식을 통한 순수한 통일 감정의 상태에서 서술한다. 시인에게 있어서 세계란 자아의 내면적 반영이며, 자신의 영혼의 거울을 의미한다. 따라서 자아의 내면을 통한 외면으로의 통찰에 의해 세계는 마법적 자아의 공간으로 인식되며, 음악을 매개로 한 영원한 시로서 세계와 나의 통일이 자아의 주관성의 공간에서 모순적으로 공존하는 것이다. 이것이 바로 세계와 나 사이에 반대 감정의 양립적 의미에서 'concordia discors'이며, 미학적 주관성 문제의 해답인 것이다.

그러므로 시에 나타난 주관성은 시인의 내면세계의 표본이며, 일상어가 아닌 정선된 시어로 그 주관성을 묘사하는 것이 시창작의 핵심이 되는 것이다. 오늘날 아무리 자유시라는 이름하에 일상적인 언어로 시를 창작하는 것이 아무런 문제가 되지 않는다고 할지라도, 인간 내면의 엑기스인 주관성을 그려내는 시에서 정선된 시어를 사용하여 시를 창작하는 일은 당연한 시인의 사명이라고 생각한다. 따라서 시인은 고답적인 분위기로 시 창작에 전념해야 하고, 그 안에서 자기의 주관성을 독창적으로 표출함으로써 위대한 시를 창작한다는 사명감을 지녀야 하는 것이다.

2.2. 소설 창작 방법

소설 창작 방법에 대해 소설의 의미, 소설 창작과정, 소설의 인물, 소설의 시점point of view, 소설 창작 예문, 소설에 나타난 예술 법칙 등으로 나누어서 살펴보기로 한다.

2.2.1. 소설의 의미

문학은 모방이다. 플라톤은 문학이 모방해야 할 대상을 '행위'로 보았다. 인간의 행위 속에서 인간의 성격이 드러나기 때문에, 결국 문학은 인간의 행위와 성격을 묘사하는 것이다. 아리스토텔레스는 문학 장르를 구분하면서, 소설은 '다른 사람들에 대해 보고하는 모방'이고, 시는 '자기 자신을 보여주는 모방'이며, 드라마는 '등장인물들을 통해 보여주는 모방'으로 정의 내린다. 모방의 유형과 방법에 관한 이러한 아리스토텔레스의 구별을 이제 존재론적으로 장르의 존재 방법에 적용할 수 있는데, 소설은 '줄거리에 대한 독백적인 보고'이고, 시는 '상태에 대한 독백적인 묘사'이며, 드라마는 '줄거리에 대한 대화적인 묘사'라고 말할 수 있다. 따라서 소설이란 타인의 삶을 작가가 신문기자처럼 보고하듯이 모방하여 이야기한 것을 말한다.

독일에서 소설은 '로만Roman'·'노벨레Novelle'·'노벨레테Novellette' 등의 단어로 표기되는데, 장편소설을 로만으로, 중편소설을 노벨레로, 단편소설을 노벨레테로 구분하여 부른다. 프랑스에서도 장편소설을 '로망roman'으로, 중편소설을 '누벨nouvelle'로, 단편소설을 '콩트conte'라고 부른다. 이것이 영국으로 넘어가서 영어로 '로맨스romance'와 '노블novel'이란 단어로 전이되었는데, '로맨스'는 로맨틱한 소설을 지칭하고, '노블'은 사실적인 작품을 부르는 데 사용되었다. '로맨스'의 어원은 라틴어 '로마나romana'에서 시작되었고, '노블'의 어원은 라틴어 '노벨라novella'에서 나왔다. 이 '노벨라'의 뜻에 '새로운'이란 의미가 있는데 '뉴스news'의 어원과 같은 뜻이다. 따라서 소설은 일상생활에서 일어나는 새로운 일을 보고하듯이 서술하는 모방이며, 작가 자신 또는 다른 이의 사건을 이야기하는 모방이다. 그래서 소설에서는 작가 자신이나 가까운 사람에게서 일어날지도 모를 사건을 그려야 하고(개연성蓋然性의 문제), 일상생활에서 실제로 있었던 것처럼 보여줘야 하며(허구虛構의 문제), 진실이라는 문제를 제기하고 있는 것인지, 흥미롭고 현실성 있는 문제를 내세우는지 등이 다루어져야 한다. 그러므로 소설은 현실을 재구성해서 허구화한 진실한 이야기이며, 인생의 깊은 뜻과 보편적 인간성이라는 진리를 탐구하려는 노력이라고 말할 수 있다.

2.2.2. 소설 창작과정

소설을 창작하는 과정은 크게 네 가지로 나누어진다. 즉 '주제主題' → '제재題材' → '스토리story' → '플롯plot' 등이 그것이다.

1) 주제

소설가는 자신이 쓰고 싶은 소설의 주제를 먼저 정해야 한다. 작가가 작품을 통해 말하고 싶은 것, 그것이 바로 소설의 주제이기 때문이다. 다시 말해, 소설가가 소설을 통해 독자에게 전하고자 하는 근본적인 의도와 본질적인 개념, 그리고 지배적인 태도와 전체적인 의의 및 사상내용이 주제라고 말할 수 있다. 그래서 주제는 작가가 쓰고자 하는 작품의 중심 목적이고, 작가 자신의 인생에 대한 발견이기도 하며, 제재와 스토리 그리고 작중인물과 상황에 대한 근본적인 통일 원리인 것이다. 예를 들어 김유정(1908~1937)의

『봄봄』에서 작가는 데릴사위의 문제를 들어 기존의 도덕이나 윤리보다는 먹고사는 본능의 문제를 주제로 한다. 김유정의 『봄봄』은 1930년대 강원도 사투리를 섞어 쓴 해학적인 단편소설이다. 작가는 이 소설을 1935년 12월 ≪조광≫지에 발표했다. 주인공인 '나'와 장래 장인이 되는 '봉필' 그리고 그의 딸 '점순이'의 관계 속에서 펼쳐지는 밀고 당기는 언어의 해학 덩어리가 작품을 재밌게 한다. 더욱이 '나'의 어리석을 만큼의 우직함과 장인의 간교하면서도 인간미 넘치는 교활함이 읽는 이로 하여금 웃음을 자아내게 한다. 아무튼 어려운 시대에 데릴사위의 문제를 들어 기존의 도덕이나 윤리보다는 먹고사는 본능의 문제를 주제로 한 작가의 의도와 사상이 돋보인 작품이라 하겠다. 특히 소설의 마지막 결말을 독자에게 맡김으로써 다양한 결말을 유추할 수 있는 가능성을 남겨 놓았다는 점이 눈에 띈다. 과연 '나'는 '봉필'이 허락할 때까지 머슴처럼 일하면서 '점순이'와의 혼례를 성취하는 해피엔딩으로 끝날지, 혹은 기다리다 지쳐 견디지 못하고 자기 집으로 돌아갈지, 또는 장인 몰래 '점순이'를 데리고 야반도주를 할지 등등. 그것은 독자의 몫이다.

또한 소설의 주제를 소설가의 전기나 자신의 상태에 대한 고백을 통해 알 수 있는 경우도 있다. 예를 들면, 에드거 앨런 포Edgar Allen Poe(1809~1849)는 자신의 병적인 몽환 상태에서 『검은 고양이*The black cat*』(1843)를 썼다고 고백한다. 포는 미국 낭만주의를 대표하는 작가이자 추리소설의 선구자이다. 그는 40세의 나이로 생을 마감할 때까지 궁핍·음주·광기·마약·우울·신경쇠약 등으로 불운한 삶을 보냈는데, 그것이 곧 그의 소설의 주제이자 내용이 되었다. 『검은 고양이』에서도 포의 광기어린 삶이 잘 서술되어 있다. 알코올 중독자, 아편 중독자, 예민하고 흥분하기 쉬운 성격과 급변하는 기분의 소유자, 환각적인 몽환상태를 즐기는 자가 포였고, 그런 자신이 그의 소설의 주인공이었다.

이 밖에도 에밀리 브론테Emily Jane Bronte(1818~1848)의 『폭풍의 언덕*WUTHERING HEIGHTS*』(1847)에서는 증오와 복수가 주제이고, 헤밍웨이Ernest Miller Hemingway(1899

~1961)의 『누구를 위하여 종은 울리나*For Whom The Bell Tolls*』(1943)에서는 죽음과 삶의 승화가 주제이며, 도스토예프스키Fyodor Mikhailovich Dostoevskii(1821~1881)의 『죄와 벌』(1866)에서는 죄와 벌 그리고 고뇌와 구원이 주제이다. 톨스토이Lev Nikolaevich Tolstoi(1828~1910)의 『안나 카레니나』(1877)에서는 정열적인 여인의 비극적 희생이 주제이고, 아서 밀러Arthur Miller(1915~2005)의 『세일즈맨의 죽음*Death of a Salesman*』(1966)에서는 성공을 위한 허망한 꿈이 주제이며, 입센Henrik Johan Ibsen(1828~1906)의 『인형의 집』(1879)에서는 여성해방이 주제이다.

이와 같은 다양한 주제는 작가의 인생에 대한 견해, 인간성, 체험, 시대정신, 인생관, 세계관 등의 표현으로서 독자에게 생생하게 전달할 수 있도록 서술되어야 한다.

2) 제재

소설가는 소설의 주제가 정해지면, 그 주제에 알맞은 제재를 구해야 한다. 제재는 소재素材와 같은 뜻으로 쓰인다. 즉, 문학작품의 바탕이 되는 재료로서 환경, 사람들의 생활, 행동, 감정, 소품 따위가 모두 소재가 될 수 있다. 예를 들면, 앞에서 봤듯이 김유정은 1930년대의 소시민과 농촌의 의식과 생활을 주제로 『봄봄』을 썼고, 소재로서 데릴사위 제도를 활용하였다. 포Poe는 궁핍·음주·광기·마약·우울·신경쇠약 등으로 불운한 삶을 주제로 『검은 고양이』를 썼는데, 그 주제에 어울리는 '검은 고양이'를 제재로 병적인 몽환 상태를 서술했다고 할 수 있다.

3) 스토리

소설가가 주제를 정하고, 그 주제에 적합한 제재를 구하고 나면, 그것을 바탕으로 스토리(이야기)를 꾸며야 하며, 그 스토리를 플롯으로 구성하여 한 편의 소설을 창작할 수 있다. 곧 스토리텔링storytelling의 기본이 되는 플롯과 캐릭터(인물) 그리고 시점의 출발점이 스토리란 말이다.

스토리란 이야기로서 육하원칙(5W 1H)을 중심으로 세 가지 요소, 곧 '환경'·'성격'·'행위'로 이루어진다. 다시 말해, 언제when와 어디서where가 '환경', 즉 '배경'이 되고, 누가who 또는 무엇what이 '성격', 즉 '주체'가 되며, 왜why 또는 어떻게how가 '행위', 즉 '사건'이 된다. 예를 들면, 이광수(1892~1950)의 『무정』에서 '경성학교 영어교사 이형식은'으로 시작되는 것은 '성격'[주체]이고, '오후 두 시 사년급 영어시간을 마치고 내리쪼이는 유월 볕에'는 '환경'[배경]이 되며, '땀을 흘리면서 안동 김장로의 집으로 간다.'는 '행위'[사건]가 된다. 어쨌든 스토리에서 이 '성격'[주체]·'행위'[사건]·'환경'[배경]의 세 가지 요건이 갖추어지지 않는 한 어떤 짧은 이야기도, 또 어떤 긴 이야기도 성립될 수 없다고 말할 수 있다.

그러나 이 스토리의 3요소는 서로 유기적 관계 속에서 유지되어야 하나의 정리된 이야기로서 인정을 받을 수 있다. 다시 말해, '성격'·'환경'·'행위'의 3요소는 갖추고 있지만, 각 요소 사이의 유기적인 연락이 두절되어 있다면 간단한 메모거나 단순한 기록이지 정리된 스토리는 아니라는 뜻이다. 여기서 유기적 연락이란 유기적인 '인과관계'를 말한다. 예를 들어, "철수는 밥 먹고 학교에 간다."라고 할 때, 밥 먹는 행위와 학교에 가는 행위 사이에서 시간적인 순서는 있으나 그사이에 유기적인 연락은 없기 때문에, 이것은 스토리가 될 수 없다. 여기에 인과관계를 부여하여 스토리로 만들어 보면, "철수는 고3이라 입시를 앞두고 머리회전을 촉진시키기 위해 아침마다 밥 먹고 학교에 간다."가 된다. '철수'라는 주체가 밥 먹는 행위와 학교 가는 행위의 인과관계, 곧 '고3'과 '입시'라는 환경의 인과관계를 밝힘으로써 이 글은 단순한 메모나 간단한 기록이 아니라 짧은 스토리가 되는 것이다. 아무튼 스토리는 주제와 제재와 더불어 소설 창작의 중요한 과정이다.

4) 플롯

플롯은 이야기의 구성構成을 말한다. 주제를 정하고 제재를 선택하고 스토리를 꾸몄다면, 이제 그 이야기를 구성하여 소설로 완성해야 한다. 그래서 플롯은 허구의 이야기를 지배하는 법칙이요 스토리를 이어가는 기술이라고 말할 수 있다. 플롯의 기본 형식은 일반적으로 5단계로 나누어진다. 즉, '발단 → 전개 → 위기 → 절정 → 대단원'이 그것이다.

① 발단

발단은 소설이 시작되는 부분이다. 여기서 소설의 인물, 배경, 사건 등이 소개된다. 특히 독자로 하여금 이야기의 실마리를 갖게 하여 이어지는 플롯의 전개 부분을 기대하게 해야 된다.

② 전개

발단으로 시작한 소설이 전개 부분에서 사건이나 성격 등이 본 줄거리로 진행된다. 곧, 사건[행위]이 전개되면서 인물들 사이에 갈등과 분규가 일어난다. 특히 사건의 반복, 복선, 생략, 서스펜스 등의 여러 가지 기교를 알맞게 활용하는 것이 중요하다.

③ 위기

위기는 허구 이야기의 진행 과정의 중간 부분이며, 극적인 전환 또는 반전을 가져오는 계기가 된다. 위기 부분에서는 외적 요건에 의해서보다는 사건[행위]이나 성격[주체]의 발전으로 생기는 불가피한 위기 상황이 벌어질 때 더욱 절박한 느낌을 준다.

④ 절정

소설의 정점으로서 성격과 행동이 가장 고조되는 부분이다. 곧, 이야기내의 갈등이 극에 달하고, 그 이야기가 해결되는 전환점에 도달하는 클라이맥스 부분이다. 여기서 성격[주체]의 감정이 최고조에 달하고, 둘 중의 어느 것을 선택하느냐 하는 결정적인 순간이 나타나며, 결단을 내려야 하는 갈림길이 서술되어야 한다.

⑤ 대단원

대단원이란 허구 이야기의 갈등이 해결되고 결말을 맞는 부분을 말한다. 이 부분에서는 소설의 발단에서 시작하여 전개와 위기 그리고 절정에 이르는 동안 얽히고설킨 부분에 대한 설명이 가해지며, 독자의 궁금증을 풀어주는 경우로 끝을 맺는 것이 좋다. 하지만 여운을 남겨 소설의 결말을 독자의 몫으로 하는 경우도 가능하다.

위와 같은 플롯의 다섯 가지 기본 형식은 소설가가 작품을 쓸 때 일반적으로 거치는 진행 단계이지만, 반드시 다섯 단계대로 글을 쓸 필요는 없다. 작가의 의도에 따라 '초初 → 중中 → 종終'의 세 단계로 글을 쓸 수도 있고, '기起 → 승承 → 전轉 → 결結'의 네 단계로 이야기를 진행할 수도 있다. 따라서 모든 소설이 획일적으로 플롯의 다섯 가지 기본 형식에 따라 진행된다고 볼 수 없으며, 소설가의 기호와 의도에 따라 이야기의 구성 방식을 활용하는 게 좋다고 생각한다.

2.2.3. 소설의 인물

소설의 인물(캐릭터)은 어떤 인물이어야 할까? 어떤 인물을 소설에서 그려내야 하는가 말이다. 한마디로 '보편성과 개성'을 지닌 인물을 작가는 만들어 내야 한다. 보편성을 지닌 인물이란 인간이라면 누구나 공감할 수 있는 인간미를 지닌 인물을 말한다. 곧, 보편성을 지닌 인물은 외적 아름다움이나 추함을 초월하고, 시간과 장소를 넘어서서 인간 내면에 깊이 숨어 있는 가장 인간적인 아름다움과 정을 지닌 인물이다. 그 인간성은 소설 내내 변하지 말아야 하고, 독자의 공감을 얻을 수 있는 보편적인 인물로 서술되어야 한다. 반대로 악한 인물은 소설 속에서 그냥 악한 존재로 그리면 된다. 물론 악한 존재가 선한 존재로 바뀌는 스토리의 구성에 따라 보편적인 인물을 만들어 낼 수도 있다. 인간은 너무나 모순적인 존재이므로, 선한 사람이 순간적으로 악한 사람으로 돌변할 수도 있고, 늘 나쁜 짓만 하던 사람이 마지막에 선한 행동을 하는 경우도 있기 때문에, 소설에서 그리는 인물은 이 양면적 요소를 다 생각해야 한다. 하지만 사람이 생각하는 보편적인 인간은 악한 존재라기보다는 선한 존재이길 원하기 때문에 소설의 인물은 선한 인간이 다수일 수밖에 없다고 생각한다.

그러나 무엇보다도 보편성을 지닌 인간만으로 소설의 인물을 서술하기보다는 개성을 지닌 인간을 첨부해야 하는 일이 중요하다. 개성을 지닌 인물이란 다른 사람과 구별되는 자기만의 특성을 지닌 인간을 말한다. 생각·느낌·행위 등 인간의 행동 양식은 제각기 다르기 때문에, 작가는 누구에게나 해당되는 보편성과 제각기에 해당되는 개성, 이 두 가지 요소를 지닌 인물로 소실의 인물을 만들어 내야 한다. 결국 소설가는 현실 생활을 바탕으로 그 시대의 전형이 될 만한 보편적이고 개성적인 인간상을 만들뿐만 아니라, 인류의 미래에 적합한 새로운 보편적·개성적 인물을 만들어 내는 창조자의 사명을 지녀야 한다고 생각한다.

2.2.4. 소설의 시점

소설의 시점point of view이란 소설 구성의 각도를 말한다. 다시 말해, 스토리의 '성격'[주체]·'행위'[사건]·'환경'[배경]의 세 가지 요건을 플롯의 '발단 → 전개 → 위기 → 절정 → 대단원'의 기본 형식으로 짜서 소설 작품으로 구체화할 때, 어떤 각도에서 통일적으로 작품을 구성하느냐 하는 문제를 소설 구성의 각도, 곧 시점이라고 하는 것이다. 쉽게 말해, 소설을 '나'라는 일인칭에 의해 주관적으로 서술하느냐 혹은 '나'라는 일인칭 없이 객관적으로 서술하느냐에 따라 소설 구성의 각도, 곧 시점이 구별된다고 할 수 있다. 소설의 시점은 내부 시점과 외부 시점으로 나누어진다.

1) 내부 시점

내부 시점이란 소설가가 '나'라는 일인칭 시점에서 주관적으로 또는 객관적으로 이야기를 서술하는 방법이다.

① 일인칭 서술자 시점

일인칭 서술자 시점이란 작가가 소설의 주인공을 가공해서 만들어 놓고는 '나'라는 일인칭 시점에서 허구적으로 꾸며서 이야기를 서술해 나가는 경우나, 또는 작가가 자기 자신의 이야기를 '나'라는 일인칭 시점에서 폭로하듯이 서술하는 '사소설私小說'의 경우를 말한다. 허구적으로 만든 주인공 '나'의 입장에서 작가가 이야기를 서술하기 때문에 독자는 '나'라는 인물이 '실제 인물이거나 작가 자신이 아닐까?'라고 착각을 하게 되며, 허구 이야기를 실제 이야기인 양 진실성을 느끼게 된다. 즉, '나'라는 일인칭 시점으로 서술한 작품이기에 독자에게 주는 호소력이 강하다는 장점이 있지만, '나' 이외의 작중인물에 대한 서술이 부족할 수밖에 없고, 시야가 '나' 중심으로 제한되어 있어 이야기의 스케일이 작을 수밖에 없는 단점이 있다. 무엇보다도 수기 형식의 소설이나 일기체 소설, 서간체 소설 등이 일인칭 서술자 시점으로 써진다.

② 일인칭 관찰자 시점

일인칭 관찰자 시점에서는 소설이 '나'라는 일인칭에 의해 서술되면서도 소설의 주인공이 따로 존재한다. 곧 '나'는 형식상의 주체이고, 서술자인 동시에 관찰자에 불과하다. 물론 관찰자인 '나'가 사건[행위]에 참여할 수도 있다. 이 경우 '나'라는 일인칭 관찰자가 주관성을 띠면서 소설의 주인공에 대한 이야기를 서술하게 된다. 즉, 주관성과 객관성이 혼합되는 효과가 있다. 예를 들면, 멜빌Herman Melville(1819~1891)의 『백경*Moby Dick*』(1851)에서 이스마엘Ishmael이라는 이름을 가진 '나'가 관찰자의 눈으로 소설의 주인공 에이하브 선장Captain Ahab의 모비 딕에 대한 처참한 복수 광경을 서술하는 것이다.

2) 외부 시점

외부 시점이란 작가가 소설의 내부가 아니라 외부에서 작중인물과 일정한 거리를 두고 객관적인 태도로 이야기를 서술하는 방법을 말한다.

① 작가관찰자 시점

작가관찰자 시점이란 아리스토텔레스가 소설을 '다른 사람들에 대해 보고하는 모방'이라고 주장하듯이, 작가가 자신의 주관을 배제하고 작중인물의 행동이나 말, 환경과 모습 등을 보고하듯이 쓰고, 인물의 생각·사상·감정·심리상태 등을 직접적으로 서술하지 않는 방법을 말한다. 쉽게 말해, 이러한 시점은 신문 기사를 쓰는 신문기자의 시점과 유사하며, 장편소설보다는 단편소설을 쓸 때 적합한 시점이다.

② 전지자적 시점

전지자적 시점이란 작가가 전지전능한 존재인 신처럼 자신의 모습을 드러내지 않으면서도 소설의 인물을 창조하듯이 서술해 가는 방법을 말한다. 다시 말해, 작가는 작중인물에 대한 행동과 태도 등의 외부 묘사뿐만 아니라, 감정·의식·동기·갈등 등의 심리적 내부 의식까지도 전지자적인 시점으로 서술해야 한다는 뜻이다. 즉, 작가는 모든 것을 다 아는 신처럼 자기가 그리려는 인물의 모든 점을 다 알아서 초월적인 자세로 다각적으로 서술해야 한다. 그래서 전지자적인 작가는 자신의 뛰어난 사상이나 지식, 관념을 작품 속에서 알맞게 배합시켜야 하며, 인생의 총체적인 파노라마를 다양한 모습으로 그려내야 한다.

결론적으로 소설가는 먼저 소설을 창작하는 과정['주제主題' → '제재題材' → '스토리story' → '플롯plot']에 따라 보편적이고 개성적인 인물(캐릭터)을 창조하고 다양한 시점에 맞춰 소설을 창작해야 한다. 더욱이 단어 · 이미지 · 소리를 통해 사건, 이야기를 전달하는 스토리텔링이 화두가 된 오늘날 이미 소설을 창작하는 방법을 알고 있다면 당황할 필요가 없으며, 플롯과 캐릭터와 시점에 맞춰 이야기를 써내려 간다면 어떻게 스토리텔링을 할 것인가에 대한 고민을 쉽게 해결할 수 있을 거라고 생각한다.

2.2.5. 소설 창작 예문

소설 창작의 예문을 황순원(1915~2000)의 『별』을 통해 살펴보자. 사실 여기에 단편소설 『별』의 예문을 실어야 하지만 저작권의 문제로 전문을 싣지 못했음을 언급한다. 따라서 소설 창작 예문은 독자가 따로 읽어보길 바란다.

황순원은 평양에서 가까운 평남 대동군 재경면 빙장리에서 태어나, 1945년 해방직후 월남한 작가답게 구수한 평안도 사투리로 『별』을 외부 시점인 전지자적 시점으로 서술한다. 이 단편소설은 1941년 《인문평론》 2월호에 발표된 작품으로서 황순원의 초기소설이다. 제목인 '별'은 절대적 미로서 죽은 어머니를 상징한다. 너무나 아름다웠던 어머니에 대한 환상이 주인공 '아이'의 이상형이 되어 '누이'도, '여자친구'도 그 어머니의 모습을 대신할 수 없다. 심지어 소설의 마지막 부분에서 죽은 누이가 별이 되어 어머니 옆에 함께 있을 거라는 것조차 부정하는 — 실제로는 누이의 죽음을 부정하고 싶은 염원 — 사춘기 소년의 내부 심리를 사실적으로 섬세하게 묘사한 수작이다.

2.2.6. 소설에 나타난 예술 법칙

소설에 나타난 예술 법칙에 대해 호프만스탈의 소설『기병 이야기 *Reitergeschichte*』를 중심으로 살펴보자.[2] 호프만스탈은 1894년 10월부터 1895년 9월까지 기병장교로서 체코슬로바키아의 모라비아 지방과 폴란드의 갈리시아 지방 위수지에서 복무하면서 경험했던 비참한 군인생활을 1898년에 그의 단편소설『기병 이야기』에서 묘사하여, 1899년 빈Wien의《신자유 신문 *Neue Freie Presse*》의 '성탄절 부록'에 처음으로 출판하였다. 하지만 여기서 다루는『기병 이야기』의 텍스트는 1968년도에 피셔Fischer 출판사가 간행한『단편소설들*Die Erzählungen*』을 참고했다.

호프만스탈은『기병 이야기』를 창작하던 시기에 주로 사실주의적 소설의 대가들, 이탈리아 작가 보카치오Boccaccio(1313~1375)와 반델로Bandello(1485~1561), 독일의 괴테Goethe(1749~1832)와 클라이스트Kleist(1777~1811), 그리고 프랑스 소설가 플로베르Flaubert(1821~1880)와 모파상Maupassant(1850~1893) 등을 연구하였고, 그 대가들의 발자취를 따라 산문문학에 대한 하나의 '예술 법칙Kunstgesetz'을 정립하여 소설에 적용시키려고 노력하였다. 즉 소설『기병 이야기』의 줄거리를 하루라는 시간의 경과 속에 진행시켰으며, 객관적인 보고조의 서술 방법으로 사실적 현실을 정확히 진술하였다. 다시 말해 1848년 7월 22일 오스트리아 기병대와 이탈리아 해방군 사이에 일어나는 전투의 일화를 냉정하고 사무적인 보고서 양식으로 서술한 것이다.

그러나 이 이야기의 전체적인 줄거리 내용을 훑어보면, 객관적인 보고풍

---

2) Hugo von Hofmannsthal, *Die Erzählungen*, Herg. von Herbert Steiner, S. Fischer Verlag Frankfurt am Main, 1968 참조.

의 사실적 묘사뿐만 아니라, 등장인물의 주관적인 상태에 대한 심리적 묘사가 잘 혼합되어 있다. 즉 비인칭적 보고의 서술 방법과 순간적인 서정적 분위기 묘사가 하루라는 시간적 경과 및 '공간적 시작점과 끝나는 점'의 일치 속에서 반복되며, '중립적 보고자'로서 작가의 탁월한 창조적 상상력의 표현이 이야기 속에 은밀히 내재되는 것이다.

더욱이 호프만스탈의 동시대 작품 『672번째 밤의 동화*Das Märchen der 672. Nacht*』(1895)에 나오는 미학주의자 상인의 아들Kaufmannssohn이 추한 죽음을 통해 그가 추구했던 아름다운 삶이 무의미한 예술적 '포템킨 촌'으로 위장되듯이, 그렇게 『기병 이야기』의 주인공 안톤 레르히Anton Lerch 상사는 평생 몸담아 온 군인 세계를 벗어나 안락한 시민 세계로 들어가려는 열망에 사로잡힌 채, 기병 대위 로프라노Rofrano 남작에 의해 처참한 죽음을 맛보는 것이다.

이제 소설에 나타난 예술 법칙에 대해 『기병 이야기』에 등장하는 두 명의 대립되는 인물들을 중심으로 사실주의적 예술 법칙에 따라 객관적 사실묘사에서 주관적 심리묘사로, 그리고 다시 객관적 사실묘사로 진행되는 '지배와 종속의 감정' 가운데 나타나는 '반대감정의 양립적 상태'를 알아보고, 호프만스탈이 즐겨 쓰던 '도펠갱어 모티브Doppelgängermotiv'를 서사적 예술 법칙에 따라 꿈과 환상의 세계와 경험적 현실 세계, 곧 군인 세계에서 시민 세계로, 그리고 다시 군인 세계 안에서 살펴보고자 한다.

1) 사실주의적 예술 법칙: 객관적 사실묘사 → 주관적 심리묘사 → 객관적 사실묘사

이야기의 주인공 안톤 레르히 상사는 오스트리아 '발모덴Wallmoden 갑기병대의 제2 기병중대, 수색대' 소속으로 '107명의 기병들과 함께' 적군의 도시인 밀라노Mailand를 향해 진군한다. 간결하고 정확한 군대의 보고서 양식으로 전개되는 줄거리의 초반부에서, 잘 훈련된 기병중대는 오합지졸의 이탈리아 의용군을 토벌하며, 생포해서 후방으로 이송한다. 더욱이 '아름다운 별장'을 공격하게 되는데, 이때 안톤 레르히 상사가 등장하며, 그의 수색대는 철저한 군인정신으로 무장한 정예군으로서 어린 대학생들로 구성된 시민 저항군과 대립된다.

> 안톤 레르히 상사가 말에서 내렸고, 기관총으로 무장한 12명을 데리고 창문들을 에워쌌으며, 피사의 의용군들인 18명의 대학생들을 붙잡았는데, 그들은 하얀 손들과 중간 길이의 머리카락을 가진 행실이 바르고 귀여운 젊은이들이었다.

'기관총으로 무장한' 정예군과 '귀여운 젊은이들'로 구성된 의용군과의 싸움은 결과가 뻔한 전투이며, 우리가 지속적으로 관심을 갖고 논의하게 될, 군인 세계와 시민 세계의 양면적 모습들이 선취되는 것이다. 다시 말해, 군인과 시민의 반대 개념이 하루의 시간 동안 순간적으로 이어지는 전투 속에서 암시되며, '고속도 촬영의 속력으로' 전개되는 사건의 순간들이 앞에서 언급한 사실주의적 예술 법칙, 곧 객관적 사실묘사에 따라 정확히 묘사된다.

'마나라의 의용군Legion Manaras', '피사의 의용군Pisaner Legion', '나폴리 의용군neapolitanische Freischaren'들과의 계속되는 전투에서 기병중대는 단지 한 명만이 전사했고, 수많은 포로들과 '유탄포'를 노획했으며, 승승장구 '산타 바빌라Santa Babila, 산 페델레San Fedele, 산 카를로San Carlo, 산 사티로San Satiro, 산 지오르지오San Giorgio, 산 로렌조San Lorenzo, 산 에우스토르지오San Eustorgio'를 지나 '베네치아 문Porta Venezia'과 '티치네세 문Porta Ticinese'을 통해 밀라노를 말을 타고 통과했다. 이야기의 처음에 언급된 '밀라노를 향해 출발했다'가 이미 '밀라노를 통과하여 달렸다'로 마치 사건의 진행이 끝났다는 듯이, 여기서 기병중대의 승전보에 대한 객관적인 보고서는 중단되고, 주인공 안톤 레르히 상사에 대한 주관적인 상태 묘사가 시작된다.

> 마지막으로 언급한 시市의 성문으로부터 멀지않은, 아름다운 플라타너스로 뒤덮인 비스듬한 둑이 뻗쳐 있는 곳에서, 안톤 레르히 상사는 새로 지은

옆은 황색 집의 일층 창문에서 그가 알고 있는 여자의 얼굴을 보았다고 생각했다. 호기심이 그를 말안장에서 몸을 돌리게 했고, 동시에 그가 말의 약간 부자연스러운 걸음걸이로부터, 그 말이 앞발굽 중 하나에 한 개의 돌이 끼었다고 추측했다, 그는 또한 기병중대의 후미에서 말을 타고 가고 있었고, 방해 없이 대열로부터 나올 수 있었기에, 이런 것들이 그를 말에서 내리게 했다, 더욱이 그는 말머리를 문제의 그 집 현관으로 향하게 했다.

'생각했다'와 '호기심'이라는 단어들이 이미 사건의 진행이 추측의 영역과 인간의 내면적 영역에서 일어남을 암시하며, 한 여인에 대한 '감각적 인상'이 상사로 하여금 그의 길로부터 벗어나게 한다. 느슨해진 이야기 진행 속도로 안톤 레르히의 생각과 느낌이 서술되는 가운데, 개인적 호기심이 집단적 군인 세계를 떠나게 하며, 결국 그는 파멸의 그 집, 곧 그의 경험된 이전 세계로 들어간다.

그가 여기서 말발굽을 시험하기 위해 그의 갈색 말의 두 번째 하얀 장화를 신은 듯한 앞발을 높이 들어 올리자마자, 실제로 그 집의 내부로부터 앞쪽 현관으로 통하는 하나의 방문이 활짝 열렸고, 약간 찢어진 실내복을 입은 풍만한 육체를 가진, 젊은 여자가 보였다. 그러나 그녀의 뒤에는 정원으로 통하는 창문들이 있는 하나의 밝은 방이 있었고, 그 정원으로 통하는 창문들 위엔 바질리카 꽃 화분과 붉은 양아욱 화분들이 있었다. 더욱이 한 마호가니 재 장롱과 질그릇으로 만든 신화적 군상의 모습이 상사에게 보였고, 그러는 사이에 그의 날카로운 눈초리에 동시에 그 방 반대의 벽이 창과 창 사이의 벽에 걸어놓은 거울 속에 나타났으며, 크고 하얀 침대와 양탄자를 걸어놓은 문이 보였다. 그 문을 통해 그 순간 살찐, 말끔하게 면도한 늙은 남자가 도망쳤다.

세밀한 묘사가 상사의 관찰을 통해 숨 가쁘게 열거되며, 긴 '복잡 복합문'의 문체양식으로 빠른 순간의 연속 장면들이 묘사된다. 뿐만 아니라 '갈색 말'에 의해 주인공은 과거에 그가 경험했던 육감적인 여자의 집으로 인도되며, '거울'을 통해, 잘 꾸며진 그녀의 방에 매료당한다. '그 순간' 거울 속에 비친 남자의 모습이 의미심장하며, 전형적인 시민 세계의 인물로서 현재 군인 세계의 인물인 상사와 구별된다. 다시 말해 자세하게 언급된 방 전체의 가구집물비치 및 살찐 늙은 남자에게서 상사는 '시민적 분위기'를 느끼며, 그 시민 세계를 자신의 군인과 현실의 반대 점으로 인식하는 것이다.

그녀의 이름은 '부이크Vuic'였고, 과부였거나 이혼녀였으며, 10년 전쯤 빈Wien에서 그와 함께 몇 날 밤을 보냈었다. 이러한 과거의 기억이 상사를 '방탕한 미래'로 유혹하며, 그녀를 향해 급속하게 증가하는 그의 육감적인 욕망이 상사의 지금까지의 세계 질서를 어지럽게 한다. 즉, 그는 부이크와의 만남을 통해 기병중대로부터 분리되며, 군 생활 동안 엄격한 군기에 의해 내리눌렸던 '방탕한 정욕'이 뜨겁게 불타올랐다.

> 거기 서 있는 여자가 그에게 반쯤 아양 떠는 슬라브풍으로 미소를 보냈고, 그것이 그의 굵은 목과 두 눈 아래 핏발을 서게 했다.

뜨거운 피가 역류하듯이 폭발할 것 같은 상사의 육체적인 욕망이 부이크의 머리빗 위를 기어가는 한 마리 '파리'에 의해 순간적으로 사그라지며, 불현듯 오늘 있었던 전투와 노획품에 대한 인식이 그를 사로잡는다. 이것이 군인 세계와 시민 세계 사이에 공존하는 레르히의 반대감정의 양립적 상태를 의미한다. 상사는 이러한 '중간상태'에서 부이크의 머리를 힘센 손으로 잡아당기며 "부이크 (……) 8일 안에 우리는 진입할 거야. 그러고 나면 그곳은 나의 숙소가 되겠지."라고 말하면서, 시민 생활로 들어가기 위한 '숙소의 예약'을 한다.

시민적 삶을 열망하는 상사의 의지가 직접화법으로 표현되며, 이러한 언급된 단어들이 상사를 속박하고, 그에게 굴레가 되어 '숙명적인 결말'을 초래한다. 그러나 부이크는 '수신인'으로서 이러한 의견에 대해 구두口頭의 대답을 하지 않으며, 그의 말이 휘이잉 울면서 그를 다시금 기병중대로 이끈다. 여기서 우리는 상사의 일방적인 의사표시를 엿볼 수 있고, 시민생활의 표본인 부이크의 집으로 상사를 이끌었던 그 말이 이제는 군인생활의 표본인 행군하는 기병중대로 그를 데리고 간다. 만약 안톤 레르히 상사가 '8일 안에'가 아니라, 부이크를 만난 그 순간에 그곳에 머물기를 바랐다면, 부이크의 대답은 어떠했을까? 8일이란 기간이 두 가지 세계가 공존하는 상사의 심적 갈등을 한 가지 세계로 결심하기 위해 필수적이란 말인가? 아무튼 부이크 곁에서 머무르려는 상사의 내면적 결심이 '커다란 희망'이 되어, 비록 그가 외형적으로 기병중대의 열오종대列伍縱隊 옆으로 말을 타고 갈지라도, 그 군인 세계에 완전히 편입되지 않고, 시민 세계에 대한 환상을 눈앞에 그린다.

> 열오종대의 옆으로, 더 이상 씩씩하지 않은 발걸음으로 말을 타고 가면서, 하늘의 무거운 금속성의 작열 아래서, 눈동자를, 함께 이동하는 모래먼지 속에 붙잡힌 채, 상사는 점점 더 많이 마호가니 가구들과 바질리카꽃 화분들이 있는 그 방으로 빠져들어 갔고, 동시에 시민적 분위기로 빠져들어 갔다. 그 분위기를 통해 하지만 전쟁의 상태가 희미하게 내어비쳤고, 근무 상황이 아닌 안락함과 쾌적한 무법적 행위의 분위기가 실내화를 신은 한 존재에게, 단검의 칼자루를 잠옷의 왼쪽 주머니 속에 찔러 넣게 했다.

여기서 반대 감정의 양립적 방법으로 '시민적 분위기'의 '환상의 세계'와 '군인-현실'이 동시에 존재한다. 즉 상사의 상상 속에서 새로운 세계, 곧 '안락함'을 창조하고 '근무 상황'을 중지하는 시민 세계가 꿈틀거리며, 동시에 여전히 군인 존재가 희미할지언정 숨 쉬고 있다. 따라서 주인공은 군인 세계에 만연한 '종속관계'로부터 벗어날 것을 시도하는 반면에, '무법적 행위'를 통해 시민 세계에서 다른 사람들에 대한 동일한 '종속관계'를 기대하는 것이다. 그의 기병중대를 다시 쫓아가 잡은 레르히 상사는 '내향성에 종사하는 사람'으로서 이미 그 기병중대를 떠났던 동일한 사람이 아니며, 부이크의 방에 있는 거울을 통해 보았던 살찐 남자를 그의 환상 속으로 끌어들여 '의미 있는 역할'을 하게 한다.

그래서 그 남자는 상사의 환상 속에서 영속적으로 대리인, 요리사, 중매인, 커다란 집의 소유자로서 등장하며, 마침내 '해면처럼 구멍이 많은 거대한 몸으로 자라나서, 사람들이 그 몸뚱이에 20개의 마개구멍을 뚫고 피 대신에 금을 따라낼 수 있는' 그로테스크한 시민적 거물로 나타난다. 바로 이 남자의 모습이 '아름답고 하얀 부이크의 피부보다 더 많이' 생각났던 상사의 '가장 내면적인 소원과 열망의 상징'이고, 시민 생활의 성취, 곧 상상의 세계의 실현을 의미하는 것이다.

그러나 오후에 수색대에게 아무런 새로운 일이 발생하지 않았고, 상사의 몽상은 어떤 방해도 받지 않았다. 이러한 시민적 안락한 삶에 대한 몽상은 상사에게 '예기치 않은 수입', '상여금' 그리고 '금화'에 대한 열망을 불러일으키고, 다시 그로 하여금 기병중대의 대열에서 이탈하게 만들며, 그 마을에서 바로 빈약한 호위병들과 함께 있는 적의 장군을 갑자기 덮쳐서 붙잡거나 혹은 다른 방법으로 아주 특별한 보상금을 벌 것을 희망하였다.

그 마을은 '비참하고, 황폐한 마을'이었고, 호프만스탈 자신이 복무했던 모라비아 지방과 갈라시아 지방의 더럽고 비참한 위수지에 대한 상징적 장소이다. 그가 1896년 5월 4일 한 편지에서 '모든 것이 추하고, 비참하며, 더럽다, 인간들, 말들, 개들, 또한 아이들'이라고 썼듯이, 길로부터 떨어져 있는 황폐한 마을은 '빛 없고 소리 없는 그림자 나라'로서 '어스름 속에 잠긴 죽은, 무감각한 사물들의 게으름 같은 무질서'의 세계이다. 이러한 무질서의 섬뜩한 마을을 '저녁 무렵' 상사가 말을 타고 지나가는 고독한 행군이 이 이야기의 중심이고 요점이며, '가장 인상 깊은 에피소드'인 것이다.

트럼펫 나팔소리 아래 인구 조밀한 대도시를 관통하여 달리는 기병중대의 행군 모습이 외부적 현실에 대한 묘사라면, 반대로 이와 같은 '죽은 듯이 고요한' 황폐한 마을을 관통하는 상사의 외로운 행군 모습은 '내면적 공간'에 대한 묘사이다. 따라서 주인공은 군인의 의무감, 즉 전투에서 탁월한 전과를 올리려는 욕망에 의해서 이러한 옆길로 빠지는 행동을 한 것이 아니라, 안락한 시민적 삶을 위한 '예기치 않은 수입'과 노획품과 '보상금'에 대한 열망에 의해서 옆길로 빠지는 것이다. 다시 말해, 기병중대의 밀라노 진입이 군인 세계에 대한 전형적인 표현이라면, 반대로 상사의 낯선 마을의 진입은 시민 세계로 들어가기 위한 내면적 시련을 의미하는 것이다.

'게으름 같은 무질서'의 세계에서 레르히가 처음 보게 된 인물은 '한 게으른 반나체의 사람'이고, 두 번째 만난 인물이 '반쯤 옷 입은 여자'이다. 전자가 부이크의 방에서 본 살찐, 면도한 남자와 모티브적으로 연결된다면, 후자는 바로 부이크와 관념연상이 된다. 즉, 상사가 그의 말 앞발굽을 조사했을 때 부이크를 만났던 반면에, 이번에는 '그가 뒷발의 말편자를 보기 위해 고개를 돌려 몸을 숙이는 사이에', 그의 말 앞을 근접해서 걸어가는 그 여자를 만나는 것이다. 그러나 부이크가 상사에게 은밀한 유혹의 미소를 보낸 것과는 반대로, 그 여자는 상사에게 얼굴을 보이지 않고 지나간다.

그 후 안톤 레르히 상사는 '피투성이가 된 쥐'를 보았고, '한 마리 더러운 암캐'와 '세 마리 개들' 그리고 '두 마리 개들' 등 모두 6마리 개들을 만났으며, 얼마 후 '한 마리 암소'를 도살장으로 끌고 가는 '한 젊은이'를 만났다. 쥐·개·소 등의 동물들은 일반 시민들과 근접하게 동거하는 짐승들이지만, 안락한 시민적 분위기를 열망하는 상사에겐 패러독스적으로 추하고, 더럽고 불쾌한 방해꾼으로서 마을을 통과하려는 그를 멈추게 한다.

> 그 두 마리 중 밑에 깔린 쥐가 너무 비참하게 소리 질렀기 때문에, 상사의 말은 멈췄다.

> 이 (사냥)개가 그의 머리를 상사를 향해 들어 올렸고 그를 뚫어지게 바라보았다. (……) 갈색 말은 더 이상 한걸음도 내디딜 수 없었다.

> 얼마를 달린 후에 그러나 그는 말을 급하게 세워야만 했다. 왜냐하면 거기서 한 마리 암소가 길을 차단했기 때문이다.

실제로 주인공이 적의 장군을 체포하여 특별한 보상금을 받으려는 희망에서 시작했던 황폐한 마을로의 진입이 아무런 적들과의 교전 없이, 이러한 피비린내 나고, 더럽고, 비참한 짐승들과의 헛된 싸움으로 끝나며, 그에게는 마치 그가 불쾌한 마을을 말 타고 지나감에 있어 무한한 시간을 낭비했다는 생각이 들었다. 따라서 이러한 장소는 일상적인 현실이 아닌, 상사의 '정신착란의 출산물'로서 그의 내면적 정신세계이며, '무질서한 자기소외의 세계'를 의미한다.

> 그는 돌다리의 저쪽 편에서 그리고 또한 그 자신이 서 있는 이곳으로부터 동일하게 떨어진 곳에서 자신이 속한 연대의 한 기병이 가까이 다가오는 것을 보았고, 더욱이 하얀 장화를 신은 듯한 앞발을 가진 갈색 말을 탄 상사가 다가오는 것을 보았다.

이제 주인공은 무질서한 낯선 마을을 빠져나옴에 있어 '마지막 방해'를 만나는데, 그것이 바로 '도펠갱어Doppelgänger'와의 만남이다. '갈색 말을 탄 상사'와의 만남이 곧 '내면적 자신의 반영'과의 만남이며, 민간 신앙적 의미에서 '죽음의 전조'를 암시하는 것이다. 즉 가까이 다가온 죽음에 대한 앞선 의미가 '도펠갱어 모티브'에서 선취되는 것이며, 군인 세계에 머물렀던 '이전의 자아'와 시민 세계를 동경하는 '새로운 자아'가 거울 속에 자기 모습을 비추듯이, 한순간에 충돌하는 것이다.

> 상사는 뚫어지게 바라보는 눈으로 그 환영 속에서 자기 자신을 인식했고, 무의식적으로 그의 말을 뒤로 잡아당겼으며, 손가락을 편 오른손을 그 존재를 향해 앞으로 뻗었다. 그 존재도 마찬가지로 말을 세우고는 오른손을 들어 올렸다. 갑자기 그때 그 존재가 사라지고, 홀과 스카르몰린 졸병들이 자연스러운 얼굴로 오른쪽과 왼쪽으로부터 말라버린 개천에서 나타났으며 동시에 방목장 위로부터, 결코 멀리 떨어져 있지 않은 곳으로부터 기병중대의 '공격' 트럼펫 소리가 강하게 들려왔다.

새로운 자아와 오래된 자아의 충돌을 통해 결국 새로운 자아가 승리하게 되는데, 이 순간 상징적 의미에서 '도펠갱어'의 환영은 현존재의 현실 속으로 사라지며, 반대 감정의 양립적 의미에서 '존재로서 자아와 생성으로서 자아'가 동일시되는 것이다. 따라서 꿈과 환상의 세계 속에서 방황하던 주인공은 자각에 의해 환각 상태에서 깨어나 경험적 현실 세계로 복귀하며, 이때 두 졸병들이 '자연스러운 얼굴'로 그를 맞이하여, 다시금 군인 세계로 들어간다. 시민 생활을 동경하여 '마법의 영역'으로 빠져들어 갔던 상사가 맑은 트럼펫 소리를 통해 군인 생활로 복귀하는 것이다. 그러나 이 '공격'을 위한 트럼펫 소리는 이미 시민적 안락함과 육감적인 욕망에 사로잡힌 반군인에겐, 예기치 않은 수입과 노획품에 대한 열망으로 작용하여, 무의식적으로 적군의 한가운데로 돌진하여, 적군의 장교를 쓰러뜨리고는 그의 말을 노획한다.

> (그는) 재빠르게 홀로 좁은 개천가에 있는, 한 마리 회색 말 위에 타고 있던 적군의 장교 뒤로 갔다. 장교는 개천을 건너려고 했지만 회색 말은 거부했다. 장교는 말머리를 돌렸고, 상사에게 젊고, 매우 창백한 얼굴을 돌리고, 권총의 총구를 들이대었다. 그때 하나의 칼이 그의 입을 찔렀고, 그 칼의 작고 뾰족한 끝에 내달려온 말의 무게가 집중되었다. 상사는 칼을 다시 뺐으며, 아래로 떨어지는 장교의 손가락들이 놓아버린 회색 말고삐의 동일한 자리를 재빨리 붙잡았다. 회색 말은 노루처럼 가볍고 우아하게 그의 죽어가는 주인을 뛰어넘었다.

상사는 이 전투가 언제, 어디서, 어떻게 시작되었는지도 모르는 채, 마치 '그 사건의 알지 못하는 능동적인 관찰자'인 양, 그 전투에 참여하며, 무의식적인 충동에 의해 적군을 쓰러뜨리고, 그의 말을 빼앗는다. 하지만 주인공은 그 노획 말을 기계적으로, 거의 무의식적으로 취한다. 황폐한 마을로의 진입에서 가져왔던 자기 자신의 자아에 대한 '상징적 승리'가 여기서 '구체적 승리'로 되며, 모티브적으로 적군 장교의 모습은 상사의 이전 자아의 ‘구체적, 사실적 반항’을 의미하는 것이다. 따라서 적군 장교의 죽음은 모티브적으로 상사의 이전 자아의 죽음과 동일시되고, 그것으로써 상사의 새로운 자아가 실제적인 현실 영역에서 소생되어 일시적이나마 노획품에 기뻐하는 시민 생활에 대한 동경이 실제로 성취되는 것이다. 하지만 이러한 노획품이 결국 레르히를 멸망의 길로 이끌며, ‘색채 상징적으로’ 피비린내 나는 그의 죽음이 선취된다.

> 상사가 아름다운 노획 말을 타고 돌아왔을 때, 무거운 안개 속에서 지고 있는 태양이 방목장 위로 섬뜩한 홍조를 던졌다. 또한 전혀 말발굽의 자취가 없었던 그러한 자리에도 피의 큰 웅덩이가 있는 것처럼 보였다. 붉은빛의 반사가 하얀 유니폼과 미소 짓는 얼굴들 위에 놓여 있었고, 갑옷들과 말안장 덮개가 핏빛으로 번득거렸고, 불타는 듯이 작열했다. 가장 강렬하게 세 그루의 무화과나무들이 핏빛으로 가득했고, 그 나무들의 하얀 잎들에 기병들이 웃으면서 그들의 칼에 묻은 흐르는 피를 닦아 냈다.

죽음의 마을에서 벗어나와 적군의 장교와 싸우는 전투의 장면부터 다시금 ‘중립적인 관찰자의 줄거리’가 시작되고, 이러한 객관적 보고서 양식이 형식적으로 사실주의적 예술 법칙에 일치한다. 다시 말해 객관적 사실묘사 → 주관적 심리묘사 → 객관적 사실묘사의 ‘원운동’이 『기병 이야기』의 형식적인 줄거리 구조이며, 내용적으로도 반대 감정의 양립적 견해에 일치하는 것이다. 상사의 ‘군인과 시민의 이중존재’의 모순이 여기서 문제이고, 노을 지는 석양의 붉은빛, 치열한 전투가 끝난 뒤 피범벅이 된 군인들, 갑옷과 말안장, 심지어 무화과나무 등, 자연과 인간과 사물이 ‘총체-통일’로 이끌어지면서 색채 상징적으로 상사의 죽음을 준비하는 것이다.

> 상사는 이마를 관통당해 비틀거렸고, 그의 말의 목 부분으로 상체가 기울었으며, 그러고 나서 갈색 말과 회색 말 사이로 바닥에 떨어졌다.

주인공 안톤 레르히 상사의 죽음. 불행한 결말로 끝나는 이야기의 마지막 부분에서 우리는 왠지 불안감에 휩싸이며, 몇 가지 질문을 던지지 않을 수 없다. 어떻게 평생을 군인으로 봉사한 그가 10년 전에 만났던 부이크라는 여인을 만난 후, 안락한 시민 생활을 동경하게 되었는지? 왜 그는 군인 세계에서 시민 세계로 그리고 또다시 군인 세계로 돌아오는 순환적 관계 속에서 죽음을 택했는지? 그리고 왜 그는 시민적 분위기를 동경하면서도 결국은 시민 세계로 들어가지 못했는지? 이러한 질문들에 대한 대답이 1895년 5월 15일에 호프만스탈이 베어-호프만Beer-Hofmann에게 보낸 편지, 즉 '해결을 위한 안내서: 커다란 통일, 삶 = 나눔, 개인 = 죽음'에서 함축적으로 묘사되어 있다.

따라서 상사가 그의 시민적 삶에 대한 열망을 실현하기 위해서는, 그의 노획 말을 남들과 나누어야만 했으며, 집단적 군인 세계에서 공동생활에 대한 환멸을 느끼면서 개인적 시민 생활을 추구하던 그의 개인주의는 결국 죽음을 초래하는 것이다. 그러므로 상사는 반대 감정의 양립적 상태에서 상징적으로 군인 존재의 대표자인 갈색 말과 시민 존재의 대표자인 회색 말 사이로 떨어져 죽는 것이다. 이러한 죽음이 군인 세계와 시민 세계의 어디에도 완전히 속하지 못하는 주인공의 양면적 갈등의 결과이며, 상징적으로 비천한 위수지에서 경기병으로 근무하던 20세의 젊은 호프만스탈 자신의 내면적 갈등의 표현인 것이다.

2) 서사적 예술 법칙: 군인 세계 → 시민 세계 → 군인 세계

기병대위 로프라노 남작은 오스트리아 발모덴 갑기병대 소속 제2 기병중대 중대장이다. 그는 107명의 부하를 거느리고 '산 알레산드로 구락부das Kasino San Alessandro'를 출발하여 밀라노를 향해 진군해야 할 책임이 있는 수색대의 대장이다. 『기병 이야기』의 작품 속에서 그는 마치 주인공인 양, 보고서 양식의 이야기의 첫 부분에 등장했다가는, 그의 부하 안톤 레르히 상사의 등장과 함께 줄거리 선상에서 사라진 듯하다가, 이야기의 마지막 부분에서 군인 세계의 전형적인 인물로서 다시 나타난다.

> 붉은 피에 얼룩진 나무들 옆으로 기병대위가 말을 멈췄고, 그의 옆에 기병중대 나팔수가 있었다. 그 나팔수는 혈액 속에 담근 듯한 나팔을 입에 들어 올리고는 집합 신호를 불었다.

피비린내 나는 전투에서 대승한 기병중대는 '집합 신호'를 알리는 나팔 소리에 집결하고, 이때 기병중대 선임하사인 레르히 상사가 전과를 중대장에게 보고한다. 전사자 없음, 말 아홉 필 노획. 그러나 이러한 상사의 보고를 기병대위는 '부주의하게' 경청한다. 왜냐하면 상사가 시민 세계의 대변인으로 간주되는 '회색 말을 자기 옆에' 데리고 있기 때문이다. 다시 말해, 군인 세계의 전형적인 인물인 기병대위는 이미 시민 세계에 사로잡혀 안락한 삶을 열망하여 노획 말을 곁에 데리고 있는 상사를 더 이상 군인으로 인정하지 않으며, 더욱이 노획품에 의해 전체적인 기병들의 군기가 해이해질 것을 염려하여 시범 케이스로 한 소대장에게 노획품을 버릴 것을 명령한다.

> 그(기병대위)는 트라우트존 백작 소위를 자기에게 오게 했다. 소위는 곧 말에서 내렸고, 6명의 말에서 내린 갑기병들과 함께 기병중대의 전방 후미에서 노획한 경유탄포를 말로부터 풀어내어, 그 대포를 6명의 병사들에 의해 옆으로 질질 끌고 가게 했고, 개천에 의해 만들어진 작은 물웅덩이에 가라앉게 시켰다. 그다음에 다시 말을 탔고, 이제부터 쓸데없는 두 마리 짐 끄는 말들을 그는 편편한 칼등으로 내쫓아 낸 후에, 말없이 제1 소대 선두인 그의 자리를 다시 잡았다.

트라우트존 백작 소위는 제1 소대 소대장으로서 철저한 군인정신으로 무장된 전형적인 군인 세계의 표본이다. 이미 그는 이 이야기의 초반부에서 '선봉-소대'를 이끌고, 나폴리 의용군들을 토벌한 용맹한 장교였다. 그는 군인의 엄격한 군기의 생명인 명령에 절대 복종하는 모범적인 군인 세계의 상징으로서 기병대위의 명령에 따라 한 치의 오차도 없이, 그의 책무를 다하여, 다소 헤이해질 수 있는 적군의 노획품들을 과감하게 버리는 것이다. 이 점이 시민적 분위기에 사로잡혀 노획 말을 소유하려는 레르히 상사와 대조적으로 부각되며, 4번의 전투에서 승리하여 '승리의 도취'에 사로잡힌 기병중대원들에게 방종한 군기의 위협에 대한 경종을 울리는 것이다.

> 그러한 뜻밖의 횡재 후에 모두에게는 정렬한 공간이 너무 좁게 여겨졌고, 기병들과 승리자들은 내심으로 이제 새로운 적에게 넓게 무리를 지어 돌진하여, 칼을 휘두르며 쳐들어가서 새로운 노획 말들을 붙잡을 것을 열망했다.

사실 노획품을 약탈하는 것이 기병중대의 진군의 목적은 아니다. 그럼에도 불구하고 갑기병들은 더 많은 노획 말들을 획득할 것을 열망한다. 이러한 열망이 기병중대 전체를 날뛰게 하고, 동요시키며, 흥분상태로 이끈다. 따라서 기병중대는 원래의 행군 목적에서 벗어나, 마치 레르히 상사가 '예기치 않은 수입'과 '상여금' 그리고 '금화'에 대한 열망으로 기병중대의 열오종대에서 벗어나 낯선 황폐한 마을로 빠져들어 갔듯이, 이성을 잃고 현실세계를 망각한 채, 환각상태로 빠져드는 것이다. 노획 말은 기병중대의 '몰락'의 상징으로서 갑기병들의 생명을 위태롭게 하고, 군대의 군기를 해치며, 임무수행에 차질을 가져오는 훼방꾼인 것이다. 즉 노획 말의 구체적인 목표가 '시민적 세계로 들어감'을 의미하는 것이며, 그것과 함께 반대 감정의 양립적 상태에서 군인 세계냐 시민 세계냐의 운명적 선택을 위한 전체 기병중대의 심리적 갈등을 야기하는 것이다.

"노획 말을 풀어주어라!"라는 기병대위 로프라노 남작의 명령이 직접화법으로 표현되면서, 승리에 도취하여 들떠 있는 기병중대의 흥을 깨뜨렸고, 동시에 군인 세계와 시민 세계의 양면적 선택의 갈림길에서 수색대를 군인 세계로 이끄는 결정적인 군인의 명령이다. 이미 트라우트존 백작 소위를 통해 보여주었던, 군기의 엄정함이 기병중대에 모범적 시범으로서 작용했을지라도, 기병대위의 이러한 명령에 아무도 따르지 않는다.

기병중대는 죽은 듯이 고요했다. 단지 상사 옆에 있던 회색 말이 목을 내밀고는, 기병대위가 앉아 있는 말의 이마에 그의 콧구멍으로 거의 접촉했다.

군대에서 명령은 생명과도 같다. 특히 전시 상황에서 지휘관의 명령은 절대적이다. 하지만 중대장의 엄격한 명령이 그의 부하에겐 통하지 않는다. 더구나 '거의-시민'이 되어 버린 레르히 상사에겐 더욱 효과가 미치지 못한다. 심지어 그의 노획 말조차 이러한 기병대위의 명령을 조소하듯이 '콧구멍'으로 그의 말에 접촉함으로써, 절대적 명령에 대해 반항한다. 구두의 명령이 별다른 효과를 거두지 못하자, 기병대위는 권총을 꺼내들고는 '하나'에서부터 '셋'까지 세면서, 그의 명령에 복종할 것을 강요한다. 그러나 이러한 강압적인 명령은 경기병들의 대표자인 중대 선임하사 레르히에게 조준되며, 다시금 상사의 내면적 정신세계가 심도 있게 묘사된다.

그가 "둘"을 센 후에, 그는 그의 베일을 쓴 눈초리로 상사를 응시했다. 상사는 움직이지 않고 그의 앞에서 말안장에 앉아서는 그의 얼굴을 뚫어지게 응시했다. 안톤 레르히의 시선이 고정된 눈초리가, 즉 그 눈초리 속에서 단지 때때로 어떤 억눌린 것, 개 같은 것이 확 타올랐다간 다시 사라졌던 눈초리가 여러 해 동안의 근무 상황으로부터 생겨난 일종의 겸손한 복종을 표현하길 원하는 반면에, 이러한 순간의 무서운 긴장에 대한 그의 인식은 거의 전혀 이루어지지 않았고, 오히려 진기한 안락함의 여러 가지 영상들에 대한 인식이 가득 넘쳤다. 그리고 그에게조차 완전히 낯선 내면의 깊은 곳으로부터 그의 앞에 서 있는, 그에게서 말을 빼앗아 가려고 했던 사람에 대한 야수와 같은 분노가 치솟았다.

수년 동안 군인 생활을 통해 익숙해진 절대복종에 대한 인식과 진기한 안락함을 위한 시민 생활에 대한 열망의 인식이 반대 감정의 양립적 상태에서 상사에게 동시에 작용하지만, 결국은 잠재의식 속에 존재하던 시민 세계를 향한 동경이 무의식적으로 상사의 '야수와 같은 분노'로 터져 나와, 이미 군인이길 포기한 상사의 내면적 결심을 확 타오른 불순종, 곧 반항으로 표출하는 것이다. 여기서 우리는 기병대위와 상사의 관계를 보다 심도 있게 정리해야 한다. 즉 기병대위는 귀족으로서 고귀한 '상부세계'에서 우아하고 태만하게, 별 힘들이지 않고 편안히 살았던 인물인 반면에, 상사는 평민으로서 비천한 '하부세계'에서 열심히 노동하여 부지런하게 하루하루를 연명하듯이 지냈던 인물이다. 이러한 상반된 관계 속에서 상사의 '정신적 무의식 상태' 가운데 돌발적으로 일어난 반항은 고귀한 것에 대한 평범한 것의 반란이요, 아름다운 것에 대한 추한 것의 반란이요, 귀족에 대한 평민의 반란이요, 지배자에 대한 종속자의 반란을 암시하는 것이다.

하지만 이러한 반란이 미처 현실적으로 실현되기 전에 상사는 총살당한다. '사형 집행인'으로서 기병대위는 반대 감정의 양립적 견해에서 군인이면서 시민으로 살길 원했던 상사를 처형함으로써, 기병중대를 처음에 소유했던 정신상태, 즉 엄정한 군기 속으로 환원시킨다.

> 그러나 그가 말 위에서 거꾸로 떨어졌을 때, 이미 모든 장교 및 하사관 그리고 졸병들은 그들의 노획 말들을 고삐를 자르거나 발로 걷어차면서 놓아주었고, 기병대위는 그의 권총을 침착하게 집어넣었다, 그 권총이 전광석화 같은 일격에 의해 아직 전율하는 기병중대를 불명료하게 땅거미 지는 먼 곳에 다시 집결했을지도 모를 적들을 향해 새로이 전진시킬 수 있었다. 그러나 적군은 다시 공격해 오진 않았고, 얼마 후 수색대는 아무 방해도 받지 않고, 아군의 남쪽 전초기지에 도착했다.

『기병 이야기』의 시작 부분에서 특징을 이룬 무미건조한 보고서 양식이 마찬가지로 마지막 부분에서도 객관적 보고로 특색을 나타낸다. 다시 말해 이야기의 시작점과 끝나는 점이 일치하며, 이러한 '원운동'에서 형식적으로 이 작품은 '커다란 통일'을 맛본다. 즉 사실주의적 예술 법칙에 따라 이야기 문학에 새로운 이정표를 세우기 위해 노력한 서사적 예술 법칙이 조화롭게 성취되는 것이며, 군인 세계에서 체험적으로 숙지한 군기와 복종의 삶에 대한 '정신적 정화'가 여기에서 피력되는 것이다.

필자는 사실주의적 예술 법칙에 따라 객관적 사실묘사에서 주관적 심리묘사로, 그리고 다시 객관적 사실묘사로 진행되는 소설 『기병 이야기』에 등장하는 두 명의 대립되는 인물들, 즉 주인공 안톤 레르히 상사와 그의 상관 기병대위 로프라노 남작을 중심으로 군인 세계와 시민 세계에 대한 양면적 공간에서 발생하는 '지배와 종속의 감정' 문제 및 반대 감정의 양립적 상태에서 나타나는 '정신적 정화' 문제에 대해 알아봤고, 형식적으로 호프만스탈이 이 당시 몰두했던 사실주의적 소설 문학에 대한 서사적 예술 법칙에 따라서 군인 세계에서 시민 세계로, 그리고 다시 군인 세계 안에서 이야기의 구조를 논의했으며, 더욱이 '존재로서 자아와 생성으로서 자아'의 문제를 레르히 상사의 '도펠갱어 모티브'에서 다루어 보았다.

그 결과 첫째, 군인 세계의 전형적 인물인 기병대위 로프라노 남작과, 군인 세계와 시민 세계에서 방황하는 안톤 레르히 상사 사이에 발생하는 '지배와 종속의 감정'이 반대 감정의 양립적 상태에서 그로테스크하게 표현된다는 점이다. 기병대위는 명령을 내리는 지배자이고, 레르히 상사는 명령에 복종해야 하는 종속자이다. 두 사람은 '수년 동안의 밀접한 공동생활을 통해' 주종관계가 이미 몸에 배인 상태이다. 더욱이 전시 상황에서 지휘관과 부하의 종속관계는 절대적이다. 따라서 상사는 중대장의 명령에 절대 복종해야 하며, 평생을 군인으로 생활한 그이기에 이 점에 관한 한 아무런 문제가 없어야 한다. 그러나 시민 세계의 전형적인 인물 부이크라는 여인을 만난 후, 상사는 잠재의식 속에 남아 있던 시민적 분위기를 동경하며, 한편으로는 군인 세계에서의 종속관계를 벗어날 것을 시도하는 반면에, 다른 한편으로는 시민 세계에서 다른 사람들과의 종속관계를 기대하는 것이다. 즉 그는 외관상 군인 제복을 입은 용감한 군인의 모습이지만, 내면적으로는 이미 시민의 안락한 생활에 젖어 있는 것이며, 군 생활 동안 몸에 배인 주종관계를 부이크라는 여인을 통해 시민생활에서 새로운 주종관계로 변화시키려는 것이다. 결국 이러한 '지배와 종속의 감정'은 상사의 죽음과 함께 '정신적 정화'로 승화되고, 군인 세계에서 시민적 존재는 불확실한 존재로서 사라지며, 결국 엄정한 군기만이 군인 세계를 지배하는 절대개념인 것이다.

둘째, 군인과 시민의 반대개념이 오스트리아 기병대와 이탈리아 해방군, 레르히와 부이크, 갈색 말과 회색 말, 기병대위와 상사 사이에 존재하며, 특히 반대 감정의 양립적 상태에 있는 레르히 상사에게 군인-현실과 시민-환상의 대립적 개념이 모순적으로 하나로 통일된다는 점이다. 부이크에 대한 육감적인 욕망, 안락한 삶, 예기치 않은 수입, 노획품, 상여금, 금화 등에 대한 동경이 군인인 현실 속에서 시민적 환상으로 주인공에게 다가오며, 그 환상 속에서 레르히는 결국 벗어나지 못하고, 또한 실현시키지도 못한 채, 처참한 죽음을 맛보는 것이다. 이 죽음이 『672번째 밤의 동화』의 주인공 상인의 아들의 죽음과 일치하며, 새로운 삶을 위한 영적 세계의 시작을 의미하는 것이다.

끝으로, 전형적인 군인으로 살아왔던 오래된 자아와 안락한 삶을 열망하면서 시민이길 원하는 새로운 자아 사이에 갈등은 황폐한 마을을 지나오면서, 마침내 '도펠갱어'와의 만남을 통해 내면적으로 새로운 자아로 통일되고, 이러한 생성으로서 자아와 함께 상사는 현실 세계로 복귀했지만, 군인 세계에서 이룰 수 없는 시민적 존재이기에, 기병 대위에게 '야수와 같은 분노'를 표출하며 반항하는 것이다. 그러나 이러한 반항은 무모한 것이며, 군인 세계로부터 시작하여 시민 세계를 맛보면서 다시금 군인 세계 속에서 생을 마감하는 원운동적 결말을 초래하는 것이다.

결론적으로 소설가는 새로운 사건을 뉴스로 다루는 리포터처럼 서사적 예술 법칙에 따라서 객관적 사실을 보고하듯이 서술해야 하며, 아울러 소설의 인물(캐릭터)에 대한 서술에서는 주관적 심리묘사도 간과해서는 안 되는 것이다. 따라서 객관적 사실과 주관적 심리묘사의 조화가 소설 창작 예술 법칙의 핵심이라고 말할 수 있다.

2.3. 드라마 창작 방법

드라마 창작 방법에 대해 드라마의 의미, 드라마의 특징, 드라마의 구성 등으로 나누어서 살펴보기로 한다.

2.3.1. 드라마의 의미

드라마를 어떻게 쓸 것인가? 드라마는 '등장인물들을 통해 보여주는 모방'이라는 아리스토텔레스의 주장대로 드라마는 시와 소설을 섞어 놓은 듯한 인상을 준다. 다시 말해 드라마는 '줄거리에 대한 대화적인 묘사'이기 때문에, 반드시 극작가는 드라마 속에 등장인물을 등장시켜야 하고 대화를 통해 그들의 행위를 묘사해야 한다. 또한 극작가는 등장인물의 행위를 현재 진행하고 있는 상태로 묘사해야 하며, 특히 무대 위에서 그들의 행위에 의해서 일어나는 사건을 상연할 수 있도록 써야 한다. 드라마는 크게 비극과 희극으로 나눈다. 비극이 고귀한 사람들에 대한 모방이라면, 희극은 비천한 사람들에 대한 모방이다. 모방은 인간이 어릴 때부터 타고난 능력이다. 그 능력을 통해 인간은 다른 생명체와 구별되며, 배운다는 것이 처음에 모방을 통해 성취된다. 모방에서의 미적인 쾌락이 너무 크기 때문에, 인간은 대상들을, 비록 그것들이 두려울지라도, 보다 높은 영역에서 변용시킨다. 그래서 문학의 표현으로 이끄는 인간의 원충동이 모방이라고 말할 수 있다.

1) 비극

비극이란 고귀한 사람들의 고귀하고 완전한 행위의 모방이다. 고귀한 사람의 말과 행동이 관객으로 하여금 연민과 공포를 일으켜서 카타르시스

Katharsis(정화)를 일으키기 때문이다. 카타르시스란 연민과 공포에 사로잡힌 인간이 비극을 관람함으로써 자유롭게 되고 가볍게 되는 것을 느끼는 것이다. 연민은 단지 그것을 얻지 못하는 사람이 불행에 빠질 때 생겨나며, 공포는 관객과 비슷한 누군가 존재할 때 생겨난다. 비극의 등장인물들이 고귀해야만 관객에게 연민을 불러일으킬 수 있으며, 관객들 또한 그들과 동일시된다는 소망을 갖게 되는 것이다. 따라서 비극이란 고귀한 인물이 무대 위에서 주연배우Protagonist로서 자신의 성격 또는 주위 환경에서 발생하는 피할 수 없는 운명을 피하려고 헛되이 몸부림치는 모습을 그린 드라마의 한 형식이라고 말할 수 있다. 물론 시민비극의 창시자인 레싱Lessing(1729~1781)에 의해 고귀한 인물들뿐만 아니라 시민들도 비극의 주인공이 될 수 있다는 시민드라마가 계몽주의 때 탄생하게 된다.

2) 희극

희극이란 보다 저속한 것에 대한 모방이다. 그러나 모든 종류의 나쁜 것에 관하여서가 아니라, 오히려 단지 추한 것의 한 부분인, 우스꽝스러운 것의 한 부분에 대한 모방이다. 우스꽝스러운 것은 곧 실수와 창피이다. 그러나 우스꽝스러운 것은 우스꽝스러운 가면이 추하고 찡그리게 하듯이 그렇게 고통을 주거나 해치게 하는 것이 아니다. 따라서 희극이란 비천한 사람들이 무대 위에서 우스꽝스러운 모습으로 경쾌하고 가벼운 흥미가 곁들여진 사건의 진행을 상연하는 드라마의 한 형식이라고 말할 수 있다.

3) 희비극

현대극에서 희극은 단순한 웃음만을 주는 연극이 아니라 웃음 속에 어떤 조롱과 허무가 묻어나는 경우도 많다. 따라서 희극적 요소에 비극적 요소가 드러날 경우, 우리는 그것을 희비극喜悲劇이라고 부른다. 예를 들면, 뒤렌마트의 『노부인의 방문』(1956)에서 주인공 차하나시안Zachanassian 부인이 젊었을 때의 애인 일Ill에게 자신을 버린 죄를 복수하기 위해 귈렌Güllen이란 소도시로 억만장자가 되어 돌아오는데, 사건의 진행과 등장인물들이 우스꽝스럽고 기괴하지만 결국 돈으로 매도된 귈렌 시민으로 하여금 연적인 일을 죽이는 결말로 드라마를 끝낸다. 즉, 줄거리는 희극적인데 결말이 비극적이라 이 드라마를 희비극이라고 부르는 것이다.

4) 익살극(풍자극)

또한 희극을 바탕으로 세상의 부정과 선입견 등을 고발하려는 익살극 또는 풍자극이 있는데, 여기서 그 대표자로 손꼽히는 네스트로이Johann Nestroy (1801~1862)의 익살극 『부적*Der Talisman*』을 중심으로 선입견에 대한 문제를 살펴보기로 한다.[3)]

요한 네스트로이가 1840년, 그의 나이 39세 때 발표한 『부적』은 "3막으로 된 노래가 있는 익살극"이라는 부제가 붙은 풍자적 익살극이다. 이 작품은 네스트로이가 평생 쓴 83개의 작품 중 42번째 작품이며, 스스로 무대 위에서 연기했던 평생 879번의 역할 중 630번째의 역할을 한 그의 대표작이다. 이 연극은 작품이 발표된 같은 해 12월 16일 빈의 연극장에서 초연되어 호평을 받았고, 이후 베를린, 브레슬라우Breslau, 브륀Brünn, 드레스덴Dresden, 프랑크푸르트Frankfurt, 함부르크Hamburg, 마인츠Mainz, 뉘른베르크Nürnberg, 비스바덴Wiesbaden 등 독일 각지에서 공연되어 코미디 작가로서 네스트로이의 명성과 성공을 가져왔다.

익살극 『부적』은 네스트로이의 순수한 창작극이 아니다. 이미 1806년 프랑스에서 공연된 듀포이Dupeuty의 3막 희가극Vaudeville 『벵가벤*Bonaventure*』을 바탕으로 그는 『부적』을 쓴 것이다. 네스트로이는 이 작품에서 무엇보다도 선입견

3) Johann Nestroy, *Der Talisman*, in Komödien 1838-1845 (2. Band), Hrsg. von Franz H. Mautner, Insel Verlag Frankfurt am Main, 1970 참조.

의 문제를 날카로운 풍자와 기상천외한 재치로 다룬다. 개인의 운명을 좌우하는 다수의 선입견은 없어져야만 한다는 명제를 바탕으로, 인간의 외부적인 특징들, 예를 들면 피부색 또는 머리카락 색, 말하는 방법 및 습관, 일정한 집단에 속함, 옷, 헤어스타일 등을 충분히 자신이 인식하려고 노력하거나, 경험한 토대 없이 무조건 싫어하는 다수의 선입견들은 사회·교육적인 계몽을 통해 없어져야 한다는 것이다. 네스트로이는 이 연극에서 선입견의 극복하기 어려운 벽에 대한 본보기로 빨강 머리에 대해 풍자한다. 빨강 머리에 대한 적대행위가 모든 유형의 선입견에 대한 본보기이며, 그러한 인간의 악에 대한 공격을 두 개의 부적들, 곧 가발과 돈을 이용하여 준비한다. 인간의 개인적인 능력을 보는 게 아니라, 겉모습에 대한 선입견의 비이성적인 힘에 의해 인간을 판단하는 사회의 잘못된 병폐현상을 작가는 풍자적으로 고발하는 것이다.

여기에서는 어째서 돈이 선입견을 풍자적으로 폭로하기 위해 가발보다 더 강력한 부적으로 나타나는지, 또한 어떻게 드라마의 두 빨강 머리 주인공 '티투스 포이어푹스Titus Feuerfuchs'와 '살로메 폭켈Salome Pockel'이 다수의 뿌리박힌 선입견에 대해, 즉 빨강 머리의 배척과 헐뜯기에 대해 극복하고 승리하게 되는지 알아보자.

① 부적으로서 가발과 돈

『부적』은 1막 23장, 2막 27장, 3막 21장 등, 모두 3막 71장으로 구성되어 있으며, 전형적인 고전극처럼 휴식 없이 하루 안에 줄거리가 진행된다. 네스트로이는 풍자적 익살극의 대가답게 이 드라마의 등장인물들에게 재미있는 이름들을 붙여준다. 그래서 그는 주인공 이름을 '존경받는 자'의 뜻을 가진 라틴어 '티투스'로 정했고, 로마황제 티투스의 흉상에 따라 머리모양을 짧은 고수머리로 만들었으며, 불같은 성격과 빨강 머리에 대한 표시로 성姓을 '포이어푹스'로 명했다. 작가는 주인공의 직업 또한 전통적인 희극의 인물인 '실직한 이발사 조수ein vazierender Barbiergeselle'로 정했다.

등장인물들 가운데는 주인공 티투스가 신분상승을 위해 만나게 되는 3명의 과부가 나오는데, 그 첫 번째 여성이 '꽃의 여신'이라는 뜻의 라틴어 '플로라Flora'라는 이름을 가진 '여자 정원사'이고, 이미 '바움쉐르Baumscheer' 라는 그녀의 성姓에서 '정원사'라는 직업이 암시되는 것이다. 두 번째 과부는 '고정된 여인'이라는 뜻의 라틴어 '콘스탄치아Constantia'라는 이름을 가진 '침모針母'이다. 이 두 여성을 고용하고 있는 세 번째 과부가 '폰 시프레센부르크 부인Frau von Cypressenburg'이며, 그녀는 무대의 배경이 되고 있는 성城의 주인이다.

또한 '정원사 조수'로 등장하는 엉큼한 남자의 이름이 '호박씨'라는 뜻의 '플루처케른Plutzerkern'이고, 콘스탄치아의 정부情夫로서 직업이 '이발사'인 남자의 이름이 '후작님'으로 번역되는 '무슈 마키Monsieur Marquis'이며, 주인공 티투스의 사촌으로서 나중에 재산을 상속하는 '맥주 상인'의 이름이 '항아리(통) 창고'라는 뜻의 이탈리아어 이름인 '스푼트Spund'이다.

시골총각들로 나오는 등장인물들 중 전형적인 촌놈의 이름 '젭펠Seppel'은 '요셉의 축소형'이고, 나중에 법적으로 주인공 티투스의 상속을 증명하는 공증인이 '서기, 비서'라는 라틴어 이름 '노타리우스Notarius'이다. '거위치기 소녀'인 '살로메'의 이름은 '평화의 부자富者'라는 뜻의 히브리어이며, 그녀의 성姓 '폭켈'은 '칠면조의 붉은 볏'을 의미하는 것이다.

1840년 12월 16일에 『부적』이 초연되었을 때, 네스트로이는 티투스 포이어푹스를 연기했고, 그의 아내 마리아 봐일러Marie Weiler는 여자정원사 플로라 바움쉐르를 연기했으며, 음악은 아돌프 뮐러Adolf Müller가 맡았다. 사실 작가가 아내를 위한 '자선공연'으로 공연했던 이 작품에서 본인은 주인공을 맡았지만, 그 상대역인 살로메 역을 부인이 맡지 않고, 신분상승의 첫 번째 파트너인 플로라를 맡아 연기했다는 것이 이채롭다.

'마을광장'에서 시골처녀·총각들의 합창으로 이 연극은 시작된다. 익살극에서 노래는 필수적이다. 이 연극에서도 1막에서 합창이 두 번(1장, 23장), 노래가 두 번(5장, 15장) 나오고, 2막에서 합창이 3번(1장, 23장, 27장), 노래가 한 번(22장) 나오며, 3막에서는 혼성곡-3중창이 한 번(11장), 노래가 한 번(16장), 음악이 한 번(21장) 나온다. 여기서 주목할 점은 1막과 2막의 시작과 끝을 합창이 장식하며, 3막의 끝, 곧 전체 연극의 대단원을 음악이 맺는다는 것이다.

1막의 시작을 알리는 합창에서 시골처녀와 총각들은 빨강 머리에 대한 부정적인 선입견 때문에 빨강 머리의 살로메를 배척하며, 배타적이고 닫힌 사회의 일면을 보여준다. 그들은 매년 열리는 교회헌당식 축제에 남녀 짝을 맞춰 춤추러 간다.

> 모두들: 각자 파트너가 있지. 선택은 어렵지 않아.
> 악사여, 음악을 연주하라. 오늘 흥겹게 놀아보자.

해마다 열리는 교회헌당식 축제는 마을 공동체의 가장 중요한 사교모임이다. 마을의 젊은이라면 누구나 그곳에 가고 싶어 하고, 또 갈 수 있는 모두의 축제장이어야 한다. '누구나 파트너가 있고, 선택은 어렵지 않다'고 하지만, 단지 한 사람, 빨강 머리 살로메에게는 적용되지 않는다. 계속되는 합창이 보여주듯이, 빨강 머리에게는 이 모임에 대한 '선택의 자유와 관용'이 없으며, 그들 또한 그녀를 결코 선택하지 않는다.

> 크리스토프: (*한 시골처녀에게*) 우리 두 사람은 함께 춤을 추지!
> 한스: (*한 다른 처녀에게*) 우리 두 사람은 이미 열 번째 교회헌당식 이래로 한 쌍이었지.
> 한넬: (*한 총각에게*) 나는 세상에서 너 이외에 다른 남자와는 춤추지 않았어.
> 크리스토프: (*무대배경의 왼쪽을 바라보면서*) 저기 보아라, 지금 살로메가 온다.
> 한넬: 콘트라베이스 색깔의 머리카락을 가지고!
> 크리스토프: 도대체 그녀는 교회헌당식에서 뭘 원하는 거야?
> 한넬: 그건 뻔한 일이지, 너희들의 마음에 불을 붙이려는 거야!

한스가 10년 동안 오직 같은 여자와 춤을 추고, 한넬이 단지 한 남자와 춤을 춘다는 합창이 그 그룹의 '폐쇄성과 배타성'을 보여주는 것이며, '콘트라베이스 색깔'로 '불을 붙이려고' 온다는 한넬의 노래가 빨강 머리에 대한 혐오적인 선입견을 연극 서막에서 합창을 통해 관객들에게 암시하는 것이다. 결국 다수가 자신들과는 다른 색깔의 머리카락을 가졌다는 이유만으로 한 개인을 온 마을의 잔치에서 배제시키고, 무시하는 선입견은 '인간의 악의'이며, 반드시 없어져야 할 사회병폐 현상의 하나인 것이다.

게르만 신화와 전설에 나오는 '배반자들'이 주로 빨강 머리로 묘사되었고, 특히 성경에 나오는 예수를 판 밀고자 유다가 빨강 머리라고 한다. 빨강 머리를 가진 인간들에 대한 부정적인 편견과 어리석은 선입견은 19세기에도 여전히 유럽 사회에 만연되어 있었다. 하지만 드라마의 주인공 티투스처럼 다재다능하고 박학다식한 젊은이가 단지 빨강 머리라는 이유로 사회에서 냉대를 받고, 출세하지 못하며 직업조차 얻지 못한다면, 모순이 아니겠는가? 빨강 머리가 하나의 오점이 되어 인간의 가치와 상승과 명성을 방해한다면, 그것이야말로 어리석음의 극치요, 반드시 고쳐야 할 잘못된 습관이 아니겠는가? 네스트로이는 이러한 빨강 머리에 대한 부정적인 선입견을 모티브로 승화시켜 그의 익살극『부적』을 쓴 것이며, 그것에 대한 해답을 부적을 통해 풍자적으로 묘사하는 것이다.

부적은 '화를 추방하고 행운을 가져오는 물체'를 의미한다. 이 연극에서 네스트로이는 우리에게 3개의 가발(검은색, 금색, 회색)과 돈을 부적으로 제시한다. 첫 번째 부적으로서 검은색 가발을 주인공 티투스는 '후작님'이라는 뜻의 이름인 무슈 마키라는 이발사를 물로 추락한 '한 필의 말이 끄는 마차'에서 떨어진 커다란 위험으로부터 구해 줬기 때문에 그에게서 사례로 얻는다.

> 마키: (*하나의 상자를 가지고*) 그래, 친구여, 이걸 받으시오. 당신은 그게 필요할 거요! 그 호감이 가는 풍채가 많은 것을 만들 거요 — 거의 모든 것을 — 당신에게 없어서는 안 되오. 여기 하나의 부적이 있소.
> (*그에게 상자를 준다.*) 내가 당신 행운의 설립자라는 것이 기쁘오. 잘 있으시

오, 친구여! 안녕!

(*서둘러 무대 뒤 왼쪽으로 퇴장한다.*)

티투스: (*혼자서, 어떤 일에 당황하면서 손에 상자를 들고 있다.*)

행운을 세운다고? — 부적? — 지금 나는 그 안에 무엇이 들어 있는지 무척 궁금하네.

(*상자를 열고 하나의 검은색 가발을 꺼낸다.*) 하나의 가발-! 석탄과 까마귀처럼 새까만 가발 이외에 아무것도 아니잖아!

본질적으로 이 드라마의 제목인 '부적'이 대사 중에 언급됨으로써 다가올 줄거리가 선취된다. 즉, 검은색 가발이 티투스에게 행운을 가져오는 부적이 되어 '성으로' 가는 길을 열어 준다. 그 길이 신분상승의 길이요, 출세의 길이다. 티투스는 가발 부적을 통해 여정원사로부터 침모를 거쳐 성의 여주인에게까지 나아가는 것이다. 다시 말해, 그는 그 과부들의 어리석음으로 인해 누군가를 머리 색깔에 따라 판단하는 선입견을 가발을 이용하여 풍자적으로 폭로하는 것이다.

먼저 티투스는 '검은 가발을 쓰고' 여정원사 플로라에게 다가간다. 원래 일군을 한 명 쓰려고 했던 플로라는 원예에 대해 박학다식함을 보인 티투스의 재치에 감동하여 그에게 정원 일군들을 감독하는 정원사의 직분을 수여한다. 더욱이 그녀는 '죽은 남편의 결혼식 예복'을 선사하면서, 검은 머리 티투스와의 '두 번째 결혼'을 꿈꾼다. 그때마다 티투스는 "가발이 영향이 있군!", "가발의 힘이 보다 강력하게 작용하는군!", "가발이 이겼어!"라고 외치면서 부적으로서 가발의 힘을 코믹하게 풍자한다. 곧, 검은 가발로 위장한 빨강 머리 티투스의 정신적인 재치가 어리석은 선입견에 대해 승리하는 것이다.

'매혹적인 인간' 티투스가 옷을 갈아입으러 나간 사이에, 두 번째 과부 콘스탄치아가 무대 위로 등장한다. 콘스탄치아와 플로라의 대화에서 네스트로이는 코믹언어의 마술사답게 젊은 남자를 '방망이'로 묘사하며, 질투심 많은 과부들의 심리적 상태를 풍자적으로 묘사한다. 방망이는 '아줌마들의 은어'이다.

이미 정부情夫가 있는 콘스탄치아이지만, 매력적인 검은 머리의 티투스를 좋아한다. 그녀 역시 사냥꾼이었던 죽은 남편 대신에 젊은 티투스와 재혼하고 싶어 한다. 빨강 머리를 싫어하는 두 여인들의 선입견이 단지 검은 가발 때문에 티투스에게 반한 모습으로 나타난다. 이러한 여인들의 질투와 시기를 티투스는 신분상승의 호기로 이용하여, 그 여인들의 품속에 머무르지 않고 계속 전진하는 것이다.

티투스는 새로운 정원사로서 일군들에게 콘스탄치아와 플로라에게서 받은 돈을 줌으로써 그들의 환심을 산다. 일군들은 "새로운 정원사님은 꽤 좋은 분 같아, […] 그분은 정말로 한 남자야!"라고 합창으로 화답한다. 실제의 능력으로 그의 지위를 인정받는 게 아니라, 돈으로 그의 위치를 인정받음으로써 부적으로서 돈의 위력이 풍자적으로 암시되는 것이다.

여기서 우리는 일군들 중에 우두머리격인 플루처케른을 주목할 필요가 있다. '호박씨'라는 그의 이름의 뜻에서도 알 수 있듯이, 플루처케른은 음흉한 인물이다. 이미 1막 6장에서 티투스가 빨강 머리를 가졌다는 것을 알았지만, 그는 티투스를 정원사의 조수로 추천한다. 그러나 플루처케른이 티투스를 플로라에게 소개하려는 저의는 자기 만한 정원사 조수가 없다는 것을 보여주기 위함이다. 다시 말해, 빨강 머리를 싫어하는 플로라에게 빨강 머리 티투스를 일군으로 소개함으로써, 티투스는 배척 받을 것이고, 자신은 미우니 고우니 해도 '과부의 조수'로서 살아남을 수 있다는 계산이 깔려 있기 때문이다. 그래서 그의 이름이 호박씨인 것이다.

이제 티투스가 플로라의 정원에서 머무르지 않고, 콘스탄치아를 따라 성안으로 들어감으로써 자신이 희망했던 행운의 길로 나아간다. 심지어 저녁상을 차려놓고 정원에서 기다리고 있는 플로라에게 티투스는 성의 창문을 통해 '꿩 뒷다리'를 보여주면서 '침실 침모 곁에서' 식사를 맛있게 했다고 말한다. 또한 티투스는 플로라의 '전남편의 옷'마저 벗어서 던져 준다. 어리석은 선입견을 타파하고, 신분상승을 추구하려는 주인공이 여정원사보다는 신분이 높은 침모에게 자신을 기대는 것은 당연하리라. 네스트로이는 익살극 『부적』의 주인공 티투스를, 번개처럼 빠르게 변화하는 정세를 파악하고, 그것을 잘 이용하는 인간으로 묘사하기 때문에, 당연히 티투스는 한 여자에 정착하지 않고 계속 앞으로 나아가는 것이다.

그러나 '멋진 사냥꾼 제복'을 입고 달콤한 포도주에 취해 '안락의자에서' 잠이 든 티투스에게, 콘스탄치아의 정부로서 이름이 후작이고 '가발사 Perruquier'인 마키가 다가온다. 마키는 1막 10장에서 물로 추락한 마차에서 자신의 생명을 구해 준 티투스에게 감사의 표시로 검은 가발을 선사한 그 인물이다.

> 티투스: (*자면서 웅얼거린다.*) 콘 - 스타 - 스타 - 스탄치아 -
> 마키: 미친 놈! 뭐하는 짓이야? (*발꿈치를 들고 가까이 접근한다.*)
> 티투스: (*위에서처럼*) 매력적인 - 모습 - 코 - 콘 - 스탄치아 -
> 마키: 그가 그녀에 대해 꿈꾸잖아! 그 건달 녀석이 감히 그녀에 대해 꿈을 꾸다니!
> 티투스: (*위에서처럼*) 단지 - 아직 하나의 - 키 - 키 - 키스 -
> 마키: 나쁜 놈, 그러한 꿈을 나는 참을 수 없어! (*그의 가슴을 잡으려고 한다. 그러나 곰곰이 생각한다.*) 잠깐 - 그게 더 좋겠어. 우리는, 그녀가 빨강머리에게 키키키스를 하는지 어떤지 보자고! (*의자의 뒤쪽으로 다가가서 무척 조심스럽게 가발을 벗긴다.*)
> 티투스: (*위에서처럼*) 계속 하세요 - 스타 - 스탄치아 - 나는 간지러워요 - 머리 위가 -
> 마키: (*그에게서 가발을 떼어 들고는*) 지금 너의 행운을 시험해 보렴, 빨강 아도니스여! 그 부적을 너는 결코 다시 얻지 못하리!
> (*가발을 슬쩍 집어넣고 서둘러 중앙으로 퇴장한다.*)

사실 마키는 생명의 은인에게 준 검은 가발을 처음에는 다시 뺏어갈 생각은 아니었다. 하지만 꿈속에서 콘스탄치아와 사랑을 나누는 티투스의 잠꼬대를 듣는 순간, 마키는 질투의 화신이 되어 행운의 부적을 도로 회수하는 것이다. 이 장면은 '야릇한 장면에서 야기되는 우스움'의 매우 즐겁고 인상적인 장면이기에, 관객은 배꼽을 잡고 웃을 수밖에 없으며, 풍자적 익살극의 진수를 맛보는 것이다. 침모의 애인으로서 마키는 검은 가발을 쓴 멋진 티투스에게 같은 남자로서 애인을 빼앗길 것 같은 위기를 느끼며, 역시 빨강 머리에 대한 선입견을 가지고 있는 콘스탄치아가 빨강 머리의 티투스를 선택하지 않을 거라는 확신 하에 검은 가발을 훔쳐 가는 것이다.

마침내, 세 번째 과부 폰 시프레센부르크 부인이 그녀의 딸 엠마와 함께 마차를 타고 성으로 돌아오는데, '마차의 소음'이 티투스를 잠에서 깨운다. 무대 왼쪽에 걸려 있는 거울을 통해 자신의 검은 가발이 없어진 것을 알아챈 주인공은, 이발사 마키를 '포마드 바른 괴물!'이라고 저주한다. 하지만, 곧 위기의 순간을 타파할 기지를 발휘하여, 2막 10장에서 언급된 '마님의 금발의 짧고 엉클어진 가발'이 옆방 '캐비닛Kabinett'에 있다는 것을 깨닫고는 거기로 달려간다.

딸로부터 이미 침모가 검은 머리의 사냥꾼을 뽑았다고 보고 받은 폰 시프레센부르크 부인은 '콘스탄체Constanze'의 월권행위에 불쾌해 했지만, '금발의 가발'을 쓰고 자신 앞에서 고개 숙여 인사하는 티투스가 왠지 밉지 않다. 그녀가 검은 머리보다 '귀여운 금발의 남자'를 선호했기 때문에, 티투스의 두 번째 부적인 금색 가발이 더욱 효과를 발휘하는 것이다. 재치가 뛰어난 주인공은 폰 시프레센부르크 부인이 '여류작가'라는 사실을 이미 알고 있었기 때문에, 온갖 문학적인 단어들을 뇌까리면서 그녀의 환심을 산다. 티투스의 매력에 흠뻑 빠진 성의 여주인은 사냥꾼으로서가 아니라 '비서'로서 그를 채용한다. 심지어 그녀는 죽은 남편의 옷을 티투스에게 준다. 빨강 머리에 대한 '공포'를 가지고 있던 그녀가 티투스는 금색 머리가 아니라 빨강 머리라는 사실을 안다고 해도, 과연 지금처럼 비서로서 죽은 남편의 옷을 입으라고 할 수 있겠는가? 여기에 풍자적 익살극으로서 『부적』이 웃음과 동시에 씁쓸함을 주는 카타르시스를 맛보게 하는 것이다.

아무튼 금발머리에 '검은 연미복을 입고' 나타난 티투스는 자신이 검은 가발을 쓰고 만났던 인물들(여정원사, 침모)을 해고할 것을 간접적으로 폰 시프레센부르크 부인에게 요구한다. 더욱이 그가 빨강 머리인 것을 알고 있는 이발사는 말할 것도 없이. 폰 시프레센부르크 부인은 "그녀를 내쫓겠어요, 오늘 안에", "그를 해고하겠어요", "그녀는 오늘 내 집에서 나가야만 해요"라고 말하면서 딸에게 '콘스탄체에게는 구두로, 여정원사와 이발사에겐 문서로' 해약을 통지하라고 시킨다. 검은 가발보다 금색 가발이 보다 강력한 부적으로서 작용하는 것이며, 주인공이 꿈꿔 왔던 출세의 정점에 도달한 것이다.

그러나 티투스는 바로 '상승의 최고점에서' 가면이 벗겨진다.

> 폰 시프레센부르크 부인: […] 그녀는 그가 검은 머리일 거라고 주장하죠! 이제 내가 여러분께 묻습니다. 그가 금발입니까 혹은 아닙니까?
>
> 콘스탄치아: 그는 검은 머리에요.
>
> 플로라: 그것을 나 또한 말합니다, 그는 검은 머리에요!
>
> 마키: (*중앙으로 등장하면서*) 내가 말하리다. 그는 검은 머리도 아니고 금발도 아닙니다!
>
> 모두들: 이발사님, 도대체 무슨 말이오?
>
> 마키: 그는 빨강 머리입니다!
>
> 모두들: (*깜짝 놀라며*) 빨강 머리라고요?
>
> 티투스: (*자신에게*) 이제 더 이상 소용이 없구나! (*일어나서 금색 가발을 무대 한가운데로 내던지면서*) 그래요, 나는 빨강 머리요!
>
> 모두들: (*깜짝 놀라 차 테이블에서 일어나면서*) 저게 뭐야?
>
> 폰 시프레센부르크 부인: 망할 자식!

성의 여주인이 '새 비서'를 사교계에 소개시키는 자리에서 티투스가 금발인지 혹은 흑발인지 하는 논쟁문제가 제기될 때, 질투가 심한 이발사에 의해 주인공은 빨강 머리로 밝혀지며 성에서 내쫓긴다. 신분상승의 정점에서 티투스는 더 이상 자신을 감출 수가 없다. 쥐구멍으로 들어가고 싶은 심정이지만, 따지고 보면 그것은 티투스의 잘못이 아니다. 많은 재능을 가진 우수한 인재가 단지 빨강 머리이기 때문에 사회에서 배척받고 무시당한다면, 어찌 그 사회를 올바른 사회라고 할 수 있겠는가! 티투스는 그 사회에 등을 돌리고는 "그것은 오토카르의 행복과 종말이야!Das ist Ottokars Glück und Ende!"를 외치면서 무대 중앙으로 퇴장하는 것이다.

'26살'의 티투스는 빨강 머리의 결점을 갖고, 출세와 상승을 위해 가발이라는 부적을 사용해서 승승장구한 듯 했지만, 결국 원점으로 되돌아온 것이다. 그가 빨강 머리에서 검은 머리로, 검은 머리에서 금색 머리로, 금발에서 다시금 빨강 머리로 되돌아왔을 때, 또한 그의 '행운의 주식들'이 '제로'로 떨어졌을 때, 뿐만 아니라 입고 있던 검은 연미복마저 빼앗겨 버렸고, 플루처케른에 의해 '머리 사기꾼!'으로 낙인 찍혔을 때, 그의 사촌이자 부유한 맥주 상인 스푼트가 성으로 온다.

대부분의 등장인물들이 파리의 보드빌에서 유래된 반면에, 스푼트는 네스트로이에 의해 창조된 인물이며, 그를 통해 줄거리의 긴장과 위트가 한층 돋보인다. 스푼트는 주인공의 '친사촌'으로서 유일한 혈육이다. 하지만 스푼트의 가족은 모두 '갈색 머리'인데 티투스가 빨강 머리이기 때문에 지금까지 도와주지 않았다. 스푼트도 친척이지만 빨강 머리에 대해 부정적인 선입견을 가지고 있기 때문에, 빨강 머리의 티투스가 창피했고, 많은 재산 중에 단지 '이발소'와 '2~3천의 굴덴a paar tausend Gulden'을 상속하려고 한다. 그러나 빨강 머리 조카에 대해 혐오했던 뚱뚱보 스푼트가, 플로라의 죽은 남편의 가발이었던, '회색 가발'을 쓰고 그 앞에 나타난 티투스를 보고는 감동하여 자비롭게 맞이하며, 그를 '포괄 상속인Universalerbe'으로 만든다. 또 하나의 부적 회색 가발이 어리석은 선입견에 대해 승리하는 것이며, 주인공은 '거짓과 가발놀이를 통해' 포괄 상속인이 되는 것이다.

여정원사와 침모는 티투스를 빨강 머리라고 배척했음에도 불구하고, 이제 부유한 상속인이 된 그와 결혼할 준비를 한다. 결국 돈 앞에서는 자신들이 가지고 있던 빨강 머리에 대한 혐오와 선입견은 꼬리를 내리는 것이다. 가발보다 더 강력한 부적인 돈이 뿌리박힌 선입견조차도 이기는 것이다. 따라서 이 남자, 스푼트가 '돈의 권력에 대한 매우 우스꽝스러운 의인화'이며, 이 익살극의 가장 영향력 있는 부적을 대표하는 것이다. 이런 의미에서 선입견을 풍자적으로 폭로하기 위해 돈이 가발보다 더 강력한 부적이라고 말할 수 있다.

② 선입견에 대한 극복(승리)

여주인공 살로메 폭켈은 티투스와 마찬가지로 빨강 머리이다. 그녀 또한 빨강 머리 때문에 사회에서 '멸시받는 아웃사이더'이고, '선입견의 불합리한 힘'에 의해 제외된 자이다. 그럼에도 불구하고 그녀는 자기를 배척하는 그 사회의 일원이 되고자 폐쇄적인 그 집단으로 다가갈 것을 시도한다. 그러나 그 집단의 젊은이들은 그녀에게 차갑게 모욕적인 말들로 비아냥거리며, 상대조차 안하려 든다. 마음이 착하고 순수한 여성이 단지 머리카락이 붉다는 이유만으로 소위 왕따를 당한다면, 과연 그 사회를 올바른 사회라고 말할 수 있겠는가? 네스트로이는 그러한 사회의 잔인성에 대해 살로메의 독백을 통해 묘사한다.

> 나는 교회헌당식 축제로 나를 데려갈 어떤 남자도 가지고 있지 못하는데! — 내가 혼자 갈 수도 있을 텐데 — 그러면 다시 그 처녀들이 나를 조롱하겠지. 비웃고 수군거릴 거야. 내 거위들에게나 가자. 거위들은 나를 볼 때, 악하게 꽥꽥거리지 않지. 내가 거위들에게 먹이를 줄 때, 거위들은 내 손을 보지, 내 머리를 보진 안잖아.

'내 손을 보지, 내 머리를 보진 않는다'는 살로메의 독백이 미천한 짐승만도 못한 인간의 선입견에 대한 잔인성을 고발한다. 네스트로이는 자신의 풍자적 익살극의 전형적인 인물로서 살로메를 고독과 제외된 자의 상징으로 묘사하는 것이다. '붉은 머리의 헐뜯기'를 통해 비록 빨강 머리 살로메가 고독한 왕따가 되었을지언정, 그녀는 절망에 빠지지 않고, 오히려 홀가분하게 자유로운 '심성心性'을 지니는 것이다.

이제 1막 8장에 와서야 비로소 두 명의 배척당한 자들, 살로메와 티투스가 만난다. 살로메는 티투스를 본 첫 순간에 그에게 반한다. 이미 1막 6장에서 플루처케른이 티투스의 외모에 대해 '키 크고, 입 크고, 눈 매우 크고, 귀는 균형이 잡혔다'고 묘사했듯이, 남자답게 잘생긴 티투스가 더욱이 자신의 머리카락과 같은 빨강 머리를 가졌으니, 얼마나 그녀의 마음에 들었겠는가! 하지만 티투스는 배고픔 때문에 '커다란 빵'을 들고 있는 살로메에게 관심을 보인다. 익살극의 대가답게 네스트로이는 단어의 반복을 통해 빨강 색깔에 대한 선입견을 비난하며, 익살스럽고 풍자적으로 두 사람의 첫 만남을 서술한다. 빵가게에서 일하는 자신의 오빠를 통해 가게 수인에게 티투스를 일군으로 추천하려는 살로메와는 대조적으로, 티투스는 이미 이발사의 신분임을 인식하면서 오로지 손에 들고 있는 빵조각을 얻어먹기 위해 노력하는 것이다. 진지한 살로메와 빵조각을 얻어먹으려는 티투스의 해학이 씁쓸한 미소를 자아내게 하며, 그럼에도 불구하고 신분상승을 꿈꾸는 티투스의 의지가 전개될 드라마의 줄거리를 선취하게 한다.

빨강 머리에 대한 혐오의 선입견에 의해 사회적으로 무기력한 살로메와 티투스에게 네스트로이는 전형적인 여성과 남성의 성질을 부여한다. 즉, 살로메에게는 매우 수줍어하고 내성적인 성질을, 반면에 티투스에게는 재빠르게 변화된 상태에 적응하고, 적절하게 이용하는 외향적인 성질을 부여하는 것이다. 따라서 티투스가 물에 빠진 마차에서 이발사 마키를 구해 주고 얻은 자신의 행운을 만나기 위해 '정원문 안으로' 들어가는 반면에, 내성적인 살로메는 '돌 의자' 위에 앉아 티투스가 다시 나올 때까지 하루 종일 기다리는 것이다. 다시 말해, 신분상승의 기회를 눈치채고 냉정하게 이별을 고하는 티투스와는 대조적으로, 살로메는 이 드라마 줄거리의 마지막까지 오직 티투스만을 사랑하며, 그를 기다리는 것이다.

비록 여자정원사와 침모가 사랑 때문이 아니라, 돈 욕심에서 빨강 머리의 포괄 상속인과 결혼하려고 할지라도, 티투스는 자기와 마찬가지로 빨강 머리인 살로메와 결혼한다. 왜냐하면, 살로메는 일편단심 사랑으로 행동했고, 다른 여자들은 '이기심'으로 행동했기 때문이다. 따라서 티투스는 부유한 사촌 스푼트의 포괄 상속을 포기하면서, 돈 때문에 그와 결혼하려는 플로라와 콘스탄치아를 거절하고, 가난한 살로메를 선택한다. 즉, 티투스는 출세보다 사랑을 선택한 것이다.

> 스푼트: (*감동하여*) […] 하지만 너는 빨강 머리임에도 불구하고, 좋은 녀석이야!
>
> 티투스: (*플로라와 콘스탄치아와 관련하여*) […] 나는, 티투스에게 그의 티투스를 비난 할 수 없게 만들 수 있는, 그녀와 결혼할 거요. […] (*깜짝 놀란 살로메를 팔로 감싼다.*)
>
> 살로메: 어머나 - ! 티투스님이 - ?
>
> 티투스: 당신의 티투스가 될 거요!

가장 강력한 부적인 돈마저, 사랑이라는 가장 순수한 인간미 앞에 무릎을 꿇는 것이다. 결국 두 빨강 머리 연인의 사랑이 빨강 머리에 대한 다수의 선입견에 대해 승리하는 것이다. 빨강 머리에 대한 적대행위가 모든 유형의 선입견에 대한 견본이지만, 개인의 운명이 종속되어 있는 그러한 선입견은 없어져야만 한다. 이러한 선입견을 극복하는 사랑이야말로 네스트로이가 익살극 『부적』에서 말하는 최고의 부적이며, 그러한 사랑을 유도한 살로메야말로 '독일 코미디의 가장 감동적인 소녀상' 중 하나인 것이다.

네스트로이는 익살극 『부적』에서 고대 이래로 '빨강 머리는 저능아'라는 미신적 선입견에 대해 풍자한다. 태어나면서 빨강 머리인 두 주인공의 운명이 이러한 선입견에 종속되어, 다수에 의해 배척되고 따돌림 받는다면, 그 사회를 과연 올바르다고 할 수 있겠는가? 개인의 능력과 성품, 실력과 비전을 보지 않고, 외모와 학벌, 혈연과 지연에 의해 사람을 선택하는, 오늘날 우리의 모습이 그러한 선입견에 의한 현대판 티투스와 살로메를 양성하는 것은 아닌지.

그러나 네스트로이는 단지 빨강 머리이기 때문에 사회적으로 선입견의 불합리한 힘에 의해 배척당한 두 주인공에게 '사랑'이라는 가장 강력한 부적을 제시함으로써, 뿌리박힌 선입견들을 극복한다. 물론 그는 가발과 돈이라는 물질적인 부적을 통해 어리석은 선입견에 사로잡힌 인간들을 풍자적으로 고발하지만, 정신적인 부적 사랑이야말로 우리가 선택할 가장 강력한 부적이라는 것을 권면하는 것이다.

더욱이 네스트로이는 풍자적 익살극의 대가답게 하루 동안, 3막으로 선입견에 사로잡힌 사회와 그 인물들을 노래를 곁들여 풍자한다. 패러디 작가로서 그는 시골마을의 처녀와 총각들, 여자정원사, 침모, 성의 여군주, 정원사 조수, 이발사, 양조업자, 하인 등 다양한 등장인물들의 개성 있는 역할들을 '선입견'이라는 주제에 맞춰 일관성 있게 묘사했으며, 몸소 주인공의 역할을 맡아 무대 위에서 열연한 것이다.

1862년 그가 죽은 후 네스트로이 없는 네스트로이 연극은 불가능한 것처럼 보였지만, 잠시 주춤하다가 1945년 이래로 수많은 그의 작품들이 다시 무대 위에서 공연됨으로써 '네스트로이-르네상스'가 새롭게 펼쳐졌다. 현대연극의 조상으로서 네스트로이는 특히 크라우스Karl Kraus(1874~1936), 호르바트Öden von Horváth(1901~1938), 브레히트Bertolt Brecht(1898~1956), 그리고 뒤렌마트Friedrich Dürrenmatt(1921~1990)에게 영향을 미쳤으며, 빈의 셰익스피어로서 우리에게 기억되는 것이다.

5) 브레히트의 서사극 이론

베르톨트 브레히트Bertolt Brecht(1898~1956)는 서사극 이론의 대가이며, 그의 작품들은 중요한 연극 이론 논문들에 의해 뒷받침되고 있다. 그의 많은 논문들이 『연극을 위한 저술들』이라는 제목 아래 출판되었고, 그러한 논문들 중에 가장 중요한 논문은 「하나의 비-아리스토텔레스적 연극론에 대하여」이다. 여기에서 브레히트는 아리스토텔레스의 고전극 이론과 자신의 비-아리스토텔레스적인 연극론, 곧 서사극 이론을 다음 <표 2-1>과 같이 대조적으로 알맞게 요약하였다.

〈표 2-1〉 아리스토텔레스의 고전극 이론과 브레히트의 서사극 이론 비교

아리스토텔레스의 고전극 이론	브레히트의 서사극 이론
연극의 극적인 형식	연극의 서사적 형식
행위하면서	이야기하면서
관객을 무대행동(동작) 속으로 휩쓸려 들게 함	관객을 관찰하도록 함
관객의 활동성을 소모시킴	관객의 활동성을 일깨움
관객에게 감정을 생기게 함	관객으로부터 판결을 강요함
관객은 어떤 것에 빠져듦	관객은 대립하고 있음
암시	논증
관객은 그 한가운데 서 있음	관객은 마주 서 있음
고정된 것으로서 인간	과정으로서 인간
생각이 존재를 규정함	사회적 존재가 생각을 규정함

브레히트의 서사극 이론의 핵심은 소위 '소외효과Verfremdungs-Effekt'이다. 소외효과란 연극에서 감정 대신에 이성을 작용시켜 비판력을 기르면서 감정의 동화와 감정이입을 방해하는 기술을 의미한다. 그는 1948년 스위스에서 발표한 「연극을 위한 소도구Kleine Organon für das Theater」에서 다음과 같이 소외효과에 대해 설명한다.

> 소외효과를 야기하기 위하여, 배우는 그의 모습 안으로 관객을 끌어들이기 위해 배웠던 모든 것을 단념해야만 한다. 의도적으로 그의 관객을 황홀한 최면상태로 옮겨 놓아서는 안 되며, 배우 스스로도 황홀한 최면상태에 빠져서도 안 된다. [……] 비록 미친 사람 혹은 신들린 사람을 묘사하고 상연할지라도, 배우는 스스로 사로잡힌 채, 마치 홀린 듯이 행동해서는 안 된다. 그렇지 않다면 관객들은 무엇이 미친 사람들을 사로잡는지 어떻게 간파할 수 있겠는가?
>
> 어떤 한순간도 배우는 관객을 철저한 변신을 위해 등장인물의 모습으로 오게 해서는 안 된다. 배우가 리어왕을 연기했던 것이 아니라, 그는 리어왕이었다는 것이 배우를 위해 압도적인 것이다. 배우는 그의 등장인물의 모습을

단지 체험해야만 하는 것이 아니라, 단지 보여주어야만 하거나 혹은 보다 잘 말하는 것이다. 이것은 배우가 열정적인 사람들을 나타낼 경우, 스스로 냉정해야만 한다는 것을 의미하는 것은 아니다. 단지 그의 관객의 감정이 원칙적으로 등장인물의 감정이 되지 않기 위하여, 배우 자신의 감정이 원칙적으로 등장인물의 감정이어서는 안 된다는 것이다. 관객은 그때 완전한 자유를 가져야만 한다.

서사극, 곧 극적이 아닌 소설적인 연극을 위해 브레히트는 기록영화, 스피커, 플래카드 등을 사용하기도 하고, 배우와 가수에게 줄거리의 일부를 설명케 하기도 하고, 극 중에 노래를 삽입하는 등 관객들의 주의를 흐트러지게 하여 감정의 동화를 막는 소외효과를 사용할 것을 현대 극작가들에게 요구하는 것이다.

2.3.2. 드라마의 특징

드라마란 인간의 행위를 등장인물들이 무대 위에서 대화 형식으로 진행하는 문학의 한 형식이다. 그래서 관객은 무대에서 현실적으로 움직이는 배우들의 몸통연기를 통해서 드라마를 느끼게 된다. 물론 배우는 극작가가 설정한 인물이 되어 관객 앞에 나타나며, 연극의 언어인 대사로 자신의 맡은 역할을 표현하는 것이다. 따라서 배우와 무대와 관객이 하나가 될 때, 비로소 극적인 효과가 극대화될 수 있으며, 빠른 템포로 줄거리가 진행되도록 배우는 등장인물의 역할을 긴장감 있게 소화해야 한다.

1) 극적 국면

드라마에서 등장인물이나 무대배경에 대한 상태가 어떤 환경이나 어떤 경우에 놓인다는 가정이 설정되는데, 이러한 환경이나 경우를 극적 국면

dramatic situation, 곧 시추에이션이라고 한다. 예를 들면, 반항, 도주 또는 추적, 구조, 증오 등이 극적 국면이 될 수 있다. 드라마에서 일어날 수 있는 시추에이션은 36가지밖에 없다고 최초로 주장한 사람은 이탈리아의 카르로 고지carlo gozzi(1720~1806)였다. 그러나 그가 최초로 분류한 36가지 시추에이션은 현재 전해지지 않고 있다. 현재 우리에게 알려져 있는 것은 그 후 프랑스의 조르쥬 폴티Georges Polti가 정해 놓은 것이다. 그는 1,200편의 명작소설을 읽은 다음 극적 국면을 일으키는 요인 36가지를 귀납법으로 추출해 냈는데, 소개하면 다음과 같다.

① 탄원歎願: 셰익스피어의 『존 왕』
② 구제救濟: 세르반테스의 『돈키호테』
③ 복수復讐: 뒤마의 『몬테크리스트 백작』
④ 육친간의 복수: 셰익스피어의 『햄릿』
⑤ 도주逃走: 카이저의 『아침부터 밤중까지』
⑥ 재난災難: 셰익스피어의 『헨리 6세』
⑦ 잔혹 또는 불운: 마테를링크의 『말렌 공주』
⑧ 반항反抗: 실러의 『빌헬름 텔』
⑨ 대담한 기획: 바그너의 『파르치발』
⑩ 유괴誘拐: 괴테의 『타우리스의 이피게니에』
⑪ 수수께끼: 셰익스피어의 『베니스의 상인』
⑫ 획득獲得: 메타스타지오의 『무인도』
⑬ 육친간의 증오: 바이런의 『카인』
⑭ 육친간의 싸움: 실러의 『돈 카를로스』
⑮ 살인적 간통: 이탈리아 극작가 아르피에리의 『아가멤논』
⑯ 발광發狂: 셰익스피어의 『오셀로』
⑰ 얕은 생각: 입센의 『들오리』
⑱ 모르고 저지르는 애욕: 소포클레스의 『오이디푸스 왕』

⑲ 모르고 육친을 살해함: 위고의 『루크레치아 보르지아』

⑳ 이상을 위한 자기희생: 코르네유의 『테오도루스』(1646)

㉑ 육친을 위한 자기희생: 라신Racine의 『안드로마케』

㉒ 애욕을 위한 모든 희생: 바그너의 『탄호이저』

㉓ 사랑하는 자의 희생: 소포클레스의 『이피게니에』

㉔ 강한 자와 약한 자의 싸움: 실러의 『마리아 슈트아르트』

㉕ 간통姦通: 레싱의 『미스 사라 삼프손』

㉖ 애욕의 죄: 도스토예프스키의 『카라마조프의 형제』

㉗ 사랑하는 자의 불명예의 발견: 입센의 『인형의 집』

㉘ 사랑의 장해障害: 셰익스피어의 『로미오와 줄리엣』

㉙ 적에 대한 애착: 코르네유의 『르 시드』

㉚ 야망: 셰익스피어의 『줄리어스 시저』

㉛ 신과의 싸움: 단세니의 『여관의 하룻밤』

㉜ 잘못된 질투: 마테를링크의 『몬나 반나』

㉝ 잘못된 판단: 셰익스피어의 『헨리 5세』

㉞ 회한悔恨: 도스토예프스키의 『죄와 벌』

㉟ 잃어버린 자의 발견: 셰익스피어의 『겨울밤 이야기』

㊱ 사랑하는 자를 잃음: 마테를링크의 『탄타질의 죽음』

위의 36가지 극적 국면을 보면 비극적 요소가 대부분이다. 따라서 드라마의 극적 국면은 비극의 특징으로서 특히 운명적이고 절망적인 고전극에서 두드러진다. 현대극에서도 환경과 유전遺傳, 이중성격, 그로테스크한 이중성, 인간소외 등의 시추에이션이 비극의 배경이 되고 있다는 점을 강조한다.

2) 드라마의 인물

드라마에 등장하는 인물은 프로타고니스트Protagonist(주인공), 안타고니스트

Antagonist(적대자), 조연foil, 단역walking part 등이다.

① 프로타고니스트

연극에서 프로타고니스트는 절대적 존재이다. 즉, 모든 드라마는 주인공을 중심으로 사건의 진행이 이루어지기 때문이다. 프로타고니스트는 일반적으로 한 명이지만, 경우에 따라서 2명일 수도 있다. 특히 사랑을 주제로 한 러브스토리의 드라마에서 주인공이 2인인 경우가 많다. 예로서, 셰익스피어의『로미오와 줄리엣』을 들 수 있다. 비극에서 프로타고니스트는 줄거리의 마지막 장면에서 죽음으로 끝난다. 언해피불행, 불운로 끝내야 관객에게 연민과 공포를 일으켜서 카타르시스를 맛보게 할 수 있으니 당연한 귀결이라 하겠다. 물론 희극에서는 프로타고니스트가 극의 마지막을 행복하게 끝냄으로써 관객에게 즐거움을 선사하게 된다. 고전극에서는 프로타고니스트는 대부분 영웅·위인·미인 등 고귀한 인간이었으나, 근대극에서부터는 평범한 시민이나 남녀가 그 자리를 대신한다. 때로는 집단군중이 주인공의 역할을 하는 경우도 있다. 예를 들면, 하우프트만Gerhart Hauptmann(1862~1964)의『직조공들*Die Weber*』(1802)에서는 직물공장의 기계화로 인해서 직장을 잃은 직조공들이 폭동을 일으키는데, 이 실업자의 집단이 드라마의 주인공 역할을 하는 것이다.

② 안타고니스트

안타고니스트는 적대하는 입장에 있는 인물 또는 개념을 말한다. 즉, 주인공과 대립된 인물, 혹은 주인공의 내면에 숨어 있는 힘 또는 외적인 힘을 가리킨다. 연극에서는 프로타고니스트가 가장 중요한 인물이지만, 안타고니스트도 반드시 필요한 존재이다. 왜냐하면, 주인공과 적대자[악역] 사이에 갈등과 분규가 생길 때 극적 국면이 일어나기 때문이다. 프로타고니스트와 안타고니스트 사이에서 발생한 다양한 시추에이션에 의해 관객은 마음을 졸이면서 적대자가 지고 주인공이 승리할 것을 기대한다. 하지만 단순한 구성으로 안타고니스트가 패배하고 프로타고니스트가 승리하는 뻔한 줄거리의 드라마라면, 관객이 금방 알아챌 거고 재미가 없어 강렬한 극적 효과를 느낄 수 없을 것이다. 더욱이 비극에서라면 그 대립관계가 더욱 드라마틱해야 관객은 진정한 카타르시스를 맛볼 수 있을 거라고 생각한다. 셰익스피어의 연극을 예를 들면, 『베니스의 상인』에서는 고리대금업자 샤일록이, 『햄릿』에서는 작은 아버지 클라디우스가 인물로서 안타고니스트 역할이고, 『로미오와 줄리엣』에서는 개념인 운명이 안타고니스트이고, 『맥베스』와 『리어 왕』에서는 나약함과 야심 등이 개념으로서 안타고니스트가 된다. 아무튼 적대자[악역]는 주인공과 더불어 드라마의 주요 인물이라고 말할 수 있다.

③ 조연과 단역

조연助演과 단역端役은 프로타고니스트의 주변에 배치되는 인물이다. 특히 조연은 조역助役이라고도 하는데, 글자 그대로 주인공이나 적대자를 도와주는 역할을 한다. 즉, 조연은 프로타고니스트와 안타고니스트의 성격과 행위를 보조하고, 그 주요 인물의 성격과 행위가 두드러지게 나타나도록 도와주는 들러리 같은 역할을 하는 인물이다. 예를 들어 『햄릿』에 등장하는 호레이쇼와 마셀러스, 라엘테스, 로젠크라즈와 길덴스턴, 폴로니우스, 포틴브라스 같은 인물이 그 역할을 담당한다고 할 수 있다.

단역은 일반적으로 무대에 등장한 후 몇 마디 간단한 대사를 말하거나 한 마디의 대사도 없이 무대를 지나가는 통행인 역할을 하는 경우이다. 오늘날에는 단역전문배우가 있을 정도로 단역의 비중이 높아졌다. 그러나 아무리 뛰어난 연기를 하는 단역배우라고 하더라도 프로타고니스트의 역할에 훼손이 가는 연기와 역할을 해서는 안 되며, 각자의 역할에 맞는 연기에 몰입하여 극 전체가 밸런스를 유지하도록 하는 점이 중요하다고 생각한다. 또한 드라마 시작에서 부여된 등장인물의 성격을 극 끝날 때까지 지속적으로 유지하는 일관성이 필요하다는 점을 부언한다.

2.3.3. 드라마의 구성

1) 지문과 대사

드라마는 지문地文과 대사臺詞로 구성된다. 지문이란 극 장면의 전경이나 연기자의 동작을 설명하는 무대지시를 간략하게 적은 글을 말한다. 대사란 배우가 무대 위에서 연기할 때 주고받는 말을 의미한다. 따라서 드라마는 지문과 대사를 통해 등장인물의 성격, 사건의 진행, 주제의 제시, 행위 방법 등을 보여준다고 하겠다. 특히 연극에서 대사가 차지하는 비중은 절대적이다. 물론 무언극Pantomime처럼 대사 없이 행동으로만 연기하는 드라마도 있지만, 대사는 모든 연극의 기본 전달행위라고 말할 수 있다. 대사는 보통 대화Dialogue로서 이루어지지만, 독백Soliloquy과 방백Aside처럼 상대역 없이 관객을 향해 또는 상대역이 있을지라도 마치 못들을 것이라는 전제하에 전달행위를 연기할 수도 있다.

2) 프라이타크의 오부삼동기설

구스타프 프라이타크Gustav Freytag(1816~1895)는 1863년에 『극작법*Die Technik des Dramas*』을 썼다. 이 책은 딜타이Dilthey에 의해 호평을 받았고, 오늘날까지도 여전히 극작법의 교과서로 간주된다. 프라이타크는 이 책의 제2장 "연극의 구성Der Bau des Dramas"에서 그리스 비극과 셰익스피어 극, 레싱·괴테·실러의 드라마 등의 구성 방법을 바탕으로 피라미드형의 오부삼동기설Fünf Teile und drei Momente des Dramas을 주장했다. 오부五部는 a. 발단Einleitung, b. 상승

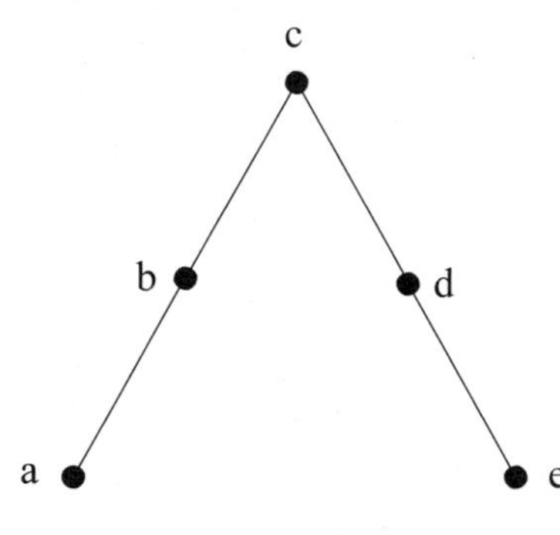

그림 2-1. 프라이타크의 오부삼동기설

Steigerung, c. 정점Höhenpunkt, d. 하강 또는 반전Fall oder Umkehr, e. 대단원Katastrophe이고, 삼동기三動機는 ① 자극적 동기das erregende Moment, ② 비극적 동기das tragische Moment, ③ 마지막 긴장의 동기das Moment der letzten Spannung이다. 이 세 가지 동기가 드라마의 다섯 가지 부분을 나누거나 연결하기 위해 적용되는데, 첫 번째 자극적 동기는 발단과 상승 사이에, 두 번째 비극적 동기는 정점과 하강(또는 반전) 사이에, 그리고 세 번째 마지막 긴장의 동기는 하강(또는 반전)과 대단원 사이에 온다. 오부삼동기설을 간략하게 요약하면, a. 발단 - ① 자극적 동기 → b. 상승 → c. 정점 - ② 비극적 동기 → d. 하강(또는 반전) - ③ 마지막 긴장의 동기 → e. 대단원이 된다.

a. 발단

발단이란 연극의 막이 올라가고 사건의 진행이 시작되는 도입부를 말한다. 극작가가 의도한 대로 관객이 극에 몰입할 수 있는 분위기를 연출하는 일이 중요하다.

b. 상승

상승이란 발단에서 시작된 드라마의 흐름이 점차로 긴장감을 높이면서 전개되는 부분을 말한다. 그 긴장감은 자극적 동기에 의해 상승되어야 한다. 등장인물의 외적 갈등이나 내적 갈등을 통해 관객에게 서스펜스Suspense를 느끼게 해주는 부분이다. 서스펜스란 줄거리의 빠른 전개가 관객에게 주는 불안감과 긴박감을 말한다. 다시 말해, 줄거리가 관객에게 충분히 설명되지 않은 상태에서 그 이유나 결과를 알고 싶은 호기심 또는 불안감에 의해 마음이 공중에 떠 있는 상태라고 말할 수 있다.

c. 정점

정점이란 상승 부분이 올라갈 대로 올라가서 맨 꼭대기에 도달한 부분을 말한다. 클라이맥스라고도 하며 사건의 진행이 상승되어 오다가 최고 절정에 이르는 순간이다. 주인공의 감정이 가장 고양된 순간이며, 때로는 극한 상황에서 생과 사의 결정을 내려야 하는 순간을 의미하기도 한다.

d. 하강 또는 반전

하강 또는 반전이란 드라마의 흐름이 정점에 도달한 후 아래로 떨어지거나 급속히 전환되는 부분을 말한다. 가장 긴박한 클라이맥스에 도달한 후이기 때문에 비극적 동기에 의해 급속도로 자연스럽게 사건의 진행을 유도하는 것이 바람직하다.

e. 대단원

대단원이란 글자 그대로 드라마 전체를 끝내는 결말 부분을 말한다. 하강 또는 반전에서 마지막 긴장의 동기를 거쳐 대단원에 이르게 된다. 드라마의 마지막 단계에서 관객들은 가장 커다란 카타르시스를 맛보기 때문에 드라마 줄거리의 마무리를 가장 인상적이고 가장 감동적으로 처리하는 것이 중요하다. 예를 들면, 주인공이 쓰러져서 신음하거나 마지막 숨을 거두는 순간이든지, 사랑하는 남녀 주인공이 포옹하거나 입 맞추는 장면이든지, 입센Ibsen(1828~1906)의 희곡 『인형의 집』의 마지막 장면처럼 노라Nora가 옷을 벗은 채 현관문을 꽝 닫고 나가든지 등등의 장면으로 대단원의 막을 내리는 것이 효과적이다.

① 자극적 동기

자극적 동기란 연극의 흐름이 발단에서 상승으로 가려는 순간에 일어나며, 주인공의 행위의 지속을 위해 자극되는 마음속의 감정 또는 의욕 또는 결심 등을 유발하는 모멘트를 말한다.

② 비극적 동기

비극적 동기란 드라마의 구성이 정점에서 하강 또는 반전으로 진행되는 순간에 일어나며, 갑자기 뜻하지 않게 앞서 진행된 행위와 대조를 이루는 비극적이거나 우울하거나 무서운 사건 등이 급격히 전환되는 모멘트를 말한다.

③ 마지막 긴장의 동기

마지막 긴장의 동기란 하강 또는 반전에서 대단원으로 내려가는 순간에 생기며, 무엇보다도 대단원에 앞서 한 번 더 긴장을 야기하기 위한 모멘트를 말한다. 주인공이 몰락하기 직전에 혹시 행복한 결말이 가능할 수도 있지 않을까 하고 기대하면서 새로운 긴장을 마지막으로 일으키는 모멘트라고 하겠다.

오부삼동기설을 5막극, 4막극, 3막극에 각각 적용하면 다음과 같다.

▶ 5막극

제1막: a. 발단 - ① 자극적 동기
제2막: ① 자극적 동기 - b. 상승
제3막: b. 상승 → c. 정점 - ② 비극적 동기
제4막: ② 비극적 동기 - d. 하강 또는 반전 - ③ 마지막 긴장의 동기
제5막: ③ 마지막 긴장의 동기 - e. 대단원

▶ 4막극

제1막: a. 발단 - ① 자극적 동기
제2막: ① 자극적 동기 - b. 상승
제3막: b. 상승 → c. 정점 - ② 비극적 동기 - d. 하강 또는 반전
제4막: d. 하강 또는 반전 - ③ 마지막 긴장의 동기 - e. 대단원

▶ 3막극

제1막: a. 발단 - ① 자극적 동기 - b. 상승
제2막: b. 상승 → c. 정점 - ② 비극적 동기 - d. 하강 또는 반전
제3막: d. 하강 또는 반전 - ③ 마지막 긴장의 동기 - e. 대단원

여기서 프라이타크의 오부삼동기설을 호프만스탈Hugo von Hofmannsthal(1874~1929)의 3막 비극 『소베이데의 결혼식*Die Hochzeit der Sobeide*』에 적용하여 살펴보기로 한다.[4)]

후고 폰 호프만스탈은 1897년에 『소베이데의 결혼식』을 썼다. 이 '극시Dramatisches Gedicht'는 2년 뒤인 1899년 3월 18일에 베를린 독일극장과 빈 국립극장에서 같은 저녁, 같은 시간에 동시에 초연되었다. 다시 말해, 『소베이데의 결혼식』은 작가가 1897년 이탈리아 바레세Varese에 머물렀을 때 생성되었고, 2년 뒤인 1899년에 《빈 알게마인 월요일-신문*Wiener Allgemeine Montags-Zeitung*》에 발표되었으며, 같은 해에 베를린과 빈에서 동시에 공연된 것이다.

구스타프 프라이타크의 극작법 이론의 핵심인 오부삼동기설을 근간으로 호프만스탈은 『소베이데의 결혼식』을 구성했고, 이탈리아 고전극의 전형인 '3막극'으로 그것을 완성했다. 따라서 여기에서는 프라이타크의 오부삼동기설을 바탕으로 호프만스탈의 『소베이데의 결혼식』을 분석하고, 아울러 프로타고니스트Protagonist와 안타고니스트Antagonist, 조역과 단역 등의 극적 인물들을 중심으로 이 3막의 드라마를 제1막은 5장으로, 제2막은 11장으로, 제3막은 6장으로 나누어서 전체 내용을 살펴보고자 한다.

㉠ 제1막: 발단 - 자극적 동기 - 상승

프라이타크의 오부삼동기설을 우리가 다루게 될 3막극에 적용해 보면, 제1막: 발단 - 자극적 동기 - 상승, 제2막: 상승 - 정점 - 비극적 동기 - 하강(또는 반전), 제3막: 하강(또는 반전) - 마지막 긴장의 동기 - 대단원이다. 따라서 필자는 3막극에 적용된 오부삼동기설을 바탕으로 『소베이데의 결혼식』을 분석하려고 한다.

『소베이데의 결혼식』의 제1막은 모두 5장으로 구성되어 있다. 제1장은 '상인'과 '하인'의 대화로, 제2장은 상인의 독백으로, 제3장은 상인과 하인

4) Hugo von Hofmannsthal, *Gedichte und lyrische Dramen*, Hrsg. von Herbert Steiner, S. Fischer Verlag Frankfurt am Main, 1970 참조.

의 대화로, 제4장은 '소베이데Sobeide'와 '아버지'와 '어머니'의 대화로, 그리고 제5장은 상인과 소베이데의 대화로 이루어져 있다. 이 중 제1장 ~제4장이 발단 부분이고, 제5장이 상승 부분인데, 유난히 긴 제5장에서 자극적 동기가 나타나며, 그것을 통해 줄거리의 상승 부분이 전개되는 것이다.

『소베이데의 결혼식』의 프로타고니스트는 2명이다. '한 부유한 상인'과 '그의 젊은 부인 소베이데'가 그들이다. 대부분의 등장인물들이 자기 이름을 가지고 소개되는 반면에, 남자 주인공은 이름 없이 '한 부유한 상인'으로 소개된다. 단지 극 중 후반부에서 그의 이름 '코어압Chorab'이 언급되는데, 여기서도 '부유한'이란 수식어가 부가된다. 부유한 상인과 가난한 소베이데, 두 남녀 주인공의 물질적 대조를 통해 작가는 이 작품의 사건 진행과 비극적 결말을 선취하는 것이다. 뿐만 아니라, 대부분의 등장인물들은 상업에 종사하는 직업을 가진다. 소베이데의 아버지 '바흐트야르Bachtjar'는 '보석 상인'이고, 이 드라마의 안타고니스트 '가넴Ganem'의 아버지 '샬나사르Schalnassar'는 '양탄자 상인'이며, '샬나사르의 채무자Ein Schuldner des Schalnassar'도 상업에 종사하다가 빚을 진 자이다.

왜 호프만스탈은 『소베이데의 결혼식』에 등장하는 인물들을 상업에 종사하는 사람들로 꾸몄을까? 그것은 바로 동양의 '천일야화'의 영향이다. 『천일야화』에서 보여주는 상업은 동양의 일상적인 생활이다. 이미 1895년에 출판된 작가의 『672번째 밤의 동화』가 『천일야화』를 모델로 제목조차 유사하게 쓰였다는 사실에서 호프만스탈에게 동양의 신비로운 이야기가 많은 영향을 미쳤으며, 그의 작품에 등장하는 인물들의 배경이 되었다는 것이 확실하다. 그럼에도 불구하고 작가는 『소베이데의 결혼식』의 표지에서 '옛날 영국의 비극 『팔라몬과 아르치테』Altes englisches Trauerspiel ≫*Palamon und Arcite*≪'에 대해 언급한다. 따라서 호프만스탈은 그의 드라마를 동양의 『천일야화』와 영국의 비극을 소재로 쓴 것이라고 말할 수 있다.

『소베이데의 결혼식』은 '삼통일'의 법칙에 맞춰, '페르시아 왕국의 한 오래된 도시에서'로 장소의 통일을, '부유한 상인의 결혼식 피로연 후 저녁과

밤'으로 시간의 통일을, '맙소사, 남자들은 얼마나 상이한가!'라는 영국 비극에서 인용한 슬로건에 맞게 상이한 두 남자 사이에서 소베이데의 운명이 완성되는 줄거리의 통일을 가져온다.

드라마의 발단 부분을 상인과 그의 하인 '바람Bahram'의 대화가 시작한다. 제1막 제1장에서 상인은 결혼식 피로연 후 '침실'에서 신부를 기다리면서, 하인에게 그녀와 그녀의 아버지가 우울해 보였다고 말하고, '시원한 저녁반주kühlen Abendtrunk'를 가져오라고 명한다. 하인은 상인의 어머니 방에서 '거울'을 가져왔고, 첫날밤을 위해 저녁반주를 준비하러 퇴장한다.

제2장에서 상인은 '어머니의 거울'을 의인화하면서, 그 거울 앞에서 자신의 독백을 시작한다.

> 아냐, 유리 이외에 아무것도 아니야. 그것은 너무 오랫동안 비어 있었어.
> 단지 하나의 얼굴, 미소 짓지 않는 얼굴, 내 얼굴이지.
> 나 자신을, 자기의 눈으로 보았네.
> 마치 단지 두 개의 거울이 무의식적인
> 이미지를 서로 던져 버리듯이, 그렇게 내용이 없이.
> 오, 내가 그 위로 사라질 수 있다면! (…)
> 나는 그녀에 대해 한 늙은 남자란 말인가?

거울 앞에서의 상인의 독백이 매우 서정적이며, 나르시스적이다. 거울은 여성의 필수품이자, 연극의 중요한 소품이다. 특히 신부를 위해 준비한 어머니가 쓰던 거울을 오랜만에 들여다보는 상인은 '자기 관조'에 빠지며, 거울 속에서 어머니의 '가장 사랑스런 미소'를 본다. 그러나 '전존재와 삶 사이에 반대감정의 양립적 상태'에서 상인은 거울 속에서 어머니의 미소와 동시에 미소 짓지 않는 자신의 얼굴을 본다. 그래서 상인에게는 무의식적인 이미지가 두 개의 거울에서 존재하는 것처럼 보이며, 결혼을 했음에도 불구하고 젊은 신부에 대해 자신이 늙은 남자로 여겨지는 것이다. 심지어 상인은 '아름다운 별들'을 관찰하고, 고요한 식물들의 삶을 파악하며, 자기 자신에 대해 아무것도 알지 못한다. '전존재적 현존의 감정'에 사로잡힌 상인은 스스로를 '무가치한 꼭두각시'로 여기며, 오직 자연관찰에만 몰두하는 것이다.

제3장과 제4장에서 소베이데는 결혼식에 참석한 부모님과 '이별'을 한다. 딸을 시집보내는 대부분의 부모들이 그렇듯이, 소베이데의 아버지도 사위에게 자신의 딸을 자기의 '모든 것'이었다고 부탁하며, 어머니는 딸에게 행복할 것을 당부한다. 비록 그들이 빚에 의해 딸을 '금전결혼' 시킬지라도, 마음으로는 진심으로 딸의 행복을 기원하는 것이다. 이러한 이별 장면으로 극의 발단 부분이 종료된다.

제5장, 드라마의 상승 부분에서 두 프로타고니스트의 대화를 통해 극의 흐름이 차츰 긴장도를 높이면서 발전해 간다. 무엇보다도 첫날밤에 상인의 침대에서 '다른 남자에 대한' 첫사랑을 고백하는 소베이데의 대사가 자극적 동기로서 사건 진행의 방향을 제시하며, 이어지는 줄거리를 상승시킨다. 상인에게 소베이데는 '내면적 일반정화'에서 가넴을 향한 그녀의 꿈같은 사랑을 고백하며, '3년 동안' 사귄 그를 '1년 이래로' 보지 못했다고 말한다. 그러고 나서 과거사에 대한 필요한 이야기가 이어지는데, 가넴과의 관계 - 상인과 알게 됨 - 마침내 결혼식 승낙의 진실된 이유 등의 이야기가 이어진다. 특히 우리는 소베이데의 아버지가 가난해졌고, '많은 사람들의 빚쟁이'가 되었는데, 그중 상인에게 가장 많이 빚졌다는 것을 그녀의 고백을 통해 알 수 있다. 이것은 진실한 사랑 없이 빚 때문에 금전결혼을 한 소베이데와 상인의 부부관계를 엿볼 수 있는 중요한 모티브이다. 그녀의 첫사랑에 대한 고백의 순간, 상인은 '노여움과 고통에 의해' 숨이 막히고, 그의 얼굴을 두 손으로 감싼다.

그러나 '조용한 탑에서' 별을 관찰하고, '따듯한 집에서' 꽃들을 소유한 미학주의자인 상인은 소베이데의 고백에 의한 괴로움을 곧 극복하며, 그녀가 가넴의 아버지의 가난에 대해 이야기할 때, '전혀 가난하지 않다'고 말해준다. 하지만 소베이데는 이러한 상인의 의심에 격렬하게 맞서며, "저녁은 오지 말아야 해요."라고 4번 반복해서 외친다. '심원과 비애가 흐르는 단어', 저녁은 회상의 시간이고, '성취'의 순간이다. 삶을 '커다란 병'으로 간주하는 소베이데에게 저녁은 '미래로의 두려움'이기도 하다. 첫사랑, 가넴에게 사로잡힌 마음으로 소베이데는 상인과 첫날밤을 치를 수 없으며, 꿈에서조차 그리워하는 가넴과의 결합을 성취하지 못한 채, 부부침대에서 몸을 섞을 순 없다.

상인: 나는 말하오, 당신은 자유요,
　　이 문을 통해, 당신이 가고 싶은 곳으로 가시오.
　　바람과 꿀벌과 물처럼 자유롭게.

일찍이 소베이데가 아버지의 손님들 앞에서 춤을 추면서 미소를 던질 때, 그 '미소와 춤'에 반해 부채를 탕감해 주는 조건으로 그녀와 결혼한 상인이지만, 대범하게 그녀를 놓아준다. 그녀의 첫사랑을 향한 열정에 아무런 조건 없이 자유를 선사하는 상인의 대범함은 그녀가 '예기하지 못한 위대함'이자, '의협심'이다. 원하는 곳으로 가라는 그에게 "당신은 좋은, 좋은 사람이에요!"라는 소베이데의 외침은 상인에 대한 첫 번째 내면적 대답이요, 극의 마지막에서 깨닫게 될 부부로서의 가능성에 대한 심리적 선취인 것이다. 하지만 소베이데는 '지금! 즉시!' 애인에게 달려가고, 반면에 상인은 '고독하게 삶을 이어갈 것'이라고 스스로를 위로한다. 이것으로써 제1막이 끝난다.

㉡ 제2막: 상승 - 정점 - 비극적 동기 - 하강

『소베이데의 결혼식』의 제2막은 모두 11장으로 구성되어 있다. 제1장은 샬나사르와 채무자의 대화로, 제2장은 샬나사르의 독백으로, 제3장은 가넴과 '귈리스탄네Gülistane'와 '노예'의 대화로, 제4장은 샬나사르와 귈리스탄네와 노예의 대화로, 제5장은 샬나사르와 소베이데와 노예의 대화로, 제6장은 소베이데의 독백으로, 제7장은 소베이데와 귈리스탄네의 대화로, 제8장은 소베이데의 독백으로, 제9장은 소베이데와 가넴의 대화로, 제10장은 궐리스탄네와 소베이데와 샬나사르와 가넴의 대화로, 그리고 제11장은 소베이데와 가넴과 '늙은이'의 대화로 이루어져 있다. 이 중에서 제1장~제8장까지가 상승 부분이고, 제9장이 정점 부분인데, 여기에 비극적 동기가 나타나며, 제10장과 제11장은 하강(또는 반전) 부분이다.

제1막이 '부유한 상인의 집에서' 시작되었던 반면에, 제2막은 '샬나사르의 집에서' 시작된다. 완전히 새로운 상황과 환경에서 제2막이 전개되는 것이다. 2막 1장을 극의 조역을 맡은 샬나사르가 시작하는데, 그는 '늙은 호색한이자, 학대음란증자'이다. 또한 그는 양탄자 상인이라는 직업을 가졌음에도 불구하고, '고리대금업자'로서 파산당한 채무자의 부채와 새로운 대출 대신에 그의 부인을 담보로 바칠 것을 요구한다. 더욱이 제2장, 그의 독백에서 샬나사르의 음탕함이 노골적으로 드러난다. 즉, 그는 채무자의 부인과 잠자리를 같이할 것을 꿈꾸는 동시에, 또 다른 '탐욕스럽고 음탕한 과부' 궐리스탄네와 함께 '오늘 저녁' 관능적 쾌락을 부추기고 나누기를 원한다.

이어지는 제3장에서 이 드라마의 안타고니스트 가넴이 등장하는데, 그 역시 아버지 못지않게 '음탕함과 야비함'으로 가득 찬 인간이다. 극의 서두에서 언급한 "남자들은 얼마나 상이한가!"라는 슬로건에 따라 호프만스탈은 대조적인 두 남자, 너무나 고귀하고 선량한 상인과, 너무나 야비하고 음탕한 가넴을 보여준다. 제2막에서 상인은 등장하지 않는다. 그럼에도 불구하고 우리는 그가 하늘의 별과 땅의 꽃을 관찰하면서 떠나간 소베이데를 그리워 할 거라고 생각한다. 왜냐하면, 관대하고 고귀한 마음씨를 소유한 상인이 결국 참회한 소베이데의 마지막 순간을 함께하기 때문이다. 더욱이 시인은 가넴과 그의 주변 인물들을 악하고 야비한 인간들로 묘사함으로써, 대조적으로 상인의 선량함이 돋보이도록 시도하는 것이다.

가넴은 그의 아버지와 저녁 약속이 되어 있는 궐리스탄네를 노골적으로 유혹하고, 심지어 그녀가 아버지와 저녁식사를 하는 동안, '가장 가난한 파이빵 제조업자의 절름발이 딸'과 놀아날 것을 구상한다. 아버지의 가게에서 무위도식하면서 방탕한 삶을 추구하는 가넴에게 '여자마법사' 컬리스탄네는 운명의 여신 '티케Tyche'이다. 그래서 가넴은 그녀 앞에 주저앉아 그녀의 두 발을 얼싸안으면서 "사랑의 노예 가넴!"이라고 고백한다. 술책과 계산에서 한 수 위인 아버지와는 달리 그는 컬리스탄네에게 육감적으로 예속되는 것이다.

이러한 가넴, 컬리스탄네 그리고 샬나사르는 악한 인물들의 '삼각형'이다. 컬리스탄네가 아버지와 아들 사이에 서서, 두 사람을 동시에 유혹할 때, 그들도 그녀를 서로 얻으려고 애쓴다. 가넴과 상인이 대조를 이루듯이, 탐욕스럽고 음탕한 과부와, 첫사랑을 못 잊어 야반도주를 하는 신부가 대립하는 것이다.

제4장에서 샬나사르와 컬리스탄네가 만날 때, 극의 단역을 맡은 노예는 소베이데의 도착을 알린다.

> 노예: 그녀는 두려움 때문에 반죽음이 되었죠, 한 노상강도가 그녀를 뒤 쫓았죠. 그러고 나서 개들이 그녀를 물어 바닥으로 잡아 당겼죠. 숨 가쁘게 그녀는 물었죠.
> "여기가 양탄자 상인, 샬나사르의 집인가요?"라고.

이와 같은 노예의 보고를 통해, 2막 5장에서 소베이데가 다시 무대 위로 등장하기 전에, 그녀의 첫사랑을 찾아가는 길이 얼마나 힘들고 험난했는지가 전달된다. 노상강도에 의해 추격당했고, 개에 의해 물어뜯겨 초죽음이 되었어도 소베이데는 오직 가넴을 만나겠다는 일념 하에, 드디어 샬나사르의 집에 도착한 것이다. 이러한 짧은 묘사로 시인은 제1막과 제2막 사이에 숨겨진 긴 줄거리를 압축하여 전달하고, 소베이데의 등장을 준비시키며, 그것을 통해 긴장을 높이는 것이다. 이 여인을 샬나사르는 채무자의 부인으로 착각하고, "그녀는 예쁘냐?"고 노예에게 묻는다. 늙은 나이임에도 불구하고, 끊임없이 예쁜 여성을 육감적으로 열망하는 샬나사르 또한, 상인과 대조되는 인물이고, 귈리스탄네와 만나고 있으면서도 또 다른 여인을 '앵무새처럼' 길들이겠다고 생각하는 전형적인 카사노바이다. 하지만 소베이데가 가넴을 만나고 싶어 한다는 것을 알았을 때, 샬나사르는 그녀를 놔주고 무대에서 퇴장한다.

제6장에서 소베이데의 독백이 매우 서정적이며, 가넴을 만난다는 희열로 가득 차 있다. 그러나 그녀가 주위를 둘러보고, 장미 향기를 맡으면서, '값비싼 물건들'을 알아보았을 때, 그녀는 깜짝 놀라며, 가넴이 3년 동안 얘기했던 가난이 거짓이었다는 것을 깨닫는다.

> 그렇게 그는 속였어, 한번 속인 게 아니라, 수백 번 속였어!

이어지는 제7장에서 기다리던 가넴 대신에 귈리스탄네가 소베이데에게 다가온다. 두 사람은 이미 서로 아는 사이이다.

> 소베이데: *보다 가까이 다가가며, 그녀를 뚫어지게 응시한다.*
> 어머나, 너는 선장, 캄카르의 과부가 아니니?
> 귈리스탄네: 그리고 너는 보석상, 바흐트야르의 딸?
> *그들은 서로를 주의 깊게 관찰한다.*

귈리스탄네는 그녀의 남편이 죽은 지 4년이 되었고, 샬나사르의 집에 거주한 지는 3년이 되었다고 소베이데에게 말한다. 어떻게 두 사람이 알게 된 사이인지는 언급되지 않은 채, 귈리스탄네는 '바늘'로 소베이데를 찌르면서, 그녀가 가넴을 만나러 온 것을 질투하며, 여자 노예와 함께 무대에서 사라진다.

제8장, 소베이데의 독백에서 우리는 귈리스탄네의 존재가 가넴에게 쾌락의 파트너일지언정, 소베이데를 괴롭힌다는 것을 알게 된다. 따라서 그녀는 가넴에 대한 '기억들'을 떠올리면서, 가넴이 와서 그녀를 안아줄 거라고 생각한다. 그럼에도 불구하고, 그녀의 마음의 한구석에는 "그러나 안 오면?

… 나는 생각하고 싶지 않아! 하고 싶지 않아!”라는 불안감이 남아 있다. 이러한 독백이 극의 상승을 최고조로 끌어올리고, 마침내 정점에 이르도록 이바지하는 것이다.

제9장에서 드디어 소베이데와 가넴의 만남이 성사되는데, 여주인공 소베이데의 감정이 가장 고조되는 순간이다.

> *그녀는 그에게로 달려간다. 그의 머리카락, 그의 얼굴을 짚어보고, 그의 앞에 주저앉으며, 경련하는 웃음과 울음으로 머리를 그에게 파묻는다.*

꿈에도 그리워한 사랑하는 이를 만난다는 기쁨이 소베이데의 감정의 폭발을 가져왔고, 경련을 일으키면서 웃음과 울음이 교차하는 희열의 얼굴을 가넴의 가슴에 파묻게 하는 것이다. “나를 꼭 안아주세요!”라는 그녀의 절규에, 가넴은 뒤로 물러나며, ‘엄청난 긴장으로’ 그녀를 단지 응시한다. 프로타고니스트 소베이데의 감정이 가장 고조된 클라이맥스의 순간에, 안타고니스트 가넴은 그 감정에 공감하지 못하고, 남들이 볼까봐 주저하며, 그녀가 ‘빨리 집으로’ 돌아가길 원한다. 정신적 사랑보다 육체적 사랑에 길들여진 가넴은 소베이데와의 사랑의 관계를 상인의 집에서 계속할 수 있을 거라고 생각하는 것이다.

더욱이 소베이데가 흐느껴 울면서 어떻게 그녀가 가넴에게 오는 도중에 노상강도를 만나 습격 받았는지, 개에 물려 만신창이가 됐는지를 설명할 때, 가넴은 그녀의 말에 귀를 기울이지 않고, 샬나사르와 귈리스탄네의 등장을 알리는 ‘음악’에만 몰두한다. 가넴은 안타고니스트로서 프로타고니스트와 갈등과 분규를 일으키는 극적 인물의 역할에 충실하며, 철저하게 소베이데를 절망에 빠뜨리는 것이다.

> 소베이데: *점점 거칠게*
> 가정하면, 나는 당신에게 아무것도 아닌 존재였단 말이군요.

> 그렇다면 왜 당신은 속였나요? 내가 당신에게 어떤 것이었다면,
> 왜 당신은 속였냐 말이에요? 내게 말해 봐요 -
> 내가 당신에게 대답을 들을만한 가치도 없나요?

이러한 소베이데의 절규에 여전히 가넴은 귀를 기울이지 않고, 밖에서 들려오는 샬나사르와 궐리스탄네의 목소리와 음악에만 열중한다. 오직 첫사랑과의 재회를 위해 첫날밤 야반도주한 소베이데의 지순한 사랑은 현실에선 실현되지 않는 '꿈의 현존'일 뿐이다. 첫사랑을 다시 만나 '보다 높은 삶'을 추구하려던 프로타고니스트에게 안타고니스트는 외면하며, 호색의 즐거움에 갈망하는 것이다. 이것이 극의 비극적 동기이다.

제10장에서 소베이데는 말없이, 단지 가넴만을 바라본다. 극의 정점을 넘은 하강 부분에서 주인공은 말이 없다. 말없이 그녀는 아버지와 아들이 궐리스탄네를 두고 욕지기나게 싸우는 장면을 목격한다. 가넴은 궐리스탄네와 함께 침실로 가려는 아버지를 '채찍'으로 내려친다. 이성을 잃은 가넴에게 궐리스탄네는 '어둠 속에' 서 있는 소베이데를 가리키며, 그녀와 '좋은 밤'을 보낼 것을 충고한다. 하지만 이미 소베이데에게서 마음이 떠났고, 궐리스탄네를 향한 '열정'에 사로잡힌 가넴은 계단에 누워 "그와 함께 가지 마시오!"라고 3번이나 애원하는 것이다.

이어지는 제11장에서 소베이데는 미친 듯이 그 3명과 '윤무'를 추면서, 궐리스탄네와 교대로 한 번은 아버지와, 다른 한 번은 아들과 즐기겠다고 말한다. 이것은 관능적 쾌락만이 난무한 그곳의 분위기에 동화하려는 여주인공의 마지막 몸부림이다. 이러한 돌발적인 반전 뒤에 소베이데는 신음하면서 바닥에 누워 "오, 당신을 나는 너무 사랑했죠, 그리고 당신은 나를 그렇게 짓밟았죠!"라고 모든 것을 포기한 듯이 외친다. 사랑하는 사람과의 꿈같은 재결합을 기대했던 소베이데에게, 현실의 가넴의 모습은 지난 3년 동안의 사랑조차 부인하게 되는 처절함으로 다가오는 것이다. "지금 나는 죽어야만 해요, 그러면 모든 것이 좋을 거예요."라는 그녀의 대사는 참회의 표현이며, 이미 극의 비극적 결말을 암시하는 것이다. 안타고니스트의 역할

을 충실히 해낸 가넴이 소베이데를 늙은 노예와 함께 부유한 상인의 집으로 가게 함으로써 제2막은 끝난다.

ⓒ 제3막: 하강 - 마지막 긴장의 동기 - 대단원

『소베이데의 결혼식』의 제3막은 모두 6장으로 구성되어 있다. 제1장은 '정원사'와 '부인'의 대화로, 제2장은 상인의 독백으로, 제3장은 상인과 정원사와 부인의 대화로, 제4장은 소베이데와 늙은이의 대화로, 제5장은 소베이데와 부인과 정원사의 대화로, 그리고 마지막 제6장은 상인과 정원사와 소베이데의 대화로 이루어져 있다. 이 중에서 제1장~제5장까지가 하강 부분인데, 특히 제4장과 제5장에서 마지막 긴장의 동기가 나타나며, 제6장이 극의 대단원이다.

제3막은 '부유한 상인의 정원'에서 시작된다. 시간은 어느덧 '이른 아침'이다. 제1장에서 정원사와 그의 부인이 등장하는데, 그들은 단역으로서 정원에서 일하며, 단순히 상인을 무대 위로 소개하는 역할을 한다.

제2장에서 상인은 첫날밤 신부를 보낸 허전함에 잠 못 이루고, 시간의 덧없음과 우울한 자신의 운명에 대해 한탄한다. 그래서 그는 자신을 '늙은 바보'로 간주하고, "모든 꽃들이 시들었다."고 탄식한다.

이어지는 제3장에서 상인은 정원사와 그의 부인과 마주친다. 그 정원사의 이름은 '쉐리아르Scheriar'이고, 그에게서 상인은 자신의 운명이 반사되는 것을 느낀다. 다시 말해, 정원사의 젊은 부인이 '당나귀몰이꾼'과 눈이 맞아 달아났다가, 다시 돌아와 정원사와 함께 살고 있기 때문에, 은연중에 상인은 첫날밤 도망친 신부가 돌아오지 않을까 하는 기대를 하는 것이다. 따라서 정원사는 상인의 '대조인물'로 간주된다. 상인이 퇴장한 후 정원사와 부인은 '면사포 없이' 당황하면서 돌아온 소베이데를 발견하고는 '격자문'을 열어 준다. 왜냐하면 그녀가 그들의 '여주인'이기 때문이다.

제4장에서 소베이데는 등장하자마자 '연못'을 찾는다. 우리는 그녀가 연못에 빠져 죽으려 한다는 것을 추측할 수 있다. 하지만 밤새도록 그녀와

동행했던 늙은 노예에 의해 그 죽음을 향한 행보가 늦춰진다. 늙은이는 보수를 원한다. 소베이데가 수중에 돈이 없어 '진주귀걸이' 하나를 풀어 주려고 하자, 그는 진주귀걸이 대신에 '작은 동전 하나'를 달라고 한다. 실제로 살나사르 집에서 너무 배가 고팠던 늙은 노예는 부유한 상인의 집에서 일할 수 있도록, 소베이데가 남편에게 말해 줄 것을 부탁하기 위해 진주보다 동전 한 닢을 원했던 것이다. "나는 시간이 없다."는 소베이데의 죽음을 향한 서두름이 마지막 긴장의 동기를 유발하며, 장면은 제5장으로 넘어간다.

제5장에서 연못으로 가는 길을 재차 물어보는 소베이데에게 정원사 부인은 오른쪽을 가리키면서 '십자로'에 도착하면 '주인님'을 만날 수 있다고 말한다. 상인을 만난다는 말에 더욱 당황한 소베이데는 죽음의 장소를 수정하여 '탑'으로 가는 길을 선택한다. 길을 안내하겠다는 부인을 다정스런 미소로 거부한 채, 그녀는 홀로 탑으로 달려간다. 그러나 "늙은이가 그녀를 천천히 뒤쫓는다."라는 지문에 의해 우리는 주인공의 몰락 직전에 혹시 행복한 해결이 가능하지나 않을까 하는 마지막 긴장의 동기를 경험하는 것이다.

이제 제6장, 극의 대단원에서 상인은 "나는 그녀를 너무 사랑했지!"와, "나는 그녀가 보고 싶어."를 반복해서 독백한다. 이러한 애절한 사랑이 돈에 의해 결혼한 부부에게는 모순처럼 보일지라도, 선량하고 고귀하게 살아온 상인에게는 사랑하기에 사랑하는 여인이 사랑을 찾아가도록 허락하는 '희생적 사랑'이다. 그러한 사랑의 번뇌에서 상인은 '모든 것이 헛되이 죽는다'는 인생무상과 삶의 회의의 초인적 경지를 깨닫는다. 그때 한 여인이 그가 별들을 보기 위해 세워 놓은 탑으로부터 몸을 던진다. 바로 소베이데가 자신의 행위를 참회하기 위해 '자살'을 선택한 것이다. 그래서 그 탑은 이제 소베이데를 위해선 '죽음의 탑'이 되는 것이다.

죽어가는 소베이데는 그녀 곁으로 서둘러 온 남편에게 "나는 당신에게 용서를 빌어야만 해요."라고 사죄한다. 그녀의 죄의 고백은 한편으로는 남편에 대한 불성실을, 다른 한편으로는 '삶에 대한 과오'를 암시하는 것이다.

'올바른 운명 성취'를 위해 결혼식 첫날밤에 첫사랑을 고백하고, 남편 곁을 떠났던 소베이데가 결국 사랑과 삶의 본질을 깨닫고 죽음으로 속죄하면서 귀환하는 것이다. 더욱이 소베이데는 그녀의 남편에게 그녀의 부모님과, 그녀와 동행했던 늙은 노예를 부탁한다. 그녀는 삶의 마지막 순간에 주변을 정리하고, 가벼운 마음으로 영혼의 세계로 떠날 준비를 하는 것이다.

> 우리 영혼이 우리 안에서
> 한 마리 사로잡힌 새처럼 살고 있죠. 새장이
> 부서지면, 그 영혼은 자유롭죠.

호프만스탈은 플라톤Platon의 영혼불멸설을 근간으로 '영혼의 감옥으로서 육체'에 대한 그의 견해를 피력하는 것이며, 그것은 죽음을 통한 '전존재Präexistenz'로의 복귀, 곧 새로운 '총체성Totalität'의 획득을 의미하는 것이다. 따라서 소베이데는 죽음을 통해 진정한 자유를 얻으며, 보다 성숙한 새로운 사랑을 획득한다.

> 울지 마세요, 나는 그것을 볼 수 없어요.
> 왜냐하면 나는 당신을 이제 너무나 사랑하기 때문이에요.
> 나를 당신의 두 눈이 마지막으로 보게 하세요. 우리가 오랫동안 함께 있어서
> 아이들을 가져야만 했을 텐데요.

소베이데의 마지막 대사가 모든 이의 심금을 울리며, 가정과 가족에 대한 동경적인 희망을 보여준다. 남편에 대한 첫 번째 사랑고백이 마지막 메아리로써 '하나의 별'이 되어 상인의 가슴에 응어리지는 것이다. 소베이데의 자살로 야기된 비극적 결말이 연민과 동정을 불러일으키고, '참된 삶'의 의미를 깨닫게 하는 것이다. "그들은 그 시체를 안으로 나르기 위해, 그녀를 일으켜 세운다."라는 마지막 장면으로 대단원의 막이 내린다.

필자는 호프만스탈의 『소베이데의 결혼식』을 프라이타크의 오부삼동기설에 맞춰 분석해 보았다. 오부삼동기설이 1863년에 발표된 것이고, 분석대상이 된 작품들이 근대극 이전의 작품들이기 때문에 모든 희곡에 적용된다고 할 수는 없지만, 19세기 말에 쓰인 『소베이데의 결혼식』에는 매우 완벽하게 적용된다. 물론 호프만스탈이 그의 드라마를 3막으로 나누어서 작성했지만, 일일이 장의 구분을 둔 것은 아니다. 그래서 여기에서는 극적 인물을 중심으로 제1막은 5장으로, 제2막은 11장으로, 제3막은 6장으로 나누어서 살펴본 것이다.

『소베이데의 결혼식』에 등장하는 극적 인물들은 모두 13명이다. 그중 프로타고니스트의 역할은 소베이데와 부유한 상인이, 안타고니스트의 역할은 가넴이, 조역은 샬나사르와 귈리스탄네가 맡았으며, 그 밖의 인물들은 단역을 맡았다. 두 주인공을 중심으로 극의 줄거리가 전개되었고, 오부(발단 - 상승 - 정점 - 하강 또는 반전 - 대단원)와 삼동기(자극적 동기 - 비극적 동기 - 마지막 긴장의 동기)의 이론과 완벽하게 조화를 이룬 것이다.

드라마의 형식뿐만 아니라, 내용 면에서도 『소베이데의 결혼식』은 주인공의 죽음을 통한 비극적 결말을 조화롭게 완성했다. 금전결혼을 통한 부부관계의 불성실, 첫사랑에 대한 그리움, 그 사랑과의 만남, 음탕함과 야비함, 실망과 좌절, 삶의 회의와 인생무상, 죽음을 통한 속죄, 전존재와 총체성, 진정한 사랑, 참된 삶의 의미 등 다양한 내용의 카타르시스를 경험하게 되는 것이다.

결론적으로 드라마를 창작하려는 극작가는 드라마의 의미에 따라 비극을 쓸 것인지 희극을 쓸 것인지 그 밖의 어떤 종류의 희곡을 쓸 것인지를 선택해야 하고, 드라마의 특징에 따라 36가지의 극적 국면 중에서 어떤 시추에이션을 적용할 것인가와 드라마의 네 명의 등장인물을 창조해야 하며, 드라마의 구성에 알맞게 지문과 대사로 희곡을 써야 하고 오부삼동기설에 맞게 희곡을 완성해야 한다.

2.4. 동화 창작 방법

그럼, 동화는 어떻게 창작해야 하는가? 시, 소설, 드라마의 창작 방법처럼 각기 장르의 특성과 이론에 따라 시, 소설, 희곡을 썼듯이 동화도 동화의 특성과 이론에 따라 써야 한다.

소설이 '타인의 사건의 진행에 대해 독백하듯이 보고하는 모방'이고, 시는 '본인의 내면 상태에 대해 독백하듯이 묘사하는 모방'이며, 드라마가 '등장인물의 사건의 진행에 대해 대화하듯이 묘사하는 모방'이라면, 동화는 '시적·소설적·극적인 요소를 포함한 문학의 본질이고, 모든 것이 조화롭게 성취되는 순수한 환상의 유희에 대한 모방'이라고 말할 수 있다. 따라서 동화는 인간이 꿈꾸던 모든 것을 실현할 수 있는 장르, 어린아이와 같이 순수한 마음을 표현할 수 있는 장르, 모든 등장인물들이 조화롭게 선을 이루면서 추구하는 줄거리를 성취할 수 있는 장르로서 인간에게 불가능한 사건의 진행을 가능하거나 불가능한 조건 아래서 단지 항상 가능한 것으로 묘사할 수 있는 특성을 지닌다.

일반적으로 세계적인 동화 이론은 크게 세 가지로 나뉜다. 프로프의 구조이론과 뤼티의 문체양식 이론, 그리고 프란츠의 심리 이론이다. 글로벌 시대에 한국 동화도 이 이론에 맞춰 창작되어야 한다. 동화에 대한 구조분석과 문체양식분석 그리고 심리분석은 동화의 형식과 내용을 규정하는 기본적인 이론이다. 그러나 동화 창작을 위해서는 세 가지 이론을 따로 떼어서 각기 독립적으로 다뤄서는 안 되며, 세 가지를 절충하여 하나로 통합할 때, 그 가치는 배가 되는 것이다.

따라서 여기서는 세 가지 이론을 바탕으로 필자가 그동안 연구한 결과를 혼합하여, 이상적인 동화 창작 방법을 제시해 본다.

2.4.1. 동화의 소재와 영감

동화를 어떻게 쓸 것인가? 동화 이론에만 맞춰 단순히 글을 쓸 것인가? 천만에, 이론에 앞서 최소한의 글쓰기 기본인 소재와 영감이 필요하다. 소재가 동화쓰기의 보이는 자산이라면, 영감은 동화쓰기의 보이지 않는 자산이다. 많은 독서와 관찰을 통해 동화의 소재를 얻을 수 있다. 그러나 동화 창작에 대한 영감은 타고난 것이다. 그런 소질이 없다고 실망할 필요는 없다. 왜냐하면, 인간이라면 누구나 내면의식에 그 영감이 숨어 있기 때문이다. 따라서 무의식세계에 숨어 있는 영적 감정을 의식세계로 끌어올리는 부단한 노력이 필요하다. 그것은 감각이고 모방이며 착상이다. 따라서 동화의 소재는 영감과 더불어 빛을 발하는 것이다. 다시 말해, 소재와 영감이 대립되는 개념이지만, 분리되어 사용되는 게 아니라, 반드시 함께 어우러져야 좋은 작품이 나온다는 말이다. 더욱이 작가의 영감은 동화의 주제가 되는 경우가 많기 때문에 영적 감정에 따라 동화 소재를 잘 활용하는 지혜가 필요하다.

동화의 소재는 다양하지만 크게 두 부분으로 양분된다. 즉 사랑·우정·효·신뢰·은혜·미움·복수·가난·부·질투·충성·도움·선·악·벌·축복·희망·꿈 등 눈에 보이지 않는 부분들과, 공주·왕자·농부·하인·사냥꾼·거지·포수·상인·샐러리맨·도령·아씨·도둑·노인·노파·계모·계부·악마·도깨비·난쟁이·거인·왕·왕비·마녀·마법사·사신·사공·운전사·항공사·승무원·안내원·세금·돈·황금·은·동·보석·다이아몬드·구리·철·거울·유리·관·컴퓨터·게임기·텔레비전·시계·소파·의자·부엌·선풍기·에어컨·개·코끼리·고양이·쥐·여우·소·자라·거북이·토끼·사자·호랑이·노루·사슴·학·까치·용·구렁이·뱀·지네·두꺼비·개구리·바퀴벌레·비둘기·참새·까마귀·반딧불·물·사과·배·콩·항아리·단지·낟알·빗·끈·초콜릿·사탕·껌·빗자루·지팡이·가재·아카시아·장미·백합·눈·비·태양·달·별·산·나무·연꽃·나뭇가지·들판·밭·성·궁전·오두막·강·

호수·바다·계곡·하늘·땅 등의 눈에 보이는 부분이 그것이다. 이러한 소재들이 작가의 주관적인 개념인 영감과 결합될 때, 비로소 동화를 쓸 의욕이 생기는 것이다.

예를 들면, 안데르센은 그의 동화「나비」에서 나비·데이지·아네모네·제비꽃·수선화·완두콩·달리아·양귀비꽃·박하 등을 소재로, 인간 세상에서 신부를 구하고 결혼하는 일이 얼마나 어려운가 하는 문제를 영감으로 제시한다.

또한 아파나세프는 그의 동화「이반왕자, 불새, 회색 늑대」에서 왕·왕자·불새·늑대·황금사과·말·공주·까마귀·물 등을 소재로, 인간의 증오심과 시기심, 사랑과 이별, 가짜와 진짜, 죽음과 부활 등의 문제를 영감으로 제시한다.

더욱이 그림 동화「백설 공주」에서는 하얀 눈·왕·왕비·계모·거울·사냥꾼·난쟁이·왕자·하인·사과·사랑·미움·질투·형벌 등을 소재로, 전해 내려오는 옛이야기를 그림형제가 자신의 영감에 따라 재창작하였다.

그리고 강정연의『건방진 도도군』에서는 개를 소재로 작가의 사회비판의식을 영감으로 활용하여 훌륭한 동화로 창작한 것이다.

2.4.2. 동화의 제목

대략의 소재와 영감이 확립되었다면, 작가는 동화의 제목을 붙이면서 글을 시작하는 게 좋다. 왜냐하면, 다수의 동화의 제목에서 이미 동화 주인공이 암시되고, 어떤 줄거리로 진행될 것인가를 조금은 독자에게 맛을 보여줄 수 있기 때문이다. 예를 들면, 그림 동화「신데렐라」·「백설 공주」·「헨젤과 그레텔」·「오빠와 누이」·「용감한 재단사」 등의 동화 제목에서 주인공의 이름이 알려지고, 그 주인공을 중심으로 동화 줄거리가 진행되는 것을 쉽게 알아챌 수 있다.

하지만 페로의 「푸른 수염」 동화에서는 제목에서 언급된, 푸른 수염을 가진 부유한 남자가 주인공이 아니라, 그의 이웃집 귀부인의 막내딸이 주인공이다. 또한 그림 동화 「세 개의 황금머리카락을 지닌 악마」에서도 제목에서 언급한 악마가 주인공이 아니라, 그에게서 황금머리카락을 빼앗는 행운아가 주인공이며, 「홀레 부인」에서도 제목의 이름인 홀레 부인이 주인공이 아니라, 착하고 예쁜 소녀가 주인공이다.

이와 같이 동화의 제목과 주인공이 일치하지 않는 경우도 종종 있기 때문에, 동화를 창작할 때 반드시 동화 주인공을 제목에서 언급할 필요는 없다. 그러나 확률상으로 다수의 동화에서 이미 제목에 그 동화 주인공이 언급되기 때문에, 다수의 견해를 따라가는 것도 나쁘진 않다고 생각한다. 다시 말해, 동화의 제목과 동화 주인공의 일치 또는 불일치에 상관없이, 작가의 소신과 의도에 따라서 자유롭게 제목을 붙이면 된다는 뜻이다.

때로는 동화에 등장하는 인물이 아니라, 동화에 등장하는 동물·식물·물고기·곤충·벌레·물건·개념 등이 동화의 제목으로 활용되기도 한다. 그렇게 강정연은 『초록눈코끼리』에서 코끼리 '범벅'이를, 김수영은 『내 이름은 퀴마』에서 바퀴벌레를, 안도현은 『연어』에서 연어를 주인공으로 하여 제목을 붙였고, 안데르센은 「꼬마 이다의 꽃」·「딱총나무」·「장미요정」·「데이지 꽃」·「완두콩 공주」·「나무 요정」·「엉겅퀴의 모험」 등에서는 식물을, 「미운 오리 새끼」·「황새들」·「나이팅게일」·「청동멧돼지」·「백조의 보금자리」·「마당 닭과 기상 닭」 등에서는 동물을, 「빨간 구두」·「성냥갑」·「감침 바늘」·「오래된 묘비」·「종」·「낡은 가로등」 등에서는 물건을 동화의 제목으로 활용하였다.

여기서는 그중 한 예로, 등장하는 동물을 동화의 제목으로 한 안데르센 동화 「황새들」[5]을 그 대표작으로 읽어 보자.

5) Hans Christian Andersen, *Märchen*, Bilder von Nikolaus Heidelbach, Aus dem Dänischen von Albrecht Leonhardt, Beltz & Gelberg, 2007 참조.

황새들

어느 작은 마을에 있는 마지막 집 위에 황새 둥지가 하나 있었습니다. 그 둥지 속에는 네 마리의 새끼 황새와 엄마 황새가 살고 있었지요. 검고 작은 부리를 가진 새끼 황새들은 머리를 내밀고 있었고, 그곳에서 약간 떨어져 있는 용마루 위에는 아빠 황새가 아주 당당하고 꼿꼿하게 서 있었답니다. 한쪽 다리를 높이 들고 보초를 서고 있었습니다. 나무로 만들어진 새가 아닌가 하고 의심을 할 정도로 조용하게 말이지요.

'내 아내가 서 있었다면 정말 우아하게 보일 텐데. 사람들은 내가 남편인 줄은 모를 거야. 아마 내가 여기 서 있도록 명령을 받았다고 생각할 거야. 그래도 여기 서 있는 건 몹시 고상해 보인단 말이야.'

아빠 황새는 그렇게 생각하면서 계속 외다리로 서 있었습니다.

아래쪽에서는 아이들이 놀고 있었답니다. 아이들은 황새를 보고 노래를 부르기 시작했습니다.

황새야, 황새야, 집으로 들어가거라.
그렇게 외다리로 서 있지 말고
네 아내는 둥지 속에 누워 있지
그곳에서 새끼들의 요람을 흔들어 주지.

첫 번째 새끼는 교수형에 처해지고
두 번째 새끼는 그을려 죽고
세 번째 새끼는 총 맞아 죽고
네 번째 새끼는 창에 찔려 죽고.

"아이들이 노래 부르는 것 좀 들어 봐. 우리가 목 매달리고 불에 그슬릴 거라고 노래 부르잖아!" 새끼 황새들이 그 노래를 듣고 말했지요.

"그런 말에 귀 기울일 필요 없단다. 듣지 않으면 아무것도 아니란다." 엄마 황새가 말했지요.

그러나 아이들은 계속해서 노래를 불렀습니다. 그러면서 손가락으로 황새들을 가리켰지요. 오직 페터라고 불리는 한 아이만이 동물을 놀리는 것은 나쁜 짓이라고 말했어요. 페터는 아이들과 놀려고 하지도 않았습니다.

엄마 황새는 새끼들을 달랬습니다.

"그런데 신경 쓰지 마라. 아빠가 얼마나 평온하게 서 있는지 보렴, 그것도 외다리로 말이야."

새끼 황새들은 얼른 둥지 속으로 숨었습니다.

다음 날도 아이들은 다시 그 노래를 불렀답니다.

첫째는 목 매달리고
둘째는 불에 그슬리고.

"우리가 목 매달리고 불에 그슬리게 될까요?" 새끼 황새들이 물었습니다.

"아냐, 그럴 리가 없어. 너희들은 곧 나는 것을 배우게 될 거란다. 그런 다음 우리는 초원 위를 날아서 개구리들을 찾으러 갈 거야. 개구리들은 연못 속에서 개굴개굴 노래를 부른단다. 바로 그 개구리들이 우리들의 먹이란다."

"그다음엔 뭘 하나요?" 새끼 황새들이 물었습니다.

"그러고 나면 여기에 살고 있는 황새들이 모두 모이지. 그리고 겨울에 대비하여 나는 연습을 해. 그때에는 정말 잘 날아야 한단다. 아주 중요하니까. 제대로 잘 날지 못하면 장군 황새가 부리로 물어 죽이지. 그러니 연습이 시작되면 잘 배우도록 노력해야 한단다."

"그렇다면 우린, 아이들이 노래 부르는 것처럼 죽는 건가요? 들어 보세요. 아이들이 또 노래를 불러요."

"그 노래에 귀 기울이지 마라. 나는 연습을 마치면 우리는 따뜻한 나라로 날아간단다. 이곳에서 정말 멀리 떨어진 곳이지. 산들을 넘고 숲들을 지나간단다. 그곳은 이집트라는 곳이야. 거기에는 구름 위까지 뾰족한 지붕이 뻗어 있단다. 사람들은 피라미드라고 부르지. 그건 우리가 생각할 수 있는 것보다 훨씬 오래된 거란다. 또 강물이 넘치면 온 나라가 진흙 늪이 된단다. 그러면 우리는 늪 속을 이리저리 돌아다니면서 개구리를 잡아먹지."

"정말 멋지네요!" 새끼 황새들이 탄성을 질렀습니다.

"그래, 그곳은 정말 근사한 곳이란다. 하루 종일 먹는 것 외에는 할 일이 없어. 우리가 그곳에서 잘 지내고 있는 동안 여기에서는 초록 잎들이 진단다. 그리고 작은 구름들이 조각조각 얼어붙은 채 하얗게 떨어지지." 엄마 황새가 말한 것은 눈이었습니다.

"그러면 못된 아이들도 조각조각 얼어붙나요?" 새끼 황새들이 물었지요.

"아냐, 아이들은 조각조각 얼지는 않는단다. 하지만 비슷하게 된단다. 아이들은 방 안에 들어앉아 있어야만 하거든. 그렇지만 너희들은 꽃들이 있고 따뜻한 해가 비치는 낯선 나라에서 이리저리 날아다닐 수 있단다."

새끼 황새들은 둥지 속에서 똑바로 서서 멀리 내다볼 수 있을 정도로 자랐습니다. 아빠 황새는 날마다 먹이를 물어다 주었습니다. 그리고 늪에 대한 이야기를 해주었어요.

"이제 너희들은 나는 것을 배워야 한단다." 어느 날 엄마 황새가 말했지요.

네 마리의 새끼 황새들은 모두 용마루로 나왔습니다. 다리가 몹시 떨렸지요. 새끼 황새들은 날개로 균형을 잡으려고 무척 애를 썼습니다. 그래도 밑으로 떨어질 뻔했지요.

"나만 쳐다봐. 이렇게 머리를 들고 발은 이렇게 놓아. 하나 둘, 하나 둘." 엄마 황새가 말했습니다. 그리고는 나는 시범을 보였습니다. 새끼 황새들도 서투르게 약간 날아올랐어요. 하지만 곧 떨어지고 말았습니다.

"난 날지 않을래요. 따뜻한 나라로 가고 싶지 않아요." 새끼 황새 한 마리가 둥지 안으로 들어가 버렸습니다.

"겨울이 되면 여기서 얼어 죽을래? 아이들이 와서 널 목매달고 불에 구워도 괜찮겠어?"

"오, 아니에요!" 새끼 황새는 다시 다른 새끼들처럼 지붕 위로 폴짝 뛰어나왔습니다. 사흘째 되는 날, 새끼 황새들은 약간씩 날 수 있었습니다. 공중에서 균형을 잡고 있을 수 있다고 믿었지요. 그러나 다시 곤두박질을 치고 말았답니다. 그것을 보고 아이들이 노래를 불렀지요.

황새야, 황새야, 날아봐라 —

"아래로 날아가서 아이들의 눈을 찔러 줄까요?" 새끼 황새들이 물었습니다.

"아냐, 그냥 내버려둬. 지금은 이게 훨씬 더 중요한 거란다. 하나, 둘, 셋! 이제 오른쪽으로 돌아 날아봐. 하나, 둘, 셋! 이제 왼쪽으로 저 굴뚝을 돌아봐. 자, 봐. 잘했어. 마지막 날갯짓이 정말 훌륭했어. 내일은 늪으로 나가야겠다. 여러 황새 가족들이 새끼들을 데리고 그곳으로 온단다. 너희들이 제일 귀엽다는 것을 보여 주거라. 그리고 머리를 똑바로 들고 다녀라. 그러면 당당하게 보인단다."

"저 못된 아이들에게 복수를 해서는 안 되나요?" 새끼 황새들이 다시 물었습니다.

"하고 싶은 대로 소리 지르게 내버려 두려무나. 너희들은 곧 하늘 높이 날아서 피라미드의 나라로 갈 텐데 뭘 그러니. 저 아이들은 이곳에서 떨면서 지낼 텐데 뭘."

아이들 중에서도 가장 못된 아이는 노래를 처음으로 부른 아이였답니다. 여섯 살도 안 되었을 거예요. 물론 새끼 황새들은 그 아이가 100살은 되었을 거라고 생각했지요. 아이가 자기들의 엄마 아빠보다 훨씬 컸기 때문이랍니다. 아이들이 몇 살인지 새끼 황새들이 어떻게 알겠어요? 그 아이는 날마다 노래를 불렀답니다. 새끼 황새들은 참을 수가 없었지요. 그리고 좀 더 자라게 되자 더욱 더 참으려고 하지 않았어요. 결국 엄마 황새는 새끼들에게 복수해도 좋다고 허락을 했답니다. 그렇지만 남쪽나라로 떠나는 마지막 날에 하라고 했습니다.

"나는 연습을 어떻게 하고 있는지 좀 봐야겠다. 너희들이 잘하지 못하면 장군황새가 가만히 있지 않을 거야. 그렇게 되면 아이들의 노래가 맞는 셈이지."

"좋아요, 그렇게 하세요." 새끼 황새들은 씩씩하게 대답했지요. 그리고는 열심히 연습을 했답니다. 나는 것은 참 재미있었지요. 그렇게 산뜻하고 즐거울 수가 없었습니다.

가을이 되었습니다. 황새들은 따뜻한 나라로 날아가기 위하여 모두 모였습니다. 그리고 모두 함께 나는 연습을 했어요. 모든 숲들과 도시에는 황새들의 무리가 장관을 이루었답니다. 새끼 황새들은 아주 훌륭하게 날게 되었습니다. 그래서 가장 좋은 성적을 얻었지요. 이제 개구리를 잡아먹을 수 있게 되었습니다.

"이제 우리 복수하자." 새끼 황새들이 말했습니다.

"그럼, 물론이지. 나는 아이들이 노는 연못이 어디 있는지 알고 있단다. 아이들은 그곳에서 황새가 와서 부모에게 데려다 줄 때를 기다리고 있지. 아주 귀엽고 작은 아이들이 그곳에서 잠을 자면서 아름다운 꿈을 꾼단다. 부모들은 모두 작은 아기를 갖고 싶어 한단다. 아이들도 동생을 갖고 싶어 하고 우리가 그 연못으로 날아가서 나쁜 노래를 부르지 않은 아이들에게 아기들을 하나씩 갖다 주자. 그리고 우리를 놀린 아이들에게는 아기를 갖다 주지 말자." 엄마 황새가 말했습니다.

"그 심술쟁이 나쁜 아이는 대체 어떻게 해 주어야 해요?" 새끼 황새들이 소리를 질렀습니다.

"그 연못에는 죽은 아이가 하나 있단다. 그 못된 아이에게는 죽은 아이를 갖다 주자. 그러면 엉엉 울 거야. 하지만 동물을 놀리는 것은 나쁜 짓이라고 말한 그 착한 아이에게는 여동생과 남동생을 가져다주자. 그 아이는 이름이 페터라고 했지? 너희들도 모두 페터라고 이름을 붙이자꾸나."

모든 일이 엄마 황새가 말한 대로 되었답니다. 그 뒤 모든 황새들은 페터라는 이름을 가졌으며, 오늘날도 그렇게 불리고 있답니다.

황새라는 동물을 제목으로 안데르센은 동화를 창작했을 뿐만 아니라, 동물이 인간처럼 의사소통을 하는 의인화가 두드러진다. 더욱이 인간의 아기를 황새가 데려다 준다는 전설을 동화 속에서 활용하며, 황새들을 놀리는 아이에게는 못된 아이나 심지어 죽은 아이를 가져다주고, '페터'라는 착한 아이에게는 예쁜 오누이를 동생으로 준다는 풍자적인 내용이 담겨 있는 동화이다.

2.4.3. 동화의 주제

동화의 제목을 통해 동화 주인공이나 동화의 내용이 조금은 암시되겠지만, 병행해서 어떤 주제로 동화를 쓸 것인가? 하는 확신이 필요하다. 이미 소재와 영감을 통해 주제로 다룰 내용이 약간은 제시되지만, 더불어 어떤 주제로 동화를 서술할 것인가가 매우 중요하다.

동화의 주제는 독자에게 보여주려는 작가의 중심 사상으로서, 작가의 의지에 따라 다양하게 묘사된다. 사랑, 가난, 인내, 이별, 보상, 우정, 효, 신뢰, 은혜갚음, 형제애, 복수, 부, 욕심, 질투, 가난, 거짓, 충성, 게으름, 도움, 선, 악, 죄, 벌, 죽음, 축복, 인생무상, 아름다움美, 결혼, 기적, 변신, 재혼, 현실도피, 금의환향, 용맹, 사냥, 지혜, 우유부단, 방랑, 천국, 즉위, 행복, 희망 등의 개념이 동화의 주제일 수 있다.

예를 들면, 그림 동화 「충성스러운 요한네스(충신 요한네스)」에서는 충성이 주제이고, 「신데렐라」에서는 아름다운 여주인공이 어려운 환경에서도 착하게 인내하고 살면 사랑과 축복을 받는다는 게 주제이다. 『백설 공주』에서는 미와 질투, 선과 악, 벌과 축복이 주제이고, 「헨젤과 그레텔」에서는 가난과 인내, 금의환향이 주제이며, 「오빠와 누이」에서는 가난과 변신, 미와 사랑, 질투와 복수가 주제이다. 「용감한 재단사」에서는 기적과 용맹, 지혜와 부가 주제이고, 「어부와 그의 아내에 대하여」에서는 욕심과 부, 우유부단과 벌이 주제이다.

제이콥스의 동화 『게으른 잭』에서 가난과 게으름, 효와 행복이 주제이고, 베흐슈타인의 동화 『게으름뱅이의 천국이야기』에서는 게으름과 천국, 현실도피와 거짓이 주제이며, 하트랜드의 동화 『고양이의 제왕』에서는 사냥과 방랑, 죽음과 즉위가 주제이다.

또한 루이스 캐럴의 『이상한 나라의 앨리스』에서는 환상과 모험이 주제이고, 류은의 『바람드리의 라무』에서는 고난과 시련, 용기와 지혜가 주제이며, 이금이의 『우리 반 인터넷 소설가』에서는 거짓과 진실, 편견과 고정관념이 주제라고 할 수 있다.

동화 작가는 동화의 주제를 독자 연령에 따라 조정할 필요가 있다. 저학년 아동을 위해서는 동화의 주제가 심오하거나 지나치게 긴 문장으로 쓰는 것을 피해야 하며, 반대로 고학년 아동을 위해서는 너무 단순한 주제나 짧은 글은 어울리지 않는다고 할 수 있다.

심지어, 동화 시장에서는 학년에 맞춰 동화 작품을 쓸 것을 요구하기 때문에 작가는 연령에 따른 동화의 주제 선택을 할 수밖에 없는 현실이다. 그러나 좋은 동화 작품은 주제의 단순성과 심오함 혹은 길이의 짧고 긺이 크게 문제가 되지 않을 것이다.

예를 들어, 그림 동화『어부와 그의 아내에 대하여』에서 욕심과 부, 우유부단과 벌이 주제라면, 과연 그 주제가 저학년에게 알맞은지 혹은 고학년에 알맞은지 또는 청소년과 성인에게 알맞은지를 가늠할 수가 없다. 다시 말해, 그림 동화나 안데르센 동화 등과 같이 고전이 된 동화는 연령층에 따라 동화 창작을 한 것이 아니기 때문에 동화 주제의 감동을 각 연령층에서 제각기 느끼게 될 것이다. 따라서 좋은 동화 작품이라면 동화의 주제를 연령층에 맞춰 창작할 필요는 없다고 생각한다.

그럼, 여기서는 동화의 주제를 살펴볼 수 있는 작품의 한 예로, 그림 동화『어부와 그의 아내에 대하여』[6]를 읽어 보고, 동화의 주제를 파악하고 그 감동을 서로 이야기 나눠 보자.

6) Brüder Grimm, *Kinder- und Hausmärchen*, Wissenschaftliche Buchgesellschaft Darmstadt, 1978 참조.

어부와 그의 아내에 대하여

옛날 옛날에 어부와 그의 아내가 있었는데, 그들은 함께 바닷가 가까이에 있는 작은 오막살이에서 살았습니다. 어부는 매일매일 바닷가에 나가서 낚시를 했습니다.

한번은 그가 낚싯대를 가지고 앉아 있었는데 항상 맑은 물속을 들여다보며 오랜 시간 앉아 있었습니다.

그때 낚싯대가 깊이 바닥 아래에 닿았고, 낚싯대를 들어 올렸을 때, 그는 한 마리 커다란 넙치를 잡아 올렸습니다. 그러자 넙치는 "어부님 들어보세요, 나는 당신에게 살려주기를 청합니다. 나는 넙치가 아니라, 마법에 걸린 왕자랍니다. 나를 죽인들 도대체 무슨 소용이 있나요? 나는 정말 맛이 없을 겁니다. 나를 다시 물속에 놓아 헤엄치게 해주세요."라고 말했습니다. "그래, 너는 그렇게 많이 말할 필요가 없단다. 말할 수 있는 넙치를 나는 기꺼이 헤엄치게 놓아줄 수 있단다."라고 남자는 말하며, 넙치를 다시 맑은 물속으로 놔주었습니다. 그래서 넙치는 바닥으로 내려갔고 자기 뒤에 하나의 긴 선 같은 핏자국을 남겼습니다. 어부는 일어나 아내가 있는 작은 오두막으로 갔습니다.

"여보, 오늘 아무것도 잡지 못했나요?"라고 아내가 말했습니다. "그렇소."라고 남편이 말했습니다. "사실 나는 한 마리 넙치를 잡았었소. 넙치가 자기는 마법에 걸린 왕자라고 말하더군. 그래서 다시 놔주었소." — "당신은 아무런 대가도 바라지 않았나요?"라고 아내가 말했습니다. "그렇소."라고 남편은 말했습니다. "내가 어떤 대가를 바랬어야 했나요?" — "맙소사, 여기 항상 악취가 풍기고 욕지기가 날 것 같은 오두막에서 사는 게 끔찍해요. 당신은 우리에게 필요한 작은 집이라도 하나 원할 수 있었을 텐데요. 다시 한 번 가서 그를 부르세요. 작은 집 한 채를 갖고 싶다고 말해요. 그가 확실히 그것을 해줄 거예요."라고 아내는 말했습니다. "아이고, 왜 내가 지금 재차 가야만 하오?"라고 남편이 말했습니다. "뭐라고요, 당신이 잡았다가 다시 놔준 거잖아요. 그는 확실히 보답할 거예요. 빨리 가세요!"라고 아내는 말했습니다. 남편은 정말 원하지 않았으나, 아내에게 저항할 수 없어서 바닷가로 나갔습니다.

그가 거기로 왔을 때, 바다는 완전히 파랗고 노랬으며 더 이상 맑지 않았습니다. 그래서 그는 다가서서 "난쟁이, 난쟁이, 팀페테야, 넙치야, 바닷속에 넙치야, 내 아내 일제빌이, 내가 원하는 것처럼 그렇게 원하지 않는구나."라고 말했습니다.

그러자 넙치는 헤엄쳐 왔고 "자, 도대체 그녀가 무엇을 원하나요?"라고 말했습니다. "글쎄, 내가 너를 잡았었잖아. 이제 내 아내는 내가 무엇을 원해야만 했었다는 거야. 그녀는 더 이상 오두막에서 살려고 하지 않아. 그녀는 한 채의 집을 원한단다."라고 남자는 말했습니다. "가기나 하세요. 그녀는 이미 그것을 가졌어요."라고 넙치는 말했습니다.

그래서 남자는 돌아갔고, 그의 아내는 더 이상 작은 오두막에 앉아 있지 않았습니다. 왜냐하면 오두막이 있었던 자리에는 지금 한 채의 집이 있었고, 아내는 문 앞의 벤치에 앉아 있었기 때문이었습니다. 그러자 아내는 그의 손을 잡았고 "들어와서 보세요, 이제 훨씬 더 좋아졌죠."라고 말했습니다. 그래서 그들은 들어갔습니다. 집 안에는 작은 안마당이 있었고, 작고 깨끗한 방과 각각의 침대가 있는 침실이 있었으며, 부엌과 식당이 있었습니다. 모든 것이 가장 좋은 도구들로 설비되어 있었고, 거기에 필요한 주석그릇과 놋쇠그릇이 가장 아름답게 진열되어 있었습니다. 집 뒤에는 또한 닭과 오리가 있는 작은 뜰이 있었고, 채소와 과일이 있는 작은 정원이 있었습니다. "보세요, 멋지지 않나요?"라고 아내가 말했습니다. "그렇군, 이제 꽤 만족하면서 살 수 있겠군."이라고 남편은 말했습니다. "그건 생각해 볼 일이죠."라고 아내가 말했습니다. 그러고 나서 그들은 뭔가를 먹었고 잠을 자러 갔습니다.

그렇게 8일 내지 14일 동안을 잘 지냈습니다. 그러자 아내는 "여보, 들어봐요. 집이 너무나 좁고, 뜰과 정원은 너무 작아요. 넙치가 우리에게 보다 커다란 집을 선사할 수 있을 거예요. 나는 커다란 돌로 지은 성에서 살기를 원해요. 넙치에게 가세요. 그가 성을 선사해 줄 거예요."라고 말했습니다. "아이고 여보, 이 집이 충분히 넉넉한데, 왜 성에서 살아야 한단 말이오?"라고 남편이 말했습니다. "뭐라고요, 당신은 어서 가기나 하세요. 넙치가 그것을 들어줄 거예요."라고 아내가 말했습니다. "안 되오, 부인! 넙치는 우리에게 집을 줬소. 나는 다시는 가고 싶지 않소. 넙치를 화나게 하고 싶지 않소."라고 남편이 말했습니다. "어서 가세요, 그가 알아서 잘 해줄 거고 또한 기꺼이 해줄 거예요. 당신은 가기만 하면 돼요."라고 아내가 말했습니다. 남자의 마음은 너무나 무거웠고, 가려고 하지 않았으며, 자기 자신에게 "그것은 옳은 일이 아니야."라고 말했습니다. 그러나 갔습니다.

그가 바다에 도착했을 때, 물은 온통 보라색이었고 검푸른 색이었으며, 회색이었고 탁했습니다. 그리고 더 이상 그렇게 파랗고 노랗지 못했으나, 아직은 고요했습니다. 그러자 그는 다가서서 "난쟁이, 난쟁이, 팀페테야, 넙치야, 바닷속에 넙치야, 내 아내 일제빌이, 내가 원하는 것처럼 그렇게 원하지 않는구나."라고 말했습니다.

"자, 도대체 그녀가 무엇을 원하나요?"라고 넙치가 말했습니다. "글쎄, 그녀가 커다란 돌로 지은 성에서 살고 싶다는구나."라고 남자는 반쯤 슬픔에 잠겨서 말했습니다. "가보세요, 그녀가 문 앞에 서 있을 거예요."라고 넙치가 말했습니다.

그러자 남자는 돌아갔고, 그전 집으로 갈 거라고 생각했습니다. 그러나 그가 그곳으로 왔을 때, 거기에는 커다란 돌로 지은 궁전이 서 있었고, 아내가 위쪽 계단 위에 서서 안으로 들어가려고 했습니다. 그때 그녀는 그를 손으로 잡고 "자, 들어가죠."라고 말했습니다. 그래서 그는 그녀와 함께 안으로 들어갔습니다. 성안에는 대리석 바닥으로 된 커다란 현관이 있었고, 거기에 많은 하인들이 있었으며, 그들이 커다란 문을 열어주었습니다. 그리고 벽들은 모두 번쩍번쩍하는 아름다운 양탄자들로 장식되어 있었고, 방안에는 오직 황금의 의자들과 탁자들이 놓여 있었으며, 크리스털제의 샹들리에가 천장에 매달려 있었습니다. 모든 방들과 침실들은 융단으로 장식되어 있었습니다. 식탁 위에는 음식과 최고급의 포도주가 놓여 있었고, 상다리가 부러질 정도였습니다. 집 뒤에는 마구간과 외양간, 그리고 마차가 있는 커다란 뜰이 있었고, 모든 것이 최상의 것들이었습니다. 또한 거기에는 가장 아름다운 꽃들과 좋은 과일나무가 있는 크고 훌륭한 공원이 있었고, 거의 반마일의 길이로 놓여 있었으며, 사슴과 노루가 그 안에서 놀고 있었고 사람들이 원하는 모든 것이 들어 있었습니다. "자, 아름답지 않나요?"라고 아내가 말했습니다. "아, 그렇군. 이제 아름다운 성에 살면서 만족할 수 있겠지?"라고 남편은 말했습니다. "그렇게 생각할 수도 있죠. 그것은 자면서 생각해 보죠."라고 아내는 말했습니다. 그 후 그들은 침대로 갔습니다.

다음 날 아침에 아내가 먼저 깨어났습니다. 이미 날이 밝았고, 그녀의 침대에서 자기 앞에 놓인 훌륭한 세상을 보았습니다. 남편이 기지개를 펴자, 그녀는 그의 옆구리를 팔꿈치로 찌르면서 "여보, 일어나서 창문 밖을 내다보세요. 보세요, 우리가 이 나라의 왕이 될 수는 없나요? 넙치에게 가세요. 우리는 왕이 되길 원해요."라고 말했습니다. "아, 부인, 왜 왕이 되길 원하오?"라고 남편은 말했습니다. "그래요,

당신은 왕이 되기 싫군요. 나는 왕이 되고 싶어요. 넙치에게 가세요. 나는 왕이 되길 원해요."라고 아내가 말했습니다. "아이고, 부인, 어째서 당신은 왕이 되고 싶다는 거요? 그것을 넙치에게 말할 수 없소."라고 남편이 말했습니다. "왜 안 된다는 거예요. 당장 가세요. 나는 왕이 되어야만 해요."라고 아내가 말했습니다. 그래서 남자는 떠났고, 아내가 왕이 되고 싶다는 것에 매우 우울해졌습니다. 그것은 옳지 않다고 남자는 생각했습니다. 그는 가고 싶지 않았지만, 그러나 갔습니다.

그리고 그가 바다에 도착했을 때, 바다는 완전히 검은 회색이었고, 물은 아래에서 위로 물결쳤으며 심한 썩은 악취가 풍겼습니다. 그러자 그는 다가서서 "난쟁이, 난쟁이, 팀페테야, 넙치야, 바닷속에 넙치야, 내 아내 일제빌이, 내가 원하는 것처럼 그렇게 원하지 않는구나."라고 말했습니다.

"자, 도대체 그녀가 무엇을 원하나요?"라고 넙치가 말했습니다. "글쎄, 그녀가 왕이 되고 싶다는 구나."라고 남자는 말했습니다. "가보세요. 그녀는 이미 그것이 되어 있을 거예요."라고 넙치가 말했습니다.

그러자 남자는 돌아갔습니다. 그가 궁전에 왔을 때, 성은 훨씬 더 커졌고 커다란 탑이 있었으며 화려한 장신구가 달려 있었습니다. 그리고 보초가 문 앞에 서 있었고 많은 군인들이 있었으며 팀파니와 트럼펫을 불고 있었습니다. 그리고 그가 성안으로 들어왔을 때, 모든 것이 순전히 대리석과 황금으로 이루어졌고 우단으로 만든 천장과 황금 나뭇잎 장식으로 치장되어 있었습니다. 그때 홀의 문들이 열렸습니다. 거기에 많은 신하들이 있었고, 아내는 황금과 다이아몬드로 만든 높은 옥좌에 앉아 있었으며, 커다란 왕관을 쓰고 있었고 손에는 순금과 보석으로 만든 왕홀(王笏)을 들고 있었습니다. 그리고 그녀의 양옆으로 여섯 명의 하녀들이 순서대로 서 있었는데 항상 키 순서대로 정렬해 있었습니다. 그러자 그는 다가가서 "아, 부인, 당신은 이제 왕인가요?"라고 말했습니다. "그래요, 이제 나는 왕이에요."라고 말했습니다. 그는 거기에 서서 그녀를 자세히 들여다보았습니다. 그리고 그가 그녀를 얼마 동안 그렇게 자세히 들여다보았을 때, "아, 부인, 당신이 이제 왕이라는 것이 너무나 좋군! 이제 더 이상 아무것도 원하지 않겠지?"라고 말했습니다. "그럼요, 여보"라고 아내는 말했고, 매우 불안해했습니다. "내게 이미 시간이 되었고 지루해졌으며 더 이상 참을 수가 없어요. 넙치에게 가세요. 내가 왕이니 이제 또한 황제가 되어야만 해요." "아이고, 부인, 왜 당신은 황제가 되려고 하오?"라고 남편이 말했습니다.

"여보, 넙치에게 가세요. 나는 황제가 되길 원해요!"라고 그녀가 말했습니다. "아, 부인, 황제를 그는 만들 수 없소. 나는 넙치에게 그것을 말할 수 없소. 황제는 나라에 단 한 명뿐이오. 황제를 넙치는 만들 수 없소."라고 남편이 말했습니다. "뭐라고요, 나는 왕이에요. 그리고 당신은 내 남편이에요. 곧 가도록 하세요. 바로 출발하세요! 그가 왕을 만들 수 있다면, 또한 황제를 만들 수 있어요. 나는 황제가 되길 원하고 또 원해요! 어서 가세요!"라고 아내는 말했습니다. 그러자 그는 가야만 했습니다. 그러나 남자가 출발했을 때, 매우 걱정이 되었습니다. 그리고 그가 그렇게 걸어갔을 때, 스스로 '그것은 잘못된 일이야, 잘못되었어. 황제라니 너무 뻔뻔스럽잖아. 넙치는 결국 싫어할 거야.'라고 생각했습니다.

그사이에 그는 바다에 도착했습니다. 지금 바다는 완전히 시커멓고 탁했으며 아래에서 위로 물결치기 시작했고 거품을 일으켰습니다. 그리고 회오리바람이 바다 위로 몰아쳤고, 바다는 그렇게 맴돌고 있었습니다. 그리고 공포가 남자를 사로잡았습니다. 그는 서서 "난쟁이, 난쟁이, 팀페테야, 넙치야, 바닷속에 넙치야, 내 아내 일제빌이, 내가 원하는 것처럼 그렇게 원하지 않는구나."라고 말했습니다.

"자, 도대체 그녀가 무엇을 원하나요?"라고 넙치가 말했습니다. "아, 넙치야, 아내는 황제가 되려고 한단다."라고 그는 말했습니다. "가보세요, 그녀는 이미 그것일 거예요."라고 넙치가 말했습니다.

그러자 남자는 돌아갔습니다. 그가 그곳에 도착했을 때, 성 전체는 윤이 나는 대리석으로 되어 있었고, 설화석고와 황금 장신구로 치장되어 있었습니다. 문 앞에서 군인들이 행군하고 있었고, 트럼펫을 불고 탬파니와 북을 두드리고 있었습니다. 성안에는 남작과 백작 그리고 공작이 모여 있었고, 마치 하인처럼 행동하고 있었습니다. 그들은 그에게 순금으로 만든 문을 열어 주었습니다. 그리고 그가 안으로 들어갔을 때, 거기에 아내가 옥좌 위에 앉아 있었는데, 그 옥좌는 한 덩어리의 황금으로 되어 있었고 2마일의 높이였습니다. 그리고 그녀는 큰 황금 관을 쓰고 있었는데, 그 관은 3엘레의 높이였고 금강석과 홍옥이 박혀 있었습니다. 한 손에 그녀는 왕홀을 들고 있었고 다른 손에는 권력의 상징인 십자가를 단 지구본을 잡고 있었습니다. 그리고 그녀 양옆으로 친위병들이 두 줄로 서 있었고 항상 키 순서대로 정렬하고 있었습니다. 키가 2마일이나 되는 가장 큰 거인으로부터 새끼손가락 만한 크기의 가장 작은 난쟁이에 이르기까지 순서대로 서 있었습니다. 그리고 그녀 앞에는 많은 영주들과 공작들이 서 있었습니다. 그러자 이제 남자는 그들 사이로 들어갔고 "여보, 당신 이제 황제가 됐소?"라고 말했습니다. "그래요, 나는 황제예요"라고 그녀는 말했습니다. 그래서 그는 다가가 서서 그녀를 자세히 눈여겨 보았습니다. 그리고 그녀를 그렇게 얼마 동안 주시했을 때, 그는 "아, 부인, 당신이 황제라니 얼마나 좋은 일이오."라고 말했습니다. "여보, 왜 당신은 거기 서 있어요? 나는 이제 황제가 되었으니 또한 교황이 되고 싶어요. 넙치에게 가세요."라고 그녀는 말했습니다. "아이고, 부인, 도대체 당신은 그 이상 무얼 더 원하시오? 당신은 교황이 될 수 없소. 교황은 전 기독교계에서 단 한 명만 존재하오. 그것을 그는 만들 수 없소!"라고 남편은 말했습니다. "여보, 나는 교황이 되고 싶어요. 어서 가세요. 나는 오늘 교황이 되어야만 해요."라고 그녀는 말했습니다. "안 되오, 부인! 그것을 나는 그에게 말하지 않겠소. 그것은 옳은 일이 아니오. 그것은 지나친 요구요. 넙치는 당신을 교황으로 만들 수 없소."라고 남편이 말했습니다. "여보, 멍청한 말 그만해요."라고 아내가 말했습니다. "그가 황제를 만들 수 있다면, 또한 교황도 만들 수 있어요. 즉시 떠나세요. 나는 황제고, 당신은 나의 남편이에요. 어서 가지 못해요?" 그러자 그는 너무 걱정이 되어 그곳으로 갔습니다. 그러나 그는 동시에 너무나 쇠약해졌습니다. 그는 몸을 떨고 또 떨었습니다. 그리고 그의 무릎과 장딴지가 흔들렸습니다. 그리고 바람이 땅 위로 몰아쳤고, 구름들이 날아갔으며, 밤처럼 그렇게 어두워졌습니다. 나뭇잎들이 나무에서 떨어져 날렸고, 바닷물이 높이 솟구쳤으며, 마치 들끓어서 해변가를 삼키려는 듯이 그렇게 물결쳤습니다. 그리고 멀리서 그는 조난신호탄을 쏘면서 큰 파도와 싸우며 춤추고 있는 배들을 보았습니다. 하지만 하늘 한가운데는 아직 약간 푸르렀고 그러나 그 주변은 사나운 폭풍우처럼 너무나 붉게 물들었습니다. 그러자 그는 매우 낙심하여 걸어갔고 두려운 마음으로 거기에 서서 "난쟁이, 난쟁이, 팀페테야, 넙치야, 바닷속에 넙치야, 내 아내 일제빌이, 내가 원하는 것처럼 그렇게 원하지 않는구나."라고 말했습니다.

"자, 도대체 그녀가 무엇을 원하나요?"라고 넙치가 말했습니다. "글쎄, 그녀가 교황이 되고 싶다는 구나."라고 남자가 말했습니다. "가보세요, 그녀는 이미 그것이 되었어요."라고 넙치가 말했습니다.

그래서 그는 돌아갔습니다. 그가 도착했을 때, 거기에는 오로지 성들로 에워싸인 커다란 교회가 있었습니다. 그러자 그는 백성들을 뚫고 들어갔습니다. 안에는 모든 것이 수천 개의 촛불들로 빛나고 있었고, 아내는 완전히 금으로 옷을 입었고 훨씬 더 높은 옥좌 위에 앉아 있었으며 세 개의 커다란 황금 관을 쓰고 있었습니다. 그리고 그녀를 둘러싸고 매우 많은 사제들이 서 있었고, 그녀의 양옆으로 촛불들이 두 줄로 진열되어 있었는데, 가장 커다란 촛불은 아주 커다란 탑처럼 두껍고 컸으며 가장 작은 것은 아주 작은 부엌촛불처럼 작은 촛불로 진열되어 있었습니다. 그리고 모든 황제들과 왕들이 그녀 앞에서 무릎을 꿇고 앉아서 그녀의 신발에 입을 맞췄습니다. "여보"라고 남편은 말했고 그녀를 똑바로 응시했습니다. "당신 이제 교황이 된 거요?" "그래요, 나는 교황이에요."라고 그녀는 말했습니다. 거기서 그는 다가갔고 그녀를 똑바로 응시했으며 마치 밝은 태양을 보는 것 같았습니다. 그가 그녀를 그렇게 얼마 동안 바라보았을 때, "아, 부인, 당신이 교황이라는 사실이 너무나 좋소!"라고 말했습니다. 그러나 그녀는 나무처럼 매우 빳빳하게 앉아 있었고 전혀 움직일 수 없었습니다. 그때 그는 "여보, 당신이 교황이 되었으니, 이제 만족하겠지? 왜냐하면 당신은 이제 더 이상 될 게 아무것도 없기 때문이오."라고 말했습니다. "나도 그렇게 생각하려고 해요."라고 아내가 말했습니다. 그리고 그들은 잠자러 갔습니다. 그러나 그녀는 만족하지 못했고, 열망이 그녀를 잠 못 이루게 했습니다. 그녀는 항상, 아직 무엇이 될 수 있을까를 생각했습니다.

남편은 꽤 깊이 잠들었습니다. 낮에 많이 돌아다녔기 때문이었죠. 그러나 아내는 전혀 잠잘 수 없었고 밤새도록 뒤척였으며 항상 아직 무엇이 될 수 있을까에 대해 생각하고 있었습니다. 하지만 아무것도 더 이상 생각해 낼 수 없었습니다. 그러는 사이에 태양이 떠올랐습니다. 그녀가 아침노을을 보았을 때 침대에서 똑바로 앉았고 거기서 밖을 내다보았습니다. 그리고 그녀가 창을 통해 태양이 그렇게 떠오르는 것을 보았을 때, "아, 내가 태양과 달을 뜨게 할 수는 없을까?"라고 생각했습니다. "여보,"라고 그녀는 말했고 그의 갈빗대를 팔꿈치로 눌렀습니다. "일어나요, 넙치에게 가세요. 나는 하나님처럼 되고 싶어요." 남편은 아직 깊이 잠에 취해 있었습니다. 그러나 그는 너무 깜짝 놀라서 침대에서 떨어졌습니다. 그는 잘못 들었다고 생각했고, 두 눈을 비비면서 "아이고 부인, 무엇을 말한 거요?"라고 말했습니다. "여보, 내가 해와 달을 뜨게 할 수 없다면, 참을 수 없어요. 그리고 내가 해와 달을 스스로 떠오르게 할 수 없다는 것에 대해 더 이상 편안한 시간을 가질 수 없어요."라고 그녀는 말했습니다. 동시에 그녀는 그를 매우 악한 눈으로 바라보았고, 그를 몸서리

치게 했습니다. "빨리 가세요. 나는 하나님처럼 되고 싶어요." "아이고 부인," 하고 남편은 말하며 그녀 앞에 무릎을 꿇었습니다. "그것을 넙치는 할 수 없소. 황제와 교황을 만들 수 있어도 제발 부탁이니, 정신 차리고 교황으로 머무시오." 그러자 그녀는 악이 바쳤고, 머리카락들이 그녀 머리 주위로 거칠게 나부꼈으며 "나는 그것을 참을 수 없어요! 더 이상 길게 버틸 수 없어요! 어서 가주세요?!"라고 소리 질렀습니다. 그러자 그는 바지를 입고 거기서 미친 듯이 달려 나왔습니다.

그러나 밖에는 폭풍우가 불었고 윙윙거려서 그는 거의 두 발로 서 있을 수 없었습니다. 집들과 나무들이 바람에 넘어졌고, 산들이 진동했으며, 바윗덩어리들이 바닷속으로 굴러떨어졌습니다. 그리고 하늘은 완전히 시커멓고, 천둥과 번개가 쳤으며, 바다는 교회 탑과 산처럼 높은 검은 파도를 일으켰고, 집어삼킬 듯이 흰 파도머리로 달려들었습니다. 그러자 그는 외쳤고, 자신의 말조차 들을 수 없었습니다. "난쟁이, 난쟁이, 텀페테야, 넙치야, 바닷속에 넙치야, 내 부인 일제빌이, 내가 원하는 것처럼 그렇게 원하지 않는구나."

"자, 도대체 그녀가 무엇을 원하나요?"라고 넙치가 말했습니다. "아, 그녀는 하나님처럼 되고 싶어 한단다."라고 그는 말했습니다. "가보세요, 그녀는 이미 다시 어부의 오막살이에 앉아 있을 거예요."

거기에 그들은 아직 오늘날까지도 앉아 있을 겁니다.

그림 동화「어부와 그의 아내에 대하여」에서는 욕심과 부, 우유부단과 벌이 주제라고 할 수 있다. 인간의 욕심이 지나치면 화를 불러온다는 옛말을 실감나게 묘사했고, 아무리 많은 재산과 권력을 갖더라도 그 끝이 과연 어디일까를 실감나게 되짚어보게 했으며, 아내의 요구에 대해 우유부단하게 대처하는 남편의 모습에서 결국 모든 것을 다 잃어버리는 벌을 받게 했으니 '과유불급過猶不及'의 교훈적인 주제가 잘 드러난 동화라고 할 수 있다.

2.4.4. 등장인물설정

동화의 서두문에서 동화 주인공의 가족 구성원과 그 처지가 출발 상황으로서 서술되듯이, 동화의 기본 요소가 등장인물이다. 드라마에서 등장인물에 의해 극이 진행되듯이, 동화에서도 등장인물에 의해 스토리가 전개된다. 따라서 동화에서 등장인물의 설정이 무엇보다 중요하다.

프로프의 구조 이론에 따라 동화의 등장인물은 크게 일곱 명으로 나뉜다. 곧, 주인공, 가짜주인공, 조력자, 가해자 또는 적수, 찾았던 인물 또는 공주와 그 아버지, 증여자 또는 공급자, 파견자 등이다. 이 중 반드시 동화에 등장해야 할 인물은 주인공, 조력자, 가해자이다. 왜냐하면, 그 밖의 인물들의 역할을 이 3명의 등장인물들이 겸해서 할 수 있기 때문이다.

먼저 동화의 등장인물 중에 가장 중요한 주인공의 역할을 살펴보면, '무엇인가를 찾으려는 목적으로 집에서 나감(출발), 조력자(증여자, 파견자)의 다양한 요구에 반응, 목적을 이룬 후 돌아옴(귀환), 즉위, 결혼' 등이다.

또한 등장인물 중에 조력자는 증여자·파견자·찾았던 인물(공주, 그 아버지) 등을 겸해서 할 수 있으며, 그 역할은 '주인공을 도움, 주인공에게 길을 알려줌, 쉴 공간을 제공함(공간중개), 주인공에게 닥친 불행 또는 결핍요소를 청산함, 적으로부터 쫓기는 주인공을 구해줌(구원), 주인공에게 부여된 어려운 과제를 해결함, 과제해결 또는 구원을 위해 주인공을 변신시킴, 주인공에게 마법도구를 전달함, 주인공을 파견함, 주인공의 징표를 알아봄(인식), 가짜 주인공을 폭로함, 진짜 주인공을 확인시킴, 가짜 주인공에게 벌을 줌(처벌), 주인공과 결혼함' 등이다.

더욱이 가해자는 적수와 가짜주인공을 겸할 수 있으며, 그 역할로는 '주인공을 가해함, 주인공과 싸움, 주인공과 논쟁함, 주인공을 추적함, 주인공처럼 목표를 탐색하기 위해 집을 떠남(출발), 주인공에게 어려운 과제를 부여함, 주인공처럼 다양한 요구에 반응하지만 부정적 결과로 끝남, 주인공과는 달리 무엇인가를 부당하게 요구함' 등이라고 말할 수 있다.

예를 들면, 보몽의 동화『미녀와 야수』에서 주인공은 미녀와 야수이고, 미녀의 아버지는 조력자이며, 미녀의 두 언니는 가짜주인공이자 가해자이다. 이 동화의 마지막 장면에서 미녀가 야수에게 자신의 남편이 되어달라고 청혼하자, 야수는 매우 멋지고 잘생긴 왕자로 변신한다. 성질이 고약한 요정에 의해 야수로 변신했다는 왕자의 설명에서 그 나쁜 요정이 동화에 직접 등장하진 않지만, 주인공에게 가해를 가한 전형적인 가해자이다. 그리고 이 동화 말미에 직접 등장하는 착한 요정은 전형적인 조력자로서 미녀에게 여왕의 지위를 부여한다. 두 사람의 결혼과 행복한 삶으로 이 동화는 끝난다.

또한 아파나세프의 동화「현명한 엘레나 공주」에 등장하는 인물들은 병사, 악마, 악마의 3명의 딸들, 엘레나 공주, 하녀와 보모, 거인 등이다. 이 중에서 병사와 엘레나 공주가 주인공 역할을, 악마와 3명의 딸들은 조력자 역할을, 하녀와 보모 그리고 거인은 가해자 역할을 한다. 결국 병사의 영리함이 엘레나 공주를 감동시켜 둘이 결혼함으로써 이 동화는 끝난다.

제이콥스의 동화『아기 돼지 삼형제』에 등장하는 인물들은 어미 돼지, 아기 돼지 삼형제, 짚단을 메고 가는 남자, 늑대, 금잔화를 한 지게 메고 가는 남자, 벽돌을 마차에 싣고 가는 남자 등이다. 이 가운데 아기 돼지 삼형제의 막내 돼지가 주인공 역할을, 3명의 남자들이 조력자 역할을, 늑대는 전형적인 가해자 역할을 한다. 가해자 늑대가 첫째 아기 돼지와 둘째 아기 돼지를 잡아먹었지만, 막내 돼지에게는 오히려 잡아먹히는 결말로 이 동화가 끝난다.

그림 동화「충성스러운 요한네스」에 등장하는 인물들은 요한네스, 늙은 왕, 젊은 왕, 황금 머리의 공주, 시녀, 금 세공사들, 키잡이, 세 마리 까마귀들, 다른 신하들, 쌍둥이(두 아들들) 등이다. 요한네스는 주인공이자 조력자 역할을, 늙은 왕은 조력자 역할을, 젊은 왕은 주인공 역할을, 공주는 공주(찾았던 인물) 역할을, 시녀·금 세공사들·키잡이·세 마리 까마귀들은 조력자 역할을, 신하들은 적수(가해자)의 역할을, 끝으로 쌍둥이는 조력자의 역할을 행한다.

그림 동화 「백설 공주」에 나오는 등장인물들은 백설 공주, 그녀의 어머니와 아버지, 그녀의 계모인 사악한 왕비, 마법의 거울, 사냥꾼, 일곱 명의 난쟁이들, 왕자, 그의 부하들 등이다. 이 중에서 백설 공주와 왕자는 주인공 역할을, 어머니·사냥꾼·일곱 명의 난쟁이들·부하들 등은 조력자 역할을, 그리고 사악한 왕비와 마법의 거울은 적수이자 가해자 역할을 행한다. 단지 아버지인 왕은 '1년이 지나자 왕은 다른 부인과 결혼했다'는 내용 외에는 더 이상 동화 속 어디에도 등장하지 않는다. 곧, 그는 재혼을 통해서 사악한 왕비를 동화의 줄거리로 끌어들이는 역할을 행한 후, 줄거리 선상에서 사라지는 것이다.

그림 동화 「세 개의 황금머리카락을 지닌 악마」에서 주인공은 행운아이고, 가짜주인공은 악마이며, 조력자로는 방앗간 머슴과 늙은 여자 그리고 악마의 할머니가 등장한다. 파견자 역할을 맡은 등장인물은 부모와 방앗간 부부, 파수꾼과 사공이고, 가해자이자 적수의 역할은 왕이 맡았으며, 공주(찾았던 인물)와 그녀의 아버지 역할은 공주와 왕비 그리고 왕이 행한다. 끝으로 증여자이자 공급자 역할을 도둑들(두목), 악마의 할머니, 파수꾼 등이 맡고 있다.

일반적으로 그림 동화의 제목에 기록된 등장인물의 이름을 통해 그 동화의 주인공이 알려지는 반면에, 이 동화의 제목에서 언급되는 '악마'라는 등장인물은 주인공이 아니다. 악마는 나쁜 존재이다. 그것을 심리학적 동화 이론가 프란츠는 그녀의 『동화에 나타난 그림자와 악惡』에서 '종교적인 시스템으로' 믿음을 통해 '나쁜 악마'로 인격화한 것이라고 주장한다. 그래서 악마는 그림 동화에서 가짜주인공의 역할을 행한다. 악마는 현실세계, 곧 의식세계에 존재하는 인물이 아니라, 오직 초현실세계, 즉 무의식세계에 존재하는 인물이다.

또한 동화 이론가 뤼티도 그의 『유럽의 전래동화』에서 악마를 '마녀', '요정', '요괴' 등과 같이 저승의 인물로 간주한다. 뤼티가 동화에 대한 문체양식 분석 방법으로 '일차원성'에 대해 주장하듯이, 이승존재인 인간과 저승

존재인 악마는 '같은 차원'에서 공존하며, 자연스럽게 교제하는 것이다. 이승존재와 저승존재의 공존과 교제, 그것이 바로 의식의 세계와 무의식의 세계의 통일을 의미한다. 쉽게 말해, 인간의 의식의 세계가 수면 위로 드러난 빙산의 일각이라면, 그 무의식의 세계는 수면 아래의 9분의 8의 세계이다. 따라서 인간은 수면 위의 빙산처럼 9분의 1만을 의식의 상태에서 경험하며, 나머지 9분의 8의 보다 큰 부분을 의식하지 못한 채 살아가는 것이다. 그러므로 동화에서 악마란 '무의식적인 것의 의인화'이며, 동화라는 일차원의 공간에서 의식의 존재인 주인공과 무의식의 존재인 악마가 자연스럽게 공존하는 것이다.

"동화는 인간의 행동견본이다."라는 프란츠의 말처럼, 그림 동화「세 개의 황금머리카락을 지닌 악마」에서 '행운아'가 주인공이다. 행운아는 행운을 타고났기 때문에 항상 그가 하는 행동이 행운의 견본이 되는 존재이다. 또한 전래동화「머리 아홉 달린 도둑」에서는 머리 아홉 달린 괴물이 지하세계에 사는 도둑으로 서술되며, 그의 행동견본은 남의 것을 뺏거나 훔쳐 오는 도둑질을 하는 가해자와 적수로 나타난다. 물론 이 동화의 주인공은 도둑에게 아내를 뺏긴 젊은이이고, 아내의 몸종이 조력자의 역할을 하며, 숲속에서 만나는 낯선 할머니도 조력자의 역할을 하는 것이다. 적수이자 가해자인 머리 아홉 달린 도둑에게 납치당한 아내는 오히려 남편을 배반하고 그 도둑의 부인이 되어 가해하는 역할을 하는 점이 이채롭다.

이와 같이 동화 창작에서 핵심이 되는 작업이 동화 등장인물을 설정하는 일이며, 일곱 명의 등장인물을 다 설정할 것인가 혹은 핵심이 되는 주인공·조력자·가해자를 정할 것인가는 작가의 몫이다.

여기서는 등장인물들의 설정이 두드러지게 잘 묘사된 안데르센의 동화『인어 공주』[7]를 소개한다.

---

7) Hans Christian Andersen, *Märchen*, Bilder von Nikolaus Heidelbach, Aus dem Dänischen von Albrecht Leonhardt, Beltz & Gelberg, 2007 참조.

인어 공주

깊은 바닷속은 아름다운 수레국화의 꽃잎처럼 푸르고, 투명한 유리처럼 맑습니다. 하지만 그곳은 어떤 닻줄도 닿을 수 없고, 바닥에서 물 위까지는 수없이 많은 교회종탑을 포개어 쌓아 놓아야 할 정도로 깊었답니다. 그 깊은 곳에 바다 종족이 살고 있습니다.

그저 흰 모래밭만 있다고 생각해서는 안 된답니다. 그래요, 그곳에는 이상한 나무와 식물들의 줄기와 잎들이 어찌나 유연한지 물살이 조금만 일어도 움직인답니다. 그 사이로 크고 작은 물고기들이 헤엄쳐 다닙니다. 새들이 하늘에서 공기 속을 날아다니는 것처럼 말이에요. 가장 깊은 곳에는 바다 왕의 궁전이 있습니다. 벽은 산호로 되어 있고, 길고 뾰족한 창문들은 가장 맑은 호박으로 되어 있습니다. 또 지붕은 물이 밀려들 때마다 저절로 열렸다 닫혔다 하는 조개껍질들이랍니다.

모든 조개껍질 속에 빛나는 진주들이 놓여 있는 궁전은 참 굉장해 보인답니다. 아주 조그마한 진주 조각이라 하더라도 왕관을 멋지게 장식할 수 있을 것입니다.

바다 왕은 혼자 살고 있답니다. 그의 늙은 어머니가 살림을 돌보고 있었습니다. 그녀는 영리한 부인이었으며, 귀족 신분을 자랑스럽게 여겼습니다.

그녀는 꼬리 위에 열두 개의 굴을 달고 다녔는데, 다른 귀부인들은 여섯 개만 달고 다닐 수 있었답니다. 그것만 빼곤 모든 사람들로부터 존경을 받았지요.

그녀는 나이 어린 바다의 공주들을 몹시 사랑했답니다. 여섯 명의 아름다운 아가씨들인데, 그 중에서도 막내가 가장 예쁘답니다. 피부는 장미꽃잎처럼 깨끗하고 맑았으며, 두 눈은 깊은 바다처럼 파랗답니다. 하지만 다른 형제들처럼 발이 없고 물고기의 꼬리를 가지고 있었습니다.

공주들은 바닷속 궁전에서만 살았습니다. 살아 있는 꽃들이 벽에서 자라는 큰 수문에서 하루 종일 놀았습니다. 커다란 호박창문이 열리면 물고기들이 헤엄쳐 들어온답니다. 우리가 창을 열면 제비가 날아들어 오듯이. 그러나 물고기들이 작은 공주에게로 헤엄쳐 오면 공주들은 먹이를 주기도 하고 물고기를 쓰다듬기도 했습니다.

궁전 바깥에는 불길처럼 붉고 검푸른 나무들이 있는 큰 정원이 있었습니다. 과일들은 황금처럼 빛났고, 꽃들은 타고 있는 불길 같았습니다. 바닥에는 고운 모래가 깔려 있었는데, 그 모래는 유황의 불길 같은 푸른색을 띠고 있었습니다.

바닷속 공주들은 바람이 잠들면 해님을 보러 나온답니다. 공주들에게는 해님이 자줏빛 꽃처럼 보인답니다. 꽃받침이 모든 것을 뿜어내는 그런 꽃, 말이에요.

공주들은 정원 안에 자기만의 구역을 갖고 있었습니다. 거기서는 자기가 하고 싶은 대로 땅을 파고 식물을 가꿀 수가 있었습니다. 어떤 공주는 고래 모양으로 만들었고, 다른 공주는 인어 모양의 꽃밭을 만들었지요. 그러나 막내 공주는 꽃밭을 해님처럼 둥글게 만들고, 붉게 빛나는 꽃들을 심었습니다.

막내는 조용하고 신중하며 특별한 공주였지요. 다른 언니 공주들이 난파한 배에서 주워 온 진기한 물건들로 치장을 해도 그녀는 저기 위의 해님과 닮고, 장미꽃처럼 붉은 꽃들과 오직 아름다운 대리석 조각만을 가지려 했습니다. 그것은 흰색의 맑은 돌로 조각된 아름다운 소년상이었습니다. 배가 침몰하면서 바다 밑바닥으로 내려온 것이랍니다. 막내 공주는 조각상 옆에 장밋빛처럼 붉은 수양버들을 심었습니다. 수양버들은 근사하게 자라 푸른 모랫바닥을 향해 싱싱한 가지를 뻗었습니다. 조각의 그림자가 바이올렛 빛으로 모래바닥에 비치고 수양버들의 가지들이 흔들흔들 움직이면, 마치 수양버들의 꼭대기와 뿌리가 서로 입을 맞추기라도 할 것처럼 보였습니다.

공주는 저 위쪽 인간 세계의 이야기를 아주 좋아했습니다. 할머니는 배와 도시, 인간과 동물 등에 대해 그녀가 알고 있는 모든 것을 재미있게 이야기해 주었습니다. 공주는 그 중에서 꽃들이 향기를 낸다는 사실을 이상하게 생각했답니다. 바닷속 꽃들은 그렇지가 않았기 때문입니다. 또 숲들이 초록색이라는 것과 나무들 사이에서 고기들이 큰 소리로 근사하게 노래를 부르는 것 등이 정말 신기했답니다. 할머니가 나무들 사이의 고기라고 부른 것은 작은 새들을 말하는 것이랍니다. 공주들은 한 번도 새들을 본 적이 없습니다. 그래서 그렇게 이야기해 주지 않으면 이해하지 못한답니다.

"너희들이 열다섯 살이 되면 허락을 얻어 바다 위로 나가서 달빛이 비치는 바위 위에 앉아 지나가는 큰 배들을 볼 수 있단다. 그러면 숲들과 도시들도 볼 수가 있지."라고 할머니가 말했습니다. 큰언니 공주가 제일 먼저 열다섯 살이 되었습니다. 공주들은 꼭 한 살씩 터울이었습니다. 그러나 막내 공주가 인간 세상을 보려면 아직도 5년이나 남았습니다. 공주들은 자기가 본 것을, 그리고 첫날 가장 아름답다고 생각한 것을 다른 공주들에게 이야기해 주기로 약속했습니다. 할머니가 충분히 이야기해 주지 않았기 때문입니다.

하지만 그 어떤 공주도 막내 공주만큼 동경으로 가득 차 있지는 않았습니다. 조용하고 사려 깊은 막내 공주는 가장 바다 위로 올라가고 싶었지만 가장 오래 기다려야 했습니다.

그녀는 항상 창가에 서서, 물고기들이 지느러미와 꼬리를 움직이며 이리저리 첨벙거리는 바닷물을 통해 저 위를 올려다보곤 했습니다. 그러면 아주 희미하게 비쳤지만 달과 별을 볼 수 있었습니다. 그러다가 검은 구름 같은 무엇인가가 그 아래를 스쳐 지나가면 고래이거나 아니면 많은 사람을 태운 배일 거라 생각했답니다. 그 배에 탄 사람들은 바닷속에서 작고 아름다운 인어 공주가 하얀 손을 내밀고 있으리라곤 정말이지 생각지도 못했을 겁니다.

마침내 가장 큰언니 공주가 열다섯 살이 되어 바다 위로 올라가도 좋다는 허락을 받았습니다.

큰언니는 돌아와서 많은 이야기를 해 주었는데 달빛을 받으며 고요한 바닷가의 모래 언덕에 앉아 있는 것이 가장 아름다웠다고 말했습니다. 또 그곳에 앉아 수백 개의 별 같은 불빛들이 반짝반짝 하는 큰 도시를 바라보는 것, 음악과 마차와 사람들의 소리를 듣는 것, 많은 교회 종탑을 바라보면서 종소리를 들었던 것은 잊지 못할 거라고 했습니다.

오! 막내 공주는 얼마나 열심히 귀를 기울였는지요. 그럴수록 막내 공주는 그곳에 가 볼 수 없는 것이 안타까웠습니다. 그 모든 것을 정말 그리워했답니다. 늦은 저녁 창가에 서서 검푸른 물결을 통해 위를 올려다보면서 떠들썩하게 소리가 울리는 큰 도시를 상상했답니다. 그러면서 교회 종소리가 바다 밑까지 울려온다고 믿었습니다.

그다음 해에는 둘째 공주가 허락을 얻어 바다 위로 올라갔습니다. 마침 해가 지고 있을 때였지요. 해가 지는 하늘은 정말 아름다웠습니다. 온 하늘이 황금처럼 보였지요. 그리고 그 구름들! 그래요, 그 아름다운 모습은 도저히 그려 낼 수 없었답니다. 구름은 붉은색과 바이올렛 빛을 띠고서 그녀의 머리 위로 노를 저어 갔습니다. 그리고 길고 하얀 면사포처럼 한 떼의 들오리들이 해가 떠 있는 물 위를 향해 구름보다 훨씬 더 빠르게 날아갔습니다.

그녀는 해를 향해 헤엄쳐 갔습니다. 그러나 해는 곧 가라앉고 바다 표면과 구름 위의 장밋빛 홍조도 사라지고 말았습니다.

그다음 해에는 셋째 공주가 올라갔습니다. 그녀는 자매들 중에서 가장 호기심이 많았답니다. 그래서 바다로 흘러드는 넓은 강을 따라 헤엄쳐 올라갔습니다.

그녀는 포도 넝쿨이 우거진 찬란한 초록 언덕과 찬란한 숲들 사이로 성을 보았습니다. 또한 공주는 새들이 아름답게 노래하는 것도 들었습니다. 그리고 햇볕이 어찌나 따뜻하게 비치는지 뜨거워진 얼굴을 식히기 위해 물 속으로 들락날락해야만 했지요. 바닷가에서는 어린 아이들이 발가벗은 채 첨벙첨벙 물장구를 치며 뛰놀고 있었습니다. 공주는 그 아이들과 함께 놀고 싶었지만 아이들은 놀라서 도망가 버렸습니다. 그때 작고 검은 동물이 다가왔습니다. 개였어요. 어찌나 심하게 짖어대는지 공주는 무서워서 얼른 바닷속으로 들어오고 말았습니다. 그러나 공주는 결코 그 찬란한 숲들과 초록의 언덕을, 그리고 물고기 꼬리가 없이도 물속에서 헤엄을 치던 그 귀여운 아이들은 잊을 수가 없었습니다.

넷째 공주는 그리 호기심이 많지 않았습니다. 그녀는 바다 한가운데에 머물러 있었지요. 그리고 그곳이 가장 아름다웠다고 이야기했습니다. 멀리 수평선을 바라볼 수 있고, 그 위로 하늘이 유리로 만든 종처럼 펼쳐져 있다고 했습니다. 또 배들도 보았지요. 멀리서 지나가는 배들은 갈매기처럼 보였답니다. 돌고래들은 즐겁게 재주를 넘고, 큰 고래들은 콧구멍으로 물을 뿜었습니다. 마치 수백 개의 분수가 쏟아져 나오는 것처럼 보였습니다.

이제 다섯째 언니의 차례가 왔답니다. 마침 그 공주의 생일은 겨울이었습니다. 그 때문에 다른 공주들이 못 본 것을 볼 수 있었답니다. 바다는 완전히 초록색처럼 보였습니다. 큰 빙산들이 떠다니고 있었는데, 빙산들은 마치 진주처럼 보였습니다. 사람들이 지은 교회 종탑보다 컸으며 아주 근사한 모양을 하고 다이아몬드처럼 반짝이고 있었습니다. 공주는 가장 큰 빙산 위에 앉았습니다. 그러나 저녁때가 되자 하늘은 온통 검은 구름으로 뒤덮였답니다. 번개가 치고 천둥이 울렸습니다. 파도가 몹시 일어 커다란 빙산 조각들이 붉은 번개 불빛 속에서 둥실둥실 떠다니는 것처럼 보였습니다. 배들도 돛을 걷어 올렸습니다.

모든 것이 무섭게 보였지만 공주는 떠다니는 빙산 위에 조용히 앉아 푸른 번개불빛이 지그재그를 그리며 바다로 내려오는 것을 바라보고 있었습니다.

공주들은 너나없이 바다 위로 올라갔다 오기만 하면 그들이 본 새롭고 아름다운 것을 자랑하면서 황홀한 표정을 지었답니다. 하지만 이제는 마음대로 바다 위에 갈 수 있었기 때문에 새로운 것에 대해 곧 무관심해졌습니다. 그리고는 바닷속 우리 집이 제일 좋다고 말하는 것이었습니다.

저녁이 되면 다섯 공주는, 서로 손을 잡고 열을 지어 물 위로 오른답니다.

인어 공주는 그 어떤 인간보다 아름다운 목소리를 가지고 있지요. 폭풍우가 올 때면 그들은 배 가까이 다가가 아름다운 목소리로 노래를 부르지요. 폭풍이 몰아친다는 것을 선원들에게 알려 주기 위해서였습니다. 그러나 선원들은 인어 공주들의 말을 알아들을 수 없답니다. 오히려 인어 공주들의 노래를 들으면 폭풍을 피할 수 없다고 생각했답니다. 그리고 아쉽게도 선원들은 바닷속의 장관을 보지 못했습니다. 배가 침몰하면 모두 죽은 시체로 궁전에 오니까요.

언니들이 물을 헤치고 높이 올라가고 나면 막내 공주는 혼자 남아 언니들의 뒤를 바라본답니다. 그럴 때마다 울고 싶었습니다. 하지만 인어 공주에게는 눈물이 없었습니다.

"아, 나도 빨리 열다섯 살이 되었으면!"라고 막내 공주는 말했습니다.

"그러면 정말 저 위 세상과 그곳에 사는 사람들을 사랑하게 될 텐데."

시간이 흘러 마침내 막내 공주는 열다섯 살이 되었답니다.

"자, 봐라. 너도 이제 다 자랐다."라고 할머니는 말했습니다. "이리 와라. 다른 언니들처럼 너도 치장을 해야지."

그리고 할머니는 흰 백합 화환을 만들어 막내 공주의 머리에 씌워 주었습니다. 그 화환의 꽃잎 하나하나는 진주였답니다. 할머니는 또 여덟 개의 큰 굴을 공주의 긴 옷자락에 달아 주었습니다.

"아파요!"라고 막내 인어 공주는 말했습니다.

"그렇지만 아름다움을 위해서는 참아야 한단다."라고 할머니가 말했죠.

오, 공주는 차라리 이 온갖 치장들을 떨쳐 버리고 무거운 화환도 벗어 버리고 싶었답니다. 정원에 핀 붉은 꽃들이 훨씬 더 어울릴 거예요. 하지만 할머니가 시키는 대로 해야만 한답니다. "잘 있어요!"라고 막내 공주는 말했고, 꿈에 그리던 바깥세상으로 올라갔습니다.

공주가 바다 위에 닿았을 때 막 해가 지고 있었습니다. 노을빛에 물든 구름들이 장미꽃처럼 붉게 반짝였습니다. 그리고 저녁 별들이 밝고 아름답게 빛나고, 공기는 신선했으며, 바다는 아주 평온했답니다.

바다 위에는 세 개의 돛대를 가진 큰 배가 떠 있었습니다. 돛 한 개만이 감아올려져 있었습니다. 바다는 바람 한 점 없이 잔잔했습니다. 활대 위에는 선원들이 앉아 있었습니다. 배에서는 노래가 흘러나오고, 수백 개의 화려한 등불이 켜 있었습니다. 그 등불들은 마치 온 나라의 국기들이 공중에서 펄럭이고 있는 것 같았답니다. 인어 공주는 선실의 창문까지 헤엄쳐 갔습니다. 공주는 일렁이는 물살을 타고서 거울처럼 반짝이는 유리창을 통해 그 안을 들여다볼 수 있었습니다. 많은 사람들이 있었으며, 크고 검은 두 눈을 가진 젊은 왕자도 있었답니다. 왕자는 그 사람들 중에서 가장 아름다웠지요. 왕자는 틀림없이 열여섯 살 이상은 되지 않았을 거예요. 오늘은 바로 왕자의 생일날이랍니다. 그래서 배안이 화려한 것이었습니다.

선원들은 갑판 위에서 춤을 추고 있었고, 공중에서는 불꽃놀이가 한창이었습니다. 불꽃은 바다를 대낮처럼 환하게 비추었답니다. 인어 공주는 깜짝 놀라 물속으로 몸을 숨겼습니다.

그러나 곧 다시 고개를 내밀었습니다. 그때 하늘의 별들이 자신을 향해 떨어지는 것 같았습니다. 인어 공주는 지금까지 한 번도 불꽃놀이를 본 적이 없었습니다. 이리저리 번쩍이며 튀는 불꽃은 화려한 불꽃 물고기들이 되어 푸른 공중으로 날아올랐습니다. 그리고 맑고 조용한 바다를 비추고 있었지요. 왕자는 너무나 아름다웠습니다. 화려한 음악이 울려 퍼지는 가운데 왕자는 사람들과 악수를 하며 미소를 짓고 있었습니다. 밤이 깊어갔습니다.

그러나 인어 공주는 아름다운 왕자에게서 눈을 뗄 수가 없었습니다. 화려한 등불은 모두 꺼지고 불꽃도 더 이상 공중으로 날아오르지 않았습니다. 대포 소리도 멎었습니다. 하지만 인어 공주는 가만히 배를 바라다보고 있었답니다. 돛이 활짝 펼쳐지면서 배는 속도를 내기 시작했습니다. 그때 점점 파도가 높아지더니 큰 구름이 몰려오기 시작했습니다. 멀리서 번개도 쳤습니다. 곧 폭풍이 올 것 같았습니다. 선원들은 재빨리 돛을 접어 올리기 시작했습니다. 파도 때문에 그 큰 배가 거친 바다 위를 마치 날아가듯이 항해하면서 이리저리 그네를 탔습니다. 파도는 배를 휘감으려는 듯이 크고 검은 산처럼 솟아올랐습니다. 배는 백조처럼 높은 파도 사이에 가라앉았다가 다시 치솟으면서 심하게 흔들렸습니다. 인어 공주는 그 모습이 참 재미있었습니다. 하지만 선원들은 그렇지가 않답니다. 탁탁 소리를 내며 선체가 툭툭 부러지기 시작했지요. 두꺼운 배의 선판이 강한 충격에 휘어지면서 물이 배

안으로 쏟아져 들어왔습니다. 순간 돛대의 한가운데가 딱 부러져 버렸습니다. 그러자 배는 한쪽으로 기울어지기 시작했습니다. 인어 공주는 사람들이 위험에 처한 것을 보고 어쩔 줄 몰랐답니다. 하지만 인어 공주도 부서진 배의 조각들을 주의하지 않으면 안 되었습니다. 사방은 칠흑처럼 어두워서 아무것도 볼 수가 없었지요. 그때 다시 한 번 번개가 번쩍 쳤습니다. 다시 주위가 밝아졌습니다. 선원들은 침몰하려는 배를 지키려고 안간힘을 쓰고 있었습니다. 인어 공주는 왕자를 찾아 두리번거렸습니다. 하지만 왕자를 본 순간 배는 두 동강이 나서 깊은 바닷속으로 가라앉고 말았답니다. 인어 공주는 몹시 기뻤습니다. 왕자가 바닷속으로 들어올 테니까요. 하지만 곧 인간은 물속에서는 살 수 없다는 생각이 떠올랐습니다. 그러면 왕자는 죽게 될 것입니다. 그러나 왕자는 절대 죽어서는 안 된답니다. 인어 공주는 어지럽게 널려 있는 배의 조각들을 헤치고 왕자에게로 헤엄쳐 갔습니다. 잘못하면 자신이 다칠 위험이 있다는 것도 잊은 채 말이지요. 인어 공주는 바닷속 깊이 잠수했다가 다시 파도를 뚫고 왕자에게 헤엄쳐 갔습니다. 왕자는 폭풍우 속에서 정신을 잃고 있었습니다. 아름다운 두 눈은 감겨 있었습니다. 인어 공주가 아니었다면 왕자는 틀림없이 죽고 말았을 것입니다.

다음 날 아침, 바다는 다시 평온해졌답니다. 배의 흔적은 자취도 없었습니다. 해님이 반짝이며 붉게 떠올랐습니다. 왕자의 두 뺨은 햇빛을 받아 발그레해졌습니다. 하지만 두 눈은 그대로 감긴 채였습니다. 인어 공주는 왕자의 아름다운 이마에 입을 맞추었습니다. 그리고는 젖은 머리칼을 뒤로 쓸어 넘겼습니다. 왕자는 바닷속의 작은 정원에 서 있는 조각상처럼 보였습니다. 인어 공주는 다시 왕자에게 입맞추면서 살아나기를 기도했습니다.

그때 그녀는 육지를 보았습니다. 백조처럼 하얀 눈이 꼭대기에서 반짝이는 높고 푸른 산도 있고, 아래쪽 해변에는 근사한 초록 숲이 보였습니다. 그 앞에는 교회나 수도원 같은 집이 있었습니다. 정원에는 레몬 나무와 오렌지 나무가 자라고 있고 문 앞에는 키 큰 종려나무들이 서 있었습니다. 바닷가에는 희고 고운 모래밭이 펼쳐져 있었습니다. 인어 공주는 왕자를 안고 모래밭으로 헤엄쳐 왔습니다. 그리고는 따뜻한 햇볕 속에 왕자를 눕혔습니다.

그때 종소리가 울리고 정원을 가로질러 젊은 처녀들이 달려왔습니다. 인어 공주는 얼른 바위 뒤로 숨었습니다. 그리고는 누가 저 불쌍한 왕자에게 다가오는지 살펴보았습니다.

오래지 않아 한 젊은 처녀가 왕자를 발견했답니다. 그녀는 몹시 놀라는 것 같았습니다. 처녀는 곧 사람들을 데리고 왔습니다. 인어 공주는, 정신을 차린 왕자가 둘러서 있는 모든 사람들에게 미소 짓는 것을 보았습니다. 하지만 인어 공주에게는 미소 짓지 않았답니다. 왕자는 인어 공주가 자기를 구한 것을 까맣게 모르고 있었습니다. 인어 공주는 몹시 슬펐습니다. 왕자는 아무것도 모른 채 사람들에 둘러싸여 교회로 들어갔답니다. 인어 공주는 슬픈 마음으로 바닷속 궁전으로 올 수밖에 없었습니다.

막내 공주는 항상 조용하고 생각이 깊었답니다. 그런데 바깥 세상에 다녀온 뒤로는 더욱 말이 없어졌습니다. 언니들은 맨 처음 본 것이 무엇이냐고 물었지만 막내는 아무 얘기도 하지 않았습니다.

인어 공주는 매일 밤 왕자가 누워 있던 곳으로 올라가 보았답니다. 하지만 한 번도 왕자를 볼 수 없었습니다. 어느새 높은 산을 덮고 있던 눈이 녹아 있었습니다. 하지만 인어 공주는 항상 슬픈 마음으로 되돌아오곤 했습니다. 인어 공주는 이제 꽃을 가꾸지도 않았답니다. 꽃과 풀들은 날이 갈수록 시들어서 정원은 그만 황폐해져 버렸습니다.

마침내 막내는, 한 언니에게 모든 이야기를 털어놓았고 차차 다른 언니들도 모두 알게 되었습니다. 그런데 한 언니가 그 왕자가 누구인지 알고 있었답니다. 언니도 배에서 잔치를 하고 있는 왕자를 보았던 거예요.

"이리 와, 동생아."라고 다른 공주들은 막내를 이끌고 왕자의 궁전이 있는 곳으로 솟아올랐습니다.

궁전은 반짝이는 노란색 돌로 지어져 있었습니다. 큰 대리석 계단이 있었는데, 그 계단의 한 끝이 바다로 이어져 있었습니다. 지붕에는 황금을 입힌 둥근 탑들이 솟아 있었는데 마치 살아 있는 것 같았답니다. 투명한 유리창을 통해 화려한 궁전 안을 들여다볼 수 있었습니다. 궁전에는 값비싼 휘장과 벽걸이들, 그리고 벽에는 큰 그림들로 장식되어 있었답니다. 가운데에는 커다란 분수가 있었는데 뿜어져 나온 물줄기가 천장을 덮은 둥근 유리창에까지 솟아올랐습니다.

인어 공주는 매일 왕자의 궁전을 찾아갔답니다. 언니들보다 훨씬 더 가까이 육지로 헤엄쳐 갔습니다. 바다 위에 긴 그림자를 던지고 있는 그 화려한 대리석

발코니 아래까지 가 보았답니다. 그리고 이곳에 앉아 왕자를 바라보았습니다.

왕자는 혼자 밝은 달빛 속에 앉아 있었습니다. 인어 공주는 또 왕자가 음악을 들으며 보트를 타는 것도 보았답니다. 녹색 갈대를 통해 살짝 엿보았습니다. 그러나 바람에 그녀의 은백색 긴 머리카락이 날리면 왕자는 그것이 날개를 퍼덕이는 백조라고 믿었답니다.

인어 공주는 파도 속에서 이리저리 떠다니는 왕자를 자신이 구했다는 사실이 기뻤답니다. 그리고 왕자가 평화로운 모습으로 자신의 품에 누워 있었던 모습을 잊을 수가 없었습니다. 인어 공주는 그때 왕자의 모습에 넋을 잃고 입 맞추었지요. 하지만 왕자는 꿈속에서조차도 그것을 모른답니다.

인어 공주는 사람이 되고 싶었습니다. 바닷속보다 훨씬 더 넓은, 사람들의 세계에서 살고 싶었답니다. 사람들은 배를 타고 바다 위를 마음대로 다닐 수 있고 높은 구름 위로 날아오를 수도 있지요. 그리고 세상은, 숲과 들판을 끼고 그녀가 바라볼 수 있는 곳보다 훨씬 넓게 뻗어 있었습니다.

인어 공주는 세상의 모든 것을 알고 싶었답니다. 그러나 언니들은 그 모든 것에 대해 아무런 대답도 해 줄 수 없었으며, 할머니만이 바다 위의 세상을 알고 있었습니다.

"만약 사람들이 빠져 죽지 않으면 영원히 살 수 있나요? 바닷속의 우리와는 달리 죽지 않나요?"라고 인어 공주는 물었습니다.

할머니는 말했습니다.

"그들도 죽어야만 한단다. 오히려 우리보다 훨씬 짧은 삶을 산단다. 우리는 300년까지 살 수 있으니까. 하지만 우리는 죽으면 물 위의 거품으로 변한단다. 사람들처럼 영혼이 없으니까. 무덤도 갖지 못하지. 다시 생명을 얻을 수 없단다. 우리는 초록색 갈대와 같단다. 한번 꺾이고 나면 다시는 녹색으로 살아나지 못하는 갈대 말이야. 하지만 사람들은 죽어서 흙이 된 후에도 영원히 사는 영혼을 갖고 있단다. 영혼은 맑은 공기를 뚫고 솟아올라서 반짝이는 별에게로 가지. 우리가 물 위로 떠올라 인간의 나라를 보는 것처럼, 인간들은 우리가 알지 못하는 곳으로 올라간단다."

"우리는 왜 영혼을 얻지 못하나요? 단 하루만이라도 인간이 되어 하늘나라에 갈 수 있다면 저는 기꺼이 제 목숨과 바꾸겠어요."

"그런 생각을 하면 안 된단다! 우리는 인간들보다 훨씬 더 행복하게 지내고 있단다."

"제가 죽으면 바다 위의 거품으로 떠다니겠지요? 파도의 음악 소리도 듣지 못하고, 아름다운 꽃들도 보지 못하고, 붉은 해도 보지 못하겠지요? 영혼을 얻기 위해서 제가 할 수 있는 일은 아무것도 없나요?"

"없단다. 하지만 인간이 너를 사랑하게 된다면, 만약 그 인간이 사랑하는 마음으로 너와 결혼하게 된다면, 그의 영혼이 네 몸속에 흘러들어와 인간의 축복을 함께 받을 수 있단다. 서로의 영혼을 간직하게 되는 거란다. 하지만 그런 일은 결코 일어날 수 없어. 우리는 인간이 아니니까. 사람들은 네 물고기 꼬리를 이상하게 생각한단다. 그들은 우리와는 달리 다리라고 부르는 것을 갖고 있지."

인어 공주는 슬픈 얼굴로 꼬리를 바라보았습니다.

"자, 이제 재미있는 시간을 가지자꾸나. 우리는 300년 동안이나 살 수 있지 않니? 그건 정말 좋은 시간이란다. 인간들은 무덤에서 살지만 말이야. 오늘 저녁에 궁중 무도회를 열자."라고 할머니가 말했습니다.

바닷속의 무도회는 사람들이 결코 상상할 수도 없는 화려한 축제였답니다. 무도회장의 벽과 천장은 투명한 유리로 되어 있고, 장미처럼 붉거나 초록색인 조개껍질들이 사방에서 열을 지어 서 있습니다. 이 조개껍질들이 내는 푸른 불꽃은 무도회장을 아름답게 밝히고 있답니다. 수없이 많은 크고 작은 물고기들이 유리벽을 향해 헤엄치고 있었습니다. 물고기들의 비늘은 자줏빛과 붉은색으로 반짝였고, 또 어떤 물고기들의 비늘은 금과 은처럼 반짝였습니다. 무도회장을 가로질러 넓은 시내가 흐르고 있었는데, 이곳에서 남자 인어들과 여자 인어들이 사랑스러운 노래에 맞춰 춤을 추었습니다. 아마 인간들은 그처럼 아름다운 목소리를 갖지 못할 거예요. 그 중에서도 막내 인어 공주가 가장 아름답게 노래를 불렀답니다. 그래요, 막내 인어 공주는 이 세상 그 누구도 가지고 있지 않은 가장 아름다운 목소리를 가지고 있답니다. 하지만 그녀는 왕자를 잊을 수가 없었습니다. 왕자처럼 영혼을 가질 수 없다는 사실을 결코 잊을 수가 없었답니다. 인어 공주는 아무도 몰래 궁전을 빠져 나왔습니다. 그리고는 슬픈 마음으로 작은 정원에 앉아 있었습니다. 그때 뱃고동 소리가 들려왔습니다.

"틀림없이 왕자가 탄 배일 거야. 그는 지금 무엇을 생각하고 있을까? 그래, 나는 꼭 왕자를 얻을 거야. 그리고 영혼을 얻기 위해서라면 무엇이든지 다할 거야.

그래, 마녀에게로 가야지. 어쩌면 마녀가 도와줄지도 몰라."

인어 공주는 정원을 빠져나와 거칠게 날뛰는 소용돌이 속으로 갔습니다. 바로 그곳에 마녀가 살고 있었답니다. 한 번도 가 본 적이 없는 길이었지요. 꽃은커녕 해초도 나 있지 않은 곳이었습니다. 헐벗은 회색 모랫바닥만이 뻗어 있었습니다. 마녀의 집에 가기 위해서는 부글부글 끓어오르는 진창을 지나야만 했답니다. 마녀의 집은 그 너머 이상한 숲의 한가운데에 있었습니다. 모든 나무와 덤불은 두족류로 이루어져 있었답니다. 그것들은 마치 흙에서 솟아나 자라는 수백 개의 머리가 달린 뱀같이 보였습니다. 모든 가지는 마음대로 휘어질 수 있는 긴 팔 같았습니다. 또 몸통이 따로따로 움직이기도 하고, 한번 붙잡은 것은 단단하게 껴안아 다시는 놓아 주지 않았습니다. 인어 공주는 너무도 무서워서 그 앞에 멈추고 말았답니다. 가슴에서는 소리가 났습니다. 차라리 돌아가려고도 했지만 인어 공주는 순간 왕자를 떠올렸습니다. 그리고 인간의 영혼을 생각했습니다.

인어 공주는 다시 용기를 냈습니다. 팔랑거리는 긴 머리카락을 단단하게 묶었습니다. 두족류들이 손대지 못하도록 하기 위해서였습니다. 그리고 두 손을 가슴 위에 모아 얹고 유연한 가지를 내뻗는 무서운 두족류 사이를 물고기가 헤엄치듯이 날아갔답니다. 두족류의 덤불 속에 빠진 인간들의 하얀 해골이 보였습니다. 또 두족류들이 목 졸라 죽인 여자 인어도 있었습니다. 인어 공주에게는 지금까지 본 것 중 가장 무시무시한 광경이었습니다.

이윽고 아주 큰 늪지로 나왔습니다. 크고 살진 물뱀이 이리저리 뒹굴면서 못생긴 연노랑 색 배를 드러내고 있었습니다. 이 늪지의 한가운데에 난파당한 인간들의 백골로 지어진 집이 있었습니다. 그것이 바로 마녀가 살고 있는 집이었습니다.

"네가 뭘 하려는지 난 이미 알고 있단다."라고 마녀가 말했습니다. "그건 어리석은 짓이야, 아름다운 작은 공주님. 그래도 넌 네 물고기 꼬리를 없애고 그 대신 인간들처럼 걸어 다닐 수 있는 두 개의 다리를 갖고 싶어 하지? 그 젊은 왕자와 불멸의 영혼을 얻을 수 있기 위해서 말이야."

마녀는 오싹 소름이 돋을 정도로 기분 나쁘게 웃었습니다.

"때맞춰 잘 왔다. 내일 해가 떠오르면, 다시 1년이 지날 때까지 너를 도울 수가 없으니까 말이야. 잘 듣는 물약을 만들어 줄 테니 그걸 가지고 해가 떠오르기 전에 육지로 나가야만 한다. 그곳에서 물약을 마셔라. 그러면 네 꼬리가 떨어져 나갈 것이다. 인간들이 가지고 있는 다리가 되는 것이지. 날카로운 칼날이 네 몸을 뚫고 들어가듯이 몹시 아프겠지만, 사람들이 네 모습을 보면 세상에서 가장 아름다운 소녀라고 할 게 틀림없어. 하지만 네가 걸으면 걸을수록 날카로운 칼 위를 걷는 것처럼 아플 거야. 이 모든 것을 참겠다면 너를 도와주마."

"네!"라고 인어 공주는, 왕자와의 불멸의 영혼을 생각하면서 떨리는 음성으로 말했습니다.

"그렇지만, 잘 생각해 봐."라고 마녀는 말했습니다.

"인간의 몸을 얻으면 다시는 인어가 될 수 없어. 다시는 네 언니들이나 아버지가 살고 있는 왕궁으로 내려올 수 없어. 그리고 왕자가 진정으로 너를 사랑하지 않는다면, 어떤 영혼도 얻을 수가 없고 결국 네 심장은 쪼개지고, 곧 물 위의 거품으로 변하게 돼."

"그렇게 하겠어요."

인어 공주는 말했습니다. 하지만 몹시 떨고 있었습니다.

"그리고 내 요구도 들어주어야만 해."

마녀는 말했습니다.

"너는 이곳에서 가장 아름다운 목소리를 가지고 있지. 그 목소리로 왕자를 홀릴 수 있다고 생각하겠지? 하지만 그 목소리를 내게 주어야 해. 그것으로 물약을 만들어야 하니까."

"하지만 당신이 내 목소리를 얻으면 나는 뭘 얻게 되나요?"

"아름다운 모습이란다. 경쾌한 걸음걸이, 말하는 듯한 두 눈, 그것으로도 너는 충분히 인간의 마음을 유혹할 수 있어. 아직도 그럴 용기가 있니? 네 작은 혀를 내밀어 봐, 그걸 잘라야 하니까."

"그렇게 하세요."

마녀는 마법의 물약을 끓이기 위해 솥을 불 위로 얹었습니다. 그리고는 자기 가슴을 칼로 그어 검은 피를 방울방울 솥에 떨어뜨렸답니다. 그러자 김이 솟아올랐습니다. 마녀는 계속해서 솥 안에 알 수 없는 것들을 집어넣었습니다.

마침내 물약이 완성되었답니다. 다 된 약은 아주 맑은 물 같았습니다.

"자 이제, 네 혀를 다오."

마녀는 인어 공주의 혀를 싹둑 잘랐습니다.

이제 인어 공주는 벙어리가 되었답니다. 노래를 부를 수도, 말을 할 수도 없게 되었습니다.

"네가 숲을 빠져나갈 때 두족류들이 너를 잡으려고 하면 이 물약을 한 방울만 떨어뜨려라. 그러면 두족류들의 팔다리가 산산조각이 날 것이다."

그러나 인어 공주는 그렇게 할 필요가 없답니다. 두족류들이 물약을 보자마자 놀라서 움츠러들었거든요. 인어 공주는 소용돌이 속을 쉽게 빠져나올 수 있었습니다.

인어 공주는 왕궁에 닿았습니다. 무도회장의 불빛은 꺼져 있었지요. 틀림없이 모두 잠이 들었겠지요. 하지만 인어 공주는 그들을 만날 수 없었습니다. 이제 영원히 떠나려 하고 있었으니까요. 인어 공주는 아버지와 형제들 생각에 몹시 슬펐답니다. 그래서 살그머니 정원으로 들어가 언니들의 꽃밭에서 꽃 한 송이씩을 꺾었지요. 그리고는 궁전을 한참이나 바라보았습니다.

인어 공주는 푸른 바다로 나왔습니다. 아직 해는 떠오르지 않았으며, 달빛이 바다를 조용히 비추었습니다. 인어 공주는 잠시 생각에 잠겨 있다가 굳은 결심을 하고는 물약을 마셨습니다. 마치 잘 드는 칼이 연약한 몸을 뚫고 지나가는 것 같았지요. 그만 정신을 잃고 쓰러지고 말았습니다.

해가 바다 위로 높이 떠올랐을 때에야 인어 공주는 깨어났답니다. 살을 에는 듯한 통증이 느껴졌습니다. 그런데 바로 그녀 앞에 아름다운 왕자가 서 있는 게 아니겠어요? 왕자는 검은 두 눈으로 인어 공주를 보고 있었답니다. 인어 공주는 말없이 고개를 숙였지요. 인어 공주는 꼬리가 있던 자리에 작고 하얀 두 다리가 있는 것을 보았습니다. 완전히 발가벗은 채 말이지요. 인어 공주는 부끄러워 얼른 긴 머리카락으로 몸을 감쌌습니다.

왕자는 그녀가 누구인지, 어떻게 이곳에 왔는지를 물었답니다. 인어 공주는 부드러운 눈빛으로 왕자를 바라보았지요. 하지만 혀를 잘린 인어 공주는 아무 대답도 할 수 없었습니다. 왕자는 곧 인어 공주를 궁전으로 데리고 갔습니다. 걸을 때마다 마녀의 말처럼 날카로운 칼 위를 걷는 것 같았지만 인어 공주는 잘 참았답니다. 왕자의 손에 이끌려 마치 비눗방울처럼 가볍게 걸어갔습니다. 왕자는 우아하고 경쾌한 인어 공주의 걸음걸이에 감탄을 했답니다.

인어 공주는 비단옷을 입게 되었으며 궁전 안에서 가장 아름다운 처녀가 되었지요. 그러나 그녀는 벙어리였답니다. 노래를 부를 수도 말을 할 수도 없었지요.

인어 공주를 환영하는 무도회가 열렸습니다. 비단과 황금으로 치장한 시녀들이 나와 노래를 불렀습니다. 왕자는 박수를 치면서 시녀들에게 미소를 보냈지요. 하지만 인어 공주는 슬펐답니다.

'아, 왕자님의 곁에 있기 위해서 내 아름다운 목소리를 버렸다는 사실을 알아주기만 한다면!'

시녀들은 음악에 맞추어 춤을 추었습니다. 인어 공주도 춤을 추었답니다. 발끝으로 마룻바닥 위에 서서 그 누구도 출 수 없는 아름다운 춤을 추었지요. 아름다운 춤은 시녀들의 노래보다 더 깊이 가슴으로 말하고 있었습니다.

왕자는 인어 공주의 모습에 넋을 빼앗겼답니다. 하지만 인어 공주는 발이 바닥에 닿을 때마다 날카로운 칼 위를 걷는 것처럼 고통스러웠지요. 그럴수록 인어 공주는 더 열심히 춤을 추었습니다.

왕자는, 인어 공주와 함께 말을 타기 위해 승마복도 만들어 주었답니다. 인어 공주는 왕자와 함께 작은 새들이 나무들 사이를 날아다니며 노래하는 초록색 숲을 말을 타고 달렸습니다. 또 높은 산에도 올라갔습니다. 그럴 때마다, 연약한 발에서 피가 흘렀지만 인어 공주는 오히려 즐겁게 웃곤 했답니다.

인어 공주는 사람들이 모두 잠든 밤이면 넓은 대리석 계단을 내려와 차가운 바닷물 속에 발을 담갔습니다. 그러면 불에 타는 듯한 발이 시원해졌습니다. 인어 공주는 저 아래쪽 깊은 곳에 있는 언니들을 생각했습니다.

어느 날 밤이었습니다. 인어 공주는 여느 때처럼 뜨겁게 달아오른 다리를 물에 담그고 있는데 익숙한 노랫소리가 들려왔습니다. 언니들이었습니다. 인어 공주는 언니들에게 손짓을 했지요. 언니들은 그녀가 얼마나 그들 모두의 마음을 아프게 했는지를 이야기했습니다.

그 뒤로 언니들은 매일 밤 그녀를 찾아왔습니다. 한 번은, 여러 해 동안 바다 위로 올라오지 않았던 늙은 할머니와, 아버지도 왔답니다. 그들은 멀리서 인어 공주를 향해 손을 뻗으며 불렀지만 육지 가까이 접근하지는 못했습니다.

왕자는 인어 공주를 몹시 사랑했답니다. 하지만 왕비로 맞을 생각은 아직 하지 않았지요. 인어 공주는 꼭 왕자와 결혼을 해야만 했습니다. 그렇지 않으면 영혼도 얻지 못하고 바다의 거품이 되어야만 했으니까요.

'왕자님, 나를 가장 사랑할 순 없나요?'

왕자가 인어 공주의 이마에 입 맞출 때면 그녀의 두 눈은 이렇게 묻는 것 같았습니다.

"그래, 넌 내게 가장 사랑스런 사람이란다. 너는 가장 아름다운 마음을 가지고 있어. 그리고 내가 언젠가 한 번 보았던 소녀와 꼭 닮았어. 그때 나는 배를 타고 있었는데, 그 배가 난파당해 파도에 휩쓸려 바닷가로 밀려나왔지. 그리고 어떤 아름다운 처녀가 내 생명을 구해 주었어. 그래, 나는 아직도 그녀를 잊을 수가 없어. 그런데 너는 꼭 그녀를 닮았어. 아마도 행운의 신이 너를 내게 보낸 모양이야. 우리 결코 헤어지지 말자."

'아, 내가 바로 그 소녀예요, 왕자님!'

인어 공주는 그렇게 말하고 싶었지만 아무런 말도 나오지 않았습니다.

하지만 왕자가 말하는 그 소녀는 왕자를 교회로 옮겼던 소녀였답니다.

'그래, 나는 바위 뒤에 숨어서 그 소녀를 보았어. 왕자님을 교회로 옮긴 그 아름다운 처녀를 말이야.'

인어 공주는 깊이 한숨을 내쉬었습니다.

'그래, 그 처녀는 성스러운 사원에 소속되어 있다고 했지. 그녀는 결코 이 세상에 나와 살지 않을 거고 왕자님과는 더 이상 만나지 못할 거야. 하지만 나는 이렇게 왕자님 곁에서 지켜보고 있어. 내가 왕자님을 돌볼 거야. 왕자님을 위해 내 생명을 바치겠어.'

그런데 인어 공주의 귀에, 왕자가 이웃 나라의 공주와 결혼한다는 소문이 들려왔습니다. 인어 공주는 미소를 지으며 고개를 저었습니다. 자신이 왕자의 마음속을 그 누구보다도 잘 알고 있다고 생각했었으니까요.

"나는 떠나야 해!"

왕자는 그렇게 말했습니다.

"부모님이 결혼하기를 원하신단다. 하지만 난 그녀를 사랑할 수 없어. 그녀는 너를 닮은 사원의 그 아름다운 처녀와 닮지 않았을 거야. 만약 마음대로 신부를 택할 수만 있다면 너를 택할 거야."

왕자는 인어 공주의 붉은 입술에 입 맞추었답니다.

"넌 바다를 무서워하지는 않겠지?"

이웃 나라로 가기 위해 화려한 배에 오른 왕자가 물었습니다. 왕자는 인어 공주에게 폭풍우와, 바람이 잔잔한 바다와, 바다 깊은 곳의 이상한 물고기들에 대해 이야기를 해 주었습니다. 인어 공주는 왕자의 이야기를 들으며 잠자코 미소만 지었습니다. 바닷속에서 일어나는 일은 누구보다도 잘 알고 있으니까요.

모두 잠든 밤이었습니다. 인어 공주는 배의 난간에 앉아 맑은 물속을 내려다보았습니다. 바닷속 궁전이 보이는 것 같았습니다. 그래요, 머리에 은관을 쓴 할머니가 인어 공주가 타고 있는 배를 올려다보고 있었습니다. 그리고 언니들이 물 위로 떠올랐답니다. 언니들은 하얀 손을 내밀며 슬픈 눈으로 인어 공주를 바라보았습니다. 인어 공주는 언니들에게 손을 흔들며 자기가 얼마나 행복하게 지내고 있는지 얘기하려고 했지요. 그때 선원이 갑판으로 나왔습니다. 그러자 언니들은 곧 물속으로 들어가 버렸답니다.

다음 날 아침, 배는 이웃 나라의 화려한 도시에 닿았습니다. 배가 닿자 모든 교회의 종이 울렸습니다. 깃발이 나부끼고, 번쩍이는 칼을 찬 군인들이 열을 지어 서 있고, 높은 탑에서는 나팔 소리가 울리며 왕자를 맞이했습니다. 매일 무도회가 열렸습니다. 하지만 주인공인 공주는 보이지 않았습니다. 그 공주는 멀리 떨어진 성스러운 사원에서 왕비가 지녀야 할 미덕을 배우고 있다고 했습니다. 이윽고 이웃 나라 공주가 돌아왔습니다.

그래요, 인어 공주는 아름다운 공주를 보았지요. 공주는 정말 아름다웠습니다. 길고 검은 속눈썹과 검푸른 눈으로 미소를 짓는 그녀의 모습은 어느 누구도 비교할 수 없을 만한 아름다움이었지요.

"바로 당신이었군요! 바닷가에서 나를 구해 준 사람이."라고 왕자는 말했습니다. 그러면서 왕자님은 얼굴을 붉히고 서 있는 신부를 끌어안았습니다.

"오, 난 너무 행복해!"

왕자는 인어 공주에게도 자신의 기쁨을 감추지 않았습니다.

"내 소원이 이루어졌어. 너도 내 행복을 기뻐해 주겠지? 너는 그 누구보다도 나와 생각이 같으니까 말이야."

인어 공주는 왕자의 손에 입을 맞추었지요. 하지만 몹시 슬펐답니다. 이제 왕자가 공주와 결혼을 하면 자신은 바다 위의 거품으로 변하고 말 것이기 때문입니다.

교회의 종이 울리고, 전령들이 이리저리 거리를 돌아다니며 결혼을 알렸답니다. 도시는 온통 축제에 휩싸였지요. 그리고 신랑 신부는 서로 손을 내밀어 주교님의 축복을 받았습니다. 하지만 인어 공주는 아무것도 듣거나 보려 하지 않았습니다.

이제 곧 하얀 거품이 될 자신의 모습을, 죽음의 밤을 생각하고 있었습니다.

그날 저녁 신랑 신부는 뱃전으로 나갔습니다. 대포가 울려 퍼지고 온갖 깃발이 나부꼈습니다. 배의 한가운데에는 황금빛과 자줏빛으로 치장된 방이 만들어졌습니다.

바람을 받으며 돛이 부풀어 오르자 배는 가볍게 맑은 바다 위를 미끄러져 나갔습니다.

사람들은 화려한 오색 등불을 밝히고 갑판 위에서 즐겁게 춤을 추었답니다. 인어 공주는 바다 위에서 맨 처음 보았던 화려하고 즐거운 광경을 생각했습니다. 인어 공주도 함께 춤을 추었습니다. 제비가 뱅뱅 돌듯이 춤을 추었지요. 모두가 감탄하면서 인어 공주에게 환호를 보냈습니다. 인어 공주도 그토록 아름답게 춤을 추어 본 적이 없었습니다. 날카로운 칼날이 그녀의 연약한 두 다리를 베는 것 같았지만 느끼지 못했답니다. 그래요, 인어 공주는 두 다리보다 마음이 훨씬 더 아팠답니다. 그녀는 오늘이 왕자와 함께 있을 수 있는 마지막 밤이라는 것을 알고 있었습니다. 가족과 고향을 버리고 아름다운 목소리까지 마녀에게 바치면서까지 고통을 참아야 했던 것은 오직 왕자님 때문이었습니다. 그래요, 왕자님과 함께 숨 쉬는 것도, 깊은 바다와 별이 빛나는 하늘을 보는 것도 오늘이 마지막이랍니다. 영혼을 가질 수 없는 그녀를 기다리고 있는 것은 이제 생각도 없고 꿈도 없는 영원한 밤일뿐입니다. 배 위에서의 즐겁고 명랑한 축제는 자정이 넘도록 계속되었습니다. 인어 공주는 가슴속에 죽음에 대한 생각을 안고서 춤을 추었답니다.

왕자님은 아름다운 신부에게 입 맞추었지요. 그리고는 신부를 안고 화려한 방으로 들어갔습니다.

배 위는 다시 조용하고 평화로워졌답니다. 인어 공주는 흰 팔을 난간에 얹고 아침노을이 떠오르는 동쪽을 바라보았습니다.

그때, 언니들이 물 위로 떠올랐어요. 언니들도 인어 공주처럼 슬픈 모습이었답니다. 그런데 웬일일까요? 언니들의 길고 아름다운 머릿결은 더 이상 바람에 나부끼지 않았습니다.

"우린 해 뜨기 전에 널 살리려고 달려왔단다. 모두 머리카락을 잘라 마녀에게 주었단다. 그 대신 칼을 얻어 왔어. 여기 있다. 해가 떠오르기 전에 왕자의 가슴에 꽂아라. 왕자의 따뜻한 피가 네 발을 적시게 되면 네 꼬리가 다시 자라난단다.

서둘러! 해가 떠오르기 전에 왕자를 죽여. 아니면 네가 죽어야 해! 할머니도 몹시 슬퍼하시면서 우리와 함께 그 흰 머리카락을 잘라 마녀에게 주었단다. 왕자를 죽이고 돌아오렴. 서둘러! 하늘의 저 붉은 띠가 안 보이니? 금방 해가 솟을 거야. 그러면 넌 죽어야만 해!"

언니들은 깊은 한숨을 내 쉬고는 파도 속으로 들어갔습니다.

인어 공주는 자줏빛으로 빛나는 방 안을 들여다보았습니다. 왕자의 가슴에 머리를 묻고 자고 있는 아름다운 공주가 보였습니다. 인어 공주는 허리를 굽혀 공주의 아름다운 이마에 입 맞추었습니다. 그리고는 아침노을이 점점 밝아오는 하늘과 날카로운 칼을 번갈아 보았습니다. 왕자는 꿈속에서 신부의 이름을 부르고 있었답니다. 공주는 칼을 쥔 손을 부르르 떨었습니다. 마침내 인어 공주는 그 칼을 멀리 바닷속으로 던져 버리고 말았습니다. 그리고는 슬픈 눈으로 왕자를 한 번 더 바라보았습니다. 인어 공주는 바다에 몸을 던졌습니다.

바다 위로 해가 떠오르며 모든 것을 붉게 물들였습니다. 부드러운 햇살이 죽음처럼 차가운 바다를 비추었습니다. 인어 공주는 죽음 같은 것은 느끼지 못했습니다. 그녀는 밝은 해를 볼 수 있었습니다. 해 위에는 수백 개의 투명한 형상들이 떠다니고 있었답니다. 인어 공주는 그 형상들을 통해서 배의 흰 돛과 하늘의 붉은 구름을 볼 수 있었습니다. 그 형상들의 목소리는 멜로디였는데 아무도 들을 수가 없었답니다. 볼 수도 없었습니다. 인어 공주는 바다에서 점점 높이 솟아오르며, 그 형상들과 같은 몸이 되었습니다.

"난 어디로 가는 건가요?"

인어 공주가 물었습니다.

"공기의 딸들에게로 가는 거란다."

다른 형체들이 대답했습니다.

"인어는 영혼이 없어. 그래서 인간의 사랑을 얻지 못하면 그것을 가질 수 없단다. 공기의 딸들도 영혼은 갖고 있지 않단다. 그러나 그들은, 착한 일을 하면서 스스로 영혼을 만들 수가 있지. 우리는 지금 따뜻한 나라로 날아가는 중이란다. 공기를 통해 꽃의 향기를 퍼뜨리기 위해서 말이야. 300년 동안 착하게 살려고 노력한다면 우리는 영혼을 얻을 수 있단다. 가련한 인어 공주야, 너는 온 마음을 다해 영혼을 얻으려고 했었지. 수많은 고통을 겪으면서 말이야. 그 고통이 너를 공기의 정령들의 세계로 끌어올렸단다. 이제 너는 착하게 살아가면 300년 후에는 불멸의 영혼을 얻을 수 있단다."

인어 공주는 하얀 두 팔을 해님을 향해 뻗었답니다. 그리고 처음으로 눈물을 흘렸습니다.

배 위에서는 왕자가 아름다운 신부와 함께 자기를 찾고 있었습니다. 그들은 슬픈 모습으로 진주 빛 바다 거품을 바라보고 있었습니다. 마치 인어 공주가 바닷속에 뛰어든 것을 알고 있기나 한 것처럼 말이에요.

인어 공주는 아무도 모르게 신부의 이마에 입 맞추고 왕자에게 미소를 보냈지요. 그리고는 다른 공기의 요정들과 함께 장밋빛 구름 속으로 올라갔습니다.

"300년이 지나지 않아도 우린 그곳에 갈 수 있단다. 우리는 지금 어린 아이가 있는 집을 찾아가는 중이야. 부모님을 기쁘게 해 드리고 부모님의 사랑을 많이 받는 착한 아이를 찾아내면 신은 우리의 시험 기간을 단축해 주신단다. 그러면 300년 중에 1년이 줄어들지. 하지만 나쁜 아이를 보게 되면 우리는 슬픔의 눈물을 흘려야 하고 시험 기간이 하루씩 늘어나게 되지!" 어느 공기의 요정이 속삭였습니다.

왕자를 너무나 사랑하기에 자신의 목숨을 버리면서까지 물거품으로 승화된 사랑의 결말이 일반적인 동화가 추구하는 해피엔딩과는 거리가 먼 것처럼 보일지라도, 권선징악의 전형적인 교훈적 결말을 추구했다고 할 수 있다. 바다에 사는 인어 공주를 주인공으로, 육지에 사는 왕자를 그녀의 파트너로 선택하여 애틋한 사랑이야기로 안데르센은 그의 동화를 동시대 어린이들에게 제공함으로써 그가 창작동화의 아버지로 불리게 되는 영광을 얻게 된 것이다. 비록 동화를 통해 제시한 이루지 못한 사랑이야기가 현실의 그의 사랑체험이라고 할지라도, 세상 어린이에게 꿈과 희망을 준 사랑의 메시지는 영원히 작품 속에서 살아 숨 쉬는 것이다.

2.4.5. 줄거리 구성

등장인물에 대한 설정이 끝나면, 어떤 줄거리로 동화를 쓸 것인가를 구상해야 한다. 소설 창작 방법에서 플롯의 진행이 '발단 - 전개 - 위기 - 클라이맥스(절정) - 대단원'의 다섯 단계로 이루어지고, 드라마 창작 방법에서 플롯의 단계가 프라이타크의 오부五部 삼동기설三動機說 법칙에 따라 '발단 - 상승 - 정점 - 하강 - 대단원'의 다섯 부분과, '자극적 동기 - 비극적 동기 - 긴장의 동기'의 세 가지 모멘트로 이루어지는 반면에, 동화 창작 방법에서 줄거리의 구성은 '서두문(출발 상황) - 가해(결핍 상황) - 구원(해소 상황) - 종결문[행복한(불행한) 결말]'의 네 가지 단계로 이루어진다. 혹자는 이것을 '기起 - 승承 - 전轉 - 결結'이라고 말할 수도 있다. 이부영은 이것을 '제시부 - 전개부 - 절정 - 해소부'로 표현한다. 아무튼 동화 줄거리 구성은 네 가지 단계로 이루어지며, 그 명칭을 필자는 '서두문(출발 상황) - 가해(결핍 상황) - 구원(해소 상황) - 종결문[행복한(불행한) 결말]'로 표현한 것이다.

1) 동화의 서두문 - 출발 상황

동화의 서두문은 출발 상황을 묘사한다. 여기서 동화 주인공과 가족, 그가 처한 환경 등이 소개된다. 예를 들면 그림 동화 「라푼첼」의 서두문은 다음과 같이 시작된다.

> 옛날 오랫동안 아이를 원했지만 아이가 없던 한 부부가 살고 있었어요. 드디어 아내에게 희망이 생겼어요. 하느님이 부부의 소원을 들어 주어 아내가 아이를 가졌어요. 부부가 사는 집 뒤채에는 조그만 창이 하나 있었어요. 창문 너머로는 세상에서 가장 아름다운 꽃과 식물들이 무성하게 우거진 멋진 정원이 보였어요.

동화 줄거리 구성의 서두문(출발 단계)에서 미래의 동화 주인공인 아이와 부모가 소개되고 그들이 처한 환경과 행동이 알려진다.

이와 같이 전래동화의 서두문은 대개 "옛날에 어떤 이가 살았습니다.", 또는 "옛날에 어떤 이가 있었습니다." 등으로 시작된다. 할머니와 할아버지가 들려주던 옛날이야기의 서두문이 그대로 전래동화로 전해진 것이다. 예를 들면, 그림 동화 「가시장미공주(잠자는 숲속의 공주)」의 서두문은 "옛날에 왕과 왕비가 있었습니다."로 시작되고, 한국 전래동화 「밭에서 얻은 보물 항아리」의 서두문은 "옛날 어느 마을에 가난한 농부 하나가 살았습니다."로 시작되며, 덴마크 동화 「농부와 보물항아리」의 서두문은 "옛날에 산 밑 외딴집에 사는 가난한 농부가 있었습니다."로 시작되고, 아프리카 동화 「사냥꾼과 두 마리의 커다란 뱀」의 서두문은 "옛날에 한 사냥꾼이 살고 있었어요."로 시작된다.

창작동화의 서두문은 원칙적으로 전래동화의 서두문과 다르게 시작된다. 그래서 대부분의 창작동화는 작가의 의도에 따라 다양한 서두문으로 시작된다. 예를 들면, 노발리스의 창작동화 「클링스오르 동화」는 "이제 막 밤이 시작되었다."로 시작되고, 헤세의 창작동화 「아이리스」는 "어린 시절, 봄이 되면 안젤름은 푸른 정원을 뛰어다녔다."로 시작되며, 황석영의 창작동화 『모랫말 아이들』은 "멀리 비행장에서 시동을 거는 프로펠러 소리로 모랫말의 겨울아침은 시작된다."로 시작되고, 로알드 달(1916~1990)의 『찰리와 초콜릿 공장』은 "나이가 지긋한 이 두 노인은 버켓 씨의 부모님이다."로 시작된다.

물론 창작동화라고 할지라도, 전래동화의 서두문으로 시작하지 말라는 법은 없다. 그래서 페처의 창작동화 『양과 일곱 마리 새끼늑대』의 서두문은 "옛날에 행복하고 즐거운 늑대가족이 있었습니다."로 시작되고, 강정연의 창작동화 『재미나면 안 잡아먹지』의 서두문은 "옛날, 그러니까 호랑이가 담배 피우던 시절에 있었던 이야기야."로 시작되며, 안데르센의 창작동화 「못된 아이」의 서두문은 "옛날 옛적에 아주 마음씨 착한 늙은 시인이 살고 있었다."로 시작되고, 헤세의 창작동화 「꿈의 여행」의 서두문은 "옛날에, 통속작

가라는 전혀 존경스럽지 않은 직업을 가진, 그러나 어쨌든 문학가라는 극소수의 집단에 속한 사람이 있었어요.”로 시작된다. 이러한 창작동화를 전래동화풍의 창작동화라고 말할 수 있다.

한편, 그림 동화 「세 개의 황금머리카락을 지닌 악마」의 서두문에서는 가난한 여인의 아들이 행운의 복을 갖고 태어나서, 열네 살이 되면 부유한 공주와 결혼하게 될 거라는 예언이 소개되고 있다. 예언은 동화의 중심 모티브이다. 예언은 동화의 규정된 줄거리의 성취를 위해, 특히 동화의 서두문에서 언급된다. 예를 들면, 그림 동화 「가시장미공주(잠자는 숲속의 공주)」의 서두문에서 아이가 없어 애태우던 왕비에게 1년 후 아이를 낳게 될 거라는 개구리의 예언에 따라, 여주인공 가시장미공주(잠자는 숲속의 공주)의 탄생과 축복, 저주와 구원의 규정된 줄거리가 진행되는 것이다. 마찬가지로, 그림 동화 「세 개의 황금머리카락을 지닌 악마」의 서두문에서도 예언을 말하는 주체는 결여되었지만, 14세 때 공주와 결혼할 거라는 예언에 따라, 동화 주인공 행운아는 결국 공주와 결혼하며, 동화의 정해진 줄거리를 성취하는 것이다. 이 예언이야말로 '집단적인 무의식'에 잠재되었던 인간의 원초적인 희망의 표출이다. 바로 19세기 초 가난한 집에 태어나서 어쩔 수 없이 가난을 대물림할 수밖에 없었던 다수의 민중에게 희망을 선사하고 싶은 그림형제의 격언적 외침이 그들의 동화 문학 속에 용해된 것이라고 말할 수 있다.

전래동화든 창작동화든, 동화의 서두문에서 동화의 '출발 상황'이 묘사되는데, 여기서 가족구성원들이 소개되거나, 미래의 주인공에 대한 소개 및 주인공의 처지가 묘사된다. 그래서 그림 동화 『일곱 마리 까마귀들』의 서두문에서 일곱 명의 아들을 가진 부부와 미래의 여주인공의 처지가 동화의 출발 상황으로서 묘사되고, 강정연의 창작동화 『바빠가족』의 서두문에서는 '유능한씨'의 네 식구에 대한 소개와 바쁜 처지가 출발 상황으로서 묘사되며, 안데르센 동화 「엄지공주」의 서두문에서는 아이를 몹시 갖고 싶어 하는 부인과 요정 그리고 동화 주인공 엄지공주에 대한 소개로 출발 상황이 묘사되고, 이영서의 창작동화 『책과 노니는 집』의 서두문에서는 동화 주인공

'장'이와 아버지에 대한 소개와 가난한 처지가 출발 상황으로 묘사되는 것이다.

2) 가해 - 결핍 상황

동화 줄거리 구성의 두 번째 단계인 가해(결핍 상황)란 서두문에서 평화롭게 진행되던 동화 줄거리가 주인공이 억압되거나 갈등을 일으키거나 결핍 상황이 생기거나 다른 문제가 생기면서 독자들에게 긴장감을 유발시키는 단계이다. 프로프는 등장인물들의 31가지 기능들 중에서 8번째 가해加害 혹은 결핍缺乏의 기능을 가장 중요시한다. 왜냐하면 동화의 줄거리가 비로소 가해 혹은 결핍 상황으로부터 전개되기 때문이다. 이 전개 부분에서 시작되는 줄거리는 19번째 기능인 결핍의 청산, 해소解消를 걸쳐, 마침내 31번째 기능 결혼과 즉위로 끝을 맺는다. 따라서 31가지 등장인물들의 기능들 중 언급한 세 가지 기능들, 곧 '가해 또는 결핍 - 결핍의 청산 또는 해소 - 결혼 또는 즉위'가 핵심이며, 대부분의 동화들은 필연적으로 이 세 가지 기능들에 의해 진행된다고 할 수 있다.

하우프의 창작동화「황새가 된 임금」에서는 젊은 임금 '카시드'와 신하가 황새의 말을 듣고 싶어서 황새로 변하여 얘기를 듣지만, '웃지 말라'는 마법사의 말을 지키지 못해 황새에서 인간으로 돌아오지 못하는 가해(결핍 상황)를 초래한다. 하지만 올빼미로 변한 공주를 구해 주고, 동쪽을 향해 잊어버린 주문을 외우자 다시 임금으로 돌아오는 해소 상황을 맛보며, 결국 올빼미에서 공주로 변신한 '루자'와 결혼하여 행복한 결말을 맛본다.

또한 그림 동화「하얀 장미와 빨간 장미」에서는 욕심쟁이 난쟁이에 의해 왕자가 곰으로 변신되는 가해(결핍 상황)가 발생하고, 결국 난쟁이를 죽이고 나서야 곰에서 인간으로 돌아오는 해소 상황이 나타나며, 곁에서 도와준 하얀 장미와 결혼하는 해피엔딩을 맛보는 것이다.

더욱이 그림형제의「가시장미공주(잠자는 숲속의 공주)」동화에서 가해의 장면은 초대받지 못한 13번째 요정에 의한 '공주는 15세 때 한 물렛가락에 찔려야만 하고 죽어야만 한다'는 죽음의 저주를 통해 서술된다.

동화의 서두문(출발 상황)에서 공주의 탄생과 축하잔치가 평화롭게 진행되던 동화 줄거리가 주인공에게 갑자기 닥친 죽음의 저주에 의해 가해(결핍 상황) 부분이 전개됨으로써 독자들은 긴장감을 갖게 되며, 숨을 죽이면서 누가 구해 주지 않을까 하는 기대심리를 갖게 된다. 그래서 그림형제는 아직 축복의 말이 남아 있던 12번째 요정을 등장시켜 "그러나 죽음이 아니라, 오히려 공주가 빠져들어 갈 100년 동안의 깊은 잠이다."라고 말함으로써 죽음의 저주를 100년 동안의 잠으로 바꿔 놓는다. 그림형제는 12번째 요정을 통해 100년 동안의 깊은 잠이라는 동화적, 초현실적 모티브로 이야기를 이끎으로써 이어질 구원(해소 상황) - 종결문(행복한 결말) 단계로 자연스럽게 넘어가게 한다. 화려하고 즐거운 축제 속에서 갑자기 나타난 13번째 요정의 등장은 가해(결핍 상황)의 극적인 발단을 의미하며, 독자로 하여금 감정의 격앙을 불러일으킨다. 심지어 죽음의 저주를 내뱉는 순간에 독자들은 마음을 졸이면서 누가 도와주지 않을까 하는 기대 심리에 젖게 되며, 그 기대에 부합되게 축하의 메시지가 남아 있던 12번째 요정이 들어와서 죽음의 저주를 100년의 깊은 잠으로 바꿔 놓는다. 이 장면이 극적인 효과를 불러일으키기에 충분한 동화의 모티브이며, 행복한 결말을 추구하는 유럽 동화의 목적에도 일치하는 매우 의미 있는 장면인 것이다.

무엇보다도 가해(결핍 상황)를 실현시키는 동화의 소도구는 물렛가락이며, 이러한 물렛가락은 동화의 독특한 현세의 하사품에 속한다. 동화 문학에서 이러한 하사품은 모험적인 줄거리 상황에 알맞게 단지 한 번 사용되며, 주인공의 일상생활에서 늘 가까이 볼 수 있는 것이 아니라, 오히려 격리되어 머문다. 더욱이 「가시장미공주(잠자는 숲속의 공주)」에서 왕은 그의 딸이 물렛가락에 찔리지 않게 하기 위하여 모든 물렛가락들을 불태우라고 명령함으로써, 오히려 공주는 격리되어 있는 동화의 소도구에 호기심을 갖게 되며, 15세 때 생전 처음 보는 신기한 물렛가락에 찔리게 되는 것이다. 즉, 가시장미공주(잠자는 숲속의 공주)가 15살의 생일날 혼자 성에 남아 있었을 때, "동화의 주인공은 본질적으로 한 방랑자이다."라는 뤼티의 말처럼, 그렇게 여기저기를 방랑하며, 마침내 성의 높은 탑에 있는 작은 방으로 들어간다. 그곳에는 실을 잣고 있는 노파가 있었고, 즐겁게 이리저리 뛰어 돌아다니는 물렛가락에 유혹된 공주는 직접 방적하고 싶어서 노파의 물렛가락에 손을 대었으며, 곧 손가락이 찔려 깊은 마법의 잠에 빠진다. 물렛가락에 찔려 100년 동안의 깊은 잠에 빠질 것이라는 경감된 가해(결핍 상황)가 실현되었음을 알 수 있다. 더욱이 공주가 깊은 잠에 빠지자, 모든 성안에 있는 사람들과 짐승들, 심지어 무생물들까지도 마법의 잠에 빠지며, 성을 빙 둘러싸고 가시나무덤불이 자라나서 그 성 전체를 덮는다. "동화는 소규모로 하나의 우주이다."라는 뤼티의 주장처럼, 인간과 동물과 식물 그리고 사물의 삼라만상이 어우러진 동화의 세계가 여기에서 묘사되며, 가시나무덤불에 의해 격리된 동화의 나라가 신비롭게 성 밖의 세계와 구별되어 서술되는 것이다. 따라서 100년 동안 공주를 구출하기 위해 그 성으로 접근하는 많은 왕자들은 가시나무덤불에 걸려 처참한 죽음을 맛보며, 100년이란 세월이 흐르자 가시나무덤불은 아름다운 장미로 변해 한 왕자를 맞이하여 무사히 통과시킨다. 가시와 장미의 양면적 이미지가 동화의 규정된 줄거리에 따라 100년이란 가해(결핍 상황)의 시간 후에 성취되며, 죽음의 저주가 마법의 잠으로 경감된 후 다시금, 행복한 결말을 추구하는 동화의 독특한 특성에 따라 깊은 잠에서 깨어나는 구원(해소 상황)의 기쁨의 단계로 진행되는 것이다.

3) 구원 – 해소 상황

동화 줄거리 구성의 구원(해소 상황) 단계는 절정의 단계를 의미한다. 즉 가해 또는 결핍된 동화 주인공이 조력자의 도움으로 구원되는 기쁨을 맛보게 됨으로써 독자들에게 안도의 한숨과 행복한 결말에 대한 기대를 갖게 하는 부분이다.

예를 들어, 그림 동화 「가시장미공주(잠자는 숲속의 공주)」에서 가해(결핍 상황)로부터의 구원(해소 상황)은 100년이란 세월의 흐름을 직접적으로 느낄 수 없는 시간의 경과에 대한 의미가 희석된 가운데 한 왕자에 의해 실현된다. 100년이란 시간이 지나간 뒤에 잠자고 있는 가시장미공주를 깨우러 온 그 왕자가 행운아로서 동화 주인공과 조력자의 역할을 하는 것이지, 그 전에 온 무수한 왕자들은 가시나무에 찔려 비참한 죽음을 맛본다. 더욱이 왕자가 사랑의 키스로 아름다운 잠자는 공주를 깨움으로써 독자들로 하여금 감탄을 자아내게 하며, 저절로 가해 상황에서 가졌던 긴장상태가 해소되는 마음의 정화를 느끼게 된다. 즉, 100년이란 저주의 시간 후에 도달하는 구원의 순간이 가해(결핍 상황)에서 전개되어 온 긴장감이 최고점에 도달하여 아름다운 절정을 이룬다.

대부분의 동화 줄거리는 출발 상황에서 시작하여 결핍 상황을 거쳐 해소 상황에 이르는데, 여기서 실제로 동화 줄거리가 끝난다고 할 수 있으며, 나머지 단계인 종결문에서는 단순히 동화 줄거리를 끝내는 형식을 취하는 게 일반적이다. 그래서 동화의 일반적인 도식 '출발 - 억압 - 구원 - 행복'에 알맞게 동화 줄거리 구성도 '서두문(출발 상황) - 가해(결핍 상황) - 구원(해소 상황) - 종결문[행복한(불행한) 결말]'으로 진행되며, 「가시장미공주(잠자는 숲속의 공주)」에서는 동화의 아름다운 파국을 맞이하는 행복한 결말을 한 왕자의 사랑에 의해 성취되게 하는 것이다. 마치 만물이 소생하는 봄에 꽁꽁 얼어붙은 겨울의 기나긴 겨울잠에서 깨어나는 자연의 섭리처럼, 경직된 가시나무덤불들이 커다랗고 아름다운 꽃들로 변화되며, 사랑의 첫 키스에 의해 가시나무공주(잠자는 숲속의 공주)는 죽음의 잠에서 부활하는 것이다.

아무튼 100년 동안의 잠에서 깨어난 공주의 모습은 시간과 공간을 초월한 죽음의 잠과 부활의 구원이라는 양면성이 확증된 두 주인공의 사랑 속에서 하나로 통일되는 것을 의미한다. 이것이 작가가 이 동화에서 표현하고 싶은 주제이며, 극적인 묘사를 통해 독자에게 강하게 각인되는 것이다. 이제 사랑의 표시인 키스에 의한 구원이 마침내 공주와 왕자의 성대한 결혼식으로 결실을 맺으며, 그들은 만족하게 그들의 생애를 보낸다. 동화 이론가 뤼티가 "결혼은 단지 모험적인 줄거리선상의 끝나는 점이다."라고 말한 것처럼, 가시장미공주와 왕자의 결혼은 단지 이 이야기의 끝맺음을 위한 행복한 결말 이외에 아무것도 아니다. 즉 결혼과 함께 이 동화는 끝나는 것이다.

그렇게 그림 동화「사랑하는 롤란트」에서도 계모인 마녀에게 죽임을 당할 뻔한 여주인공이 사랑하는 애인 롤란트와 도망을 치고, 쫓아오는 계모의 추적을 '호수'와 '오리', '바이올린 켜는 악사'와 '들장미'로 변해 벗어난 후 '빨간 벽돌'로 변신해서 롤란트를 기다리며, 사랑하는 롤란트가 돌아오지 않자 여주인공은 '예쁜 꽃'으로 변신하여 양치기에게 인도되고, 마침내 롤란트가 다른 여자와 결혼식을 올리는 순간 축하 노래를 불러서 롤란트를 깜짝 놀라게 해서 자기를 인식하게 하고는 결국 결혼식 날에 신부가 뒤바뀌며, 사랑하는 롤란트와 여주인공이 결혼하는 해피엔딩을 맛보는 것이다.

한편, 불행한 결말을 유도하는 해소 상황도 있다. 특히 20세기 표현주의 작가들에게 허위의 행복한 결말이 더 이상 문학의 표현 대상이 아니었듯이, 불행한 결말로 끝나는 동화도 현대 동화에서는 자연스러운 일이다. 예를 들어, 카프카의『변신』의 결말을 보면, 주인공 그레고르가 변신된 벌레의 모습에서 인간으로 돌아오지 못한 채, 아버지가 던진 사과에 의해 죽음으로써 끝난다. 다시 말해, 아버지가 벌레로 변한 주인공을 그의 방으로 집어넣기 위해서 던졌던 '등에 박힌 사과'에 의해 그레고르는 점점 쇠약해졌고, 마침내 죽게 된다. 따라서 그레고르에게 치명상을 입힌 사과는 죽음의 사과로서 주인공의 비극적인 종말을 야기하며, 이러한 치명적인 사과를 주인공에게 던진 아버지는 가해자로서 동화 줄거리의 성취를 위해 그의 역할을 충실히 수행하는 것이다. 일반적인 동화에서 주인공이 어려운 상황에서 조력자에 의해 구원되는 반면에, 카프카 동화에서는 주인공이 가해자에 의해 구원의 실패를 맛보는 것이다. 동화 이론가 뤼티의 "동화는 자신 안에 반동화를 함유한다."는 주장처럼, 이미 많은 동화적 특징을 함유하고 있는『변신』은 주인공의 비극적 죽음을 통해 반동화로 간주된다.

호프만스탈의 창작동화 『황금사과』와 『672번째 밤의 동화』에서도 마찬가지로 동화 주인공의 죽음으로 동화 줄거리가 끝남으로써 반동화의 결말로 구원의 실패를 가져왔다고 할 수 있다. 이런 의미에서 반동화란 비극적 동화이며, 『변신』의 주인공 그레고르, 『황금사과』의 주인공 양탄자 상인 그리고 『672번째 밤의 동화』의 주인공 상인의 아들의 비극적인 죽음은 반동화적인 것이라고 말할 수 있다.

특히 카프카의 『변신』에서 변신된 전통적인 동화의 주인공이 주어진 과제를 해결한 후, 다시 자기 본연의 모습으로 돌아오는 반면에, 벌레로 변신된 주인공 그레고르는 결국 변신을 극복하지 못한 채 죽는다. 이러한 짐승으로 변신한 인간에 대한 구원의 실패가 또한 반동화의 특징이며, 바로 불행한 결말을 야기하는 해소 상황이라고 말할 수 있다.

이와 같이 동화 줄거리 구성의 세 번째 단계에서는 구원(해소 상황)으로 절정에 도달할 경우는 종결문에서 행복한 결말이 이어지는 반면에, 구원의 실패(해소 상황)로 절정에 도달한 경우에는 불행한 결말로 끝나는 것이 일반적이라고 할 수 있다. 그래서 동화를 창작할 때 작가는 행복한 결말로 종결문을 완성할 것인지 아니면 불행한 결말로 끝낼 것인지를 미리 염두에 두고 구원과 실패의 양면적 해소 상황의 줄거리를 각각 다르게 서술해야 한다.

4) 종결문 - 행복한 결말 - 불행한 결말

① 행복한 결말

동화 구성의 마지막 단계가 행복이듯이, 대부분의 동화는 행복한 결말로 동화 종결문을 완성한다. 이 행복 단계에서 독자들은 행복동화의 결말처럼 행복을 만끽할 수 있어야 한다. 다시 말해 동화 줄거리 구성의 마지막 단계인 행복한 결말에서 독자들은 모든 긴장과 초조를 해소하고 행복한 카타르시스를 맛보게 되는 것이다.

그림 동화 「오빠와 누이」에서 여주인공 누이가 왕비가 되었다가 계모의 사악한 마법에 의해 죽임을 당하고, 노루로 변한 오빠를 구원하지 못한 채 동화의 종결문이 끝나서는 안 되기 때문에, 아기를 돌보러온 유령 왕비를 사랑하는 왕이 "당신은 사랑하는 나의 부인이오!"라고 고백함으로써 다시 생명을 되찾고, 마녀인 계모를 왕이 화형에 처하자 오빠도 노루에서 다시금 인간으로 변신하는 해피엔딩으로 끝난다. 비록 프로프가 등장인물들의 31가지 기능들 가운데 마지막 서른한 번째 기능을 "주인공은 결혼하고 즉위한다."라고 주장했지만, 그림 동화 「오빠와 누이」에서는 이미 동화의 중후반부에서 왕이 숲속에서 사냥을 하다가 만난 누이의 아름다운 모습에 반해서 성으로 데려가서 결혼식을 올렸기 때문에, 결혼으로 끝을 맺는 게 아니라, 악행을 저지른 계모가 벌을 받는 장면으로 종결문의 끝을 맺는다.

이러한 악행을 저지른 자를 벌 받게 하는 마지막 장면은 그림 동화 곳곳에서 찾아볼 수 있다. 예를 들면, 「백설 공주」에서 여주인공의 계모인 사악한 왕비가 그녀의 악행 때문에 동화의 마지막에서 쇠로 달군 구두를 신고 죽을 때까지 춤을 춘다거나, 「신데렐라」에서 여주인공의 사악한 두 의자매가 신데렐라의 결혼식에서 조력자 비둘기들에 의해 실명의 벌을 받게 하는 결말 등이 그것이다. 다시 말해, 초판에서는 기록되지 않았던 처벌 장면을 그림형제가 의도적으로 독자의 대다수인 어린이들에게 도덕심을 일깨우기 위해 최종판에서 덧붙인 것이며, 이것을 통해 그림 동화가 '경고 동화'로서 교육서의 역할을 행하는 거라고 말할 수 있다. 하지만 동화의 종결문을 주인공을 가해하거나 괴롭혔던 인물들의 처벌로 끝내는 경우 반드시 행복한 결말이라고 말하기는 어렵다. 차라리 결혼과 즉위, 재회와 귀향 등 주인공의 해피엔딩으로 끝내는 것이 훨씬 감동적이라고 할 수 있다. 그래서 결혼과 즉위라는 동화의 구조적 결말의 기능이 바로 동화의 행복한 결말을 의미하며, 이 행복한 결말이 동화의 본질적 특징으로서 대부분의 동화 줄거리의 말미를 장식하는 것이다.

또한 안데르센 동화 「큰 클라우스와 작은 클라우스」에서도 큰 클라우스보다는 작은 클라우스를 주인공으로 하여 행복한 결말을 성취케 한다. 사실

'클라우스'라는 이름이 서양 젊은이를 대표하는 이름이라면, 여자이름으로는 '에리카Erica'라는 이름이 서양 젊은 여성을 대표한다고 할 수 있다. 안데르센은 그 대표적 젊은이의 이름을 소재로 '큰 클라우스'와 '작은 클라우스', 두 명의 인물로 승화시켜 그의 동화에서 주인공과 가짜주인공의 역할을 맡아 주고받는 해학과 재치와 기교를 마음껏 펼쳤다고 하겠다. 어리석고 우둔한 부자 큰 클라우스와 가난하지만 임기웅변의 끼와 운이 따르는 작은 클라우스. 결국 큰 클라우스는 강물에 빠져 죽게 되고, 작은 클라우스는 위기를 벗어나 자유롭게 소떼를 몰고 가는 것으로 결말을 냄으로써 가난하고 작지만 주어진 환경을 지혜롭고 슬기롭게 극복하면, 얼마든지 부자로서 행복하게 살 수 있다는 긍정의 메시지를 어린이들뿐만 아니라, 어른들에게도 제시하는 것이다.

그림 동화 「백설 공주」에서도 단지 사악한 왕비가 초대받았다는 내용과 그녀의 형벌로 종결문을 완성하는 것보다 백설 공주가 그녀를 살려준 왕자의 청혼에 두말없이 따라가고, 이 남자와 결혼해서 살면 행복할까 혹은 불행할까라는 근본적인 생각 없이 결혼에 동의하며, 성대한 결혼식에 누가 초대되었는지, 그 후 신혼생활은 어떠했는지 등이 전혀 언급되지 않은 채, 동화 줄거리를 끝냈다면 더욱 행복한 결말을 독자들이 맛보지 않았을까 생각한다. 그러나 그림형제는 행복한 결말과 더불어 한 차원 높은 도덕적 교훈을 종결문에서 전하고 싶었기 때문에 악한 계모의 형벌로 동화를 끝낸다고 말할 수 있다. 이것이 바로 정신적 육체적 깊이를 느낄 수 없는 동화 인물들에 대한 평면적 묘사이며, 결혼과 즉위가 결코 동화의 주인공이 열망하면서 추구하는 목표가 아니라, 단지 동화 줄거리를 끝맺기 위해 필요한 동화의 기본 현상이라는 것을 의미한다.

다시 정리하면, '서두문(출발 상황) - 가해(결핍 상황) - 구원(해소 상황) - 종결문(행복한 결말)'의 전형적인 동화의 줄거리 구조 속에서 백설 공주는 사악한 왕비에게 억압을 받아 죽음을 맛보고, 난쟁이들과 왕자에 의해 구원되며, 마침내 결혼과 함께 새로운 왕비로 즉위하여 행복한 결말을 성취하는 것이다. 그러므로 동화 이론가 오벤아우어가 "행복한 결말이 동화의 본질에 속한다."라고 주장하듯이, 그렇게 대부분의 그림 동화는 행복동화로서 우리에게 기억되며, 모든 것이 분열된 후, 끝에서 하나의 독특한 전체로 형성되는 조화로운 통일이 결국 동화의 행복한 결말을 맛보게 하는 것이다.

물론 동화의 주인공을 죽게 하거나, 불행하게 만들면서 끝내는 동화들이 없는 것은 아니다. 그러나 그러한 불행한 결말로 끝나는 동화들은 경고 동화로서 독자들에게 도덕적 메시지를 전달하고자 하는 교육적 의도가 짙게 깔려 있으며, 그 때문에 소위 '반동화'로 간주된다. 앞에서도 언급했듯이 동화 속에는 이미 반동화적 요소들이 포함되어 있기 때문에, 본질적인 동화의 결말은 행복한 결말에 있지 불행한 결말에 있는 것이 아니다. 이런 의미에서 행복한 결말은 동화 줄거리 구성의 마지막을 장식하는 종결문의 특징이며, 동화를 동화답게 완결하는 결정적인 요소라고 말할 수 있다.

② 불행한 결말

동화 줄거리 구성의 마지막 단계인 종결문을 불행한 결말로 끝내는 것이 현대동화에 자주 나타나는 현상이다. 불행한 결말이란 동화 주인공이 죽거나 불행한 결말로 끝나게 되는 경우를 말한다. 물론 저학년 동화나 아동을 초점으로 맞춘 동화에서 불행한 결말로 동화를 끝내기가 쉽지 않겠지만 비극에서 느끼는 카타르시스가 큰 만큼 한번쯤은 시도해 볼 만한 창작 방법이라고 생각한다. 예를 들면, 카프카 동화 주인공 그레고르가 일벌레로서 가족의 생계를 위해 헌신했지만, 결국 그는 벌레로 변신된 채 가족들로부터 격리되고, 결국 홀로 비참한 최후를 맞이한다. 이러한 격리된 모습이 동화 주인공의 특성이며, 주인공의 죽음은 당연히 불행한 결말을 야기한다.

심지어 그림 동화 「오빠와 누이」에서 노루로 변신한 오빠를 결국 다시 인간으로 구원시키는 여동생과는 다르게, 카프카의 반동화에서는 말똥벌레로 변신된 오빠를 여동생이 다시 인간으로 구원시키는 것이 아니라, '그것'의 중성으로 만들며, 오빠의 살려는 의지를 꺾어 버려 비극적인 죽음을 초래하는 것이다. 이러한 구원의 실패가 반동화적 특징이며, 불행한 결말의 종결점이 된다. 이런 의미에서 불행한 결말로 동화의 종결문을 끝내는 동화를 반동화라고 부르며, 비극적인 동화 또는 그로테스크한 동화를 의미한다고 말할 수 있다. 이미 동화라는 카테고리 속에 반동화가 포함되어 있기 때문에, 반동화는 동화적 특성을 지니면서도, 그러한 특성을 벗어나고 싶은 주로 20세기 창작동화에서 자주 나타나는 문학 장르이다. 그래서 호프만스탈의 창작동화 『황금사과』와 『672번째 밤의 동화』처럼 주인공의 그로테스크한 죽음으로 끝나는 비극적인 동화를 반동화라고 부르는 것이며, 카프카의 『변신』도 같은 맥락에서 이해할 수 있는 것이다.

물론 '변신'은 독특한 동화의 특징이며 추상적 문체의 절정을 이루는 요소이다. 전통적인 동화에서 변신된 주인공이 동화의 줄거리에 따라 부여된 과제를 해결하고 다시 인간의 모습으로 되돌아와 행복한 결말로 끝나는 반면에, 카프카의 『변신』에서는 벌레로 변신된 주인공이 끝내 인간으로 되돌아오지 못한 채, 불행한 결말로 끝난다. 이러한 변신된 주인공에 대한 구원의 실패가 반동화적 요소이며, 오히려 주인공이 아닌 가해자나 적수가 행복한 결말을 맛보는 주객전도의 그로테스크한 결말이 반동화적이라고 말할 수 있다. 더욱이 변신된 그레고르가 자신의 몸도 제대로 가누지 못하고, 나아갈 방향도 상실하며, 주고받는 커뮤니케이션도 불가능한 점이 전통적인 동화 주인공의 변신과 비교할 때, 커다란 차이가 난다. 즉, 전통적인 동화 주인공이 '서두문(출발 상황) - 가해(결핍 상황) - 구원(해소 상황) - 종결문(행복한 혹은 불행한 결말)'이라는 사건 진행의 목표를 위해 변신되고 다시 제 모습으로 돌아오는 반면에, 반동화의 주인공 그레고르는 갑충으로 변신된 목표가 뚜렷하지 않으며, 결국 다시 제 모습으로 돌아오지 못한 채, 비참한 죽음으로 끝나는 것이다.

그렇게 호프만스탈의 창작동화 『황금사과』의 종결문에서도 7년 만에 집으로 돌아온 양탄자 상인이 부정을 저지른 아내를 죽이고 본인도 자살로 생을 마감하며, 또한 『672번째 밤의 동화』의 마지막 장면에서도 상인의 아들이 익명의 편지를 받고 그것을 확인하고자 미로를 헤매다가 결국 말발굽에 치어 죽고 마는 비참한 죽음으로 끝나는 것이다. 그러므로 동화 주인공이 죽거나 없어지거나 불행한 상황으로 종결문을 끝내는 동화를 일반적으로 반동화라고 부르며, 비극적인 종결을 추구하기 때문에 독자에게 그 연민과 동정은 보다 오래 지속되는 효과가 있다고 할 수 있다. 그러나 이러한 불행한 결말은 아동이나 청소년을 대상으로 하는 작품보다는 성인을 대상으로 하는 동화에 적합하다고 말할 수 있다. 따라서 동화 창작에 있어서 불행한 결말로 동화 줄거리를 마무리하고자 하는 작가는 아동 동화보다는 적어도 청소년 동화 또는 성인 동화의 범주에서 글을 쓰는 게 좋다고 생각한다.

2.4.6. 반복효과

반복은 동화 문학의 문체적 특징이다. 단어나 문장의 반복은 상승과 결합되어 나타나며, 동화 문학에서 반복과 상승은 경이로운 분위기를 조성하여 독자들로 하여금 줄거리에 몰두하게 하는 효과가 있다. 특히 어린 아이일수록 말이나 단어 또는 행위의 반복이 습관적이기 때문에 동화에서 반복효과는 그만큼 크다고 하겠다. 예를 들면, 그림 동화 「신데렐라」에서 계모가 여주인공에게 부여하는 두 가지 과제들이 상승적으로 반복되는데, '한 접시'의 빨간 콩을 '두 시간' 안에 가려내라는 첫 번째 과제부여가 '두 접시'의 빨간 콩을 '한 시간' 안에 골라내라는 두 번째 과제부여로 상승, 반복된다. 이러한 과제부여가 마찬가지로 상승, 반복된 과제해결로 이끌어지는데, 비둘기와 온갖 새들의 도움으로 첫 번째 과제가 '한 시간' 안에 해결되고, 두 번째 과제는 더욱 상승되어 '30분' 안에 해결되는 것이다.

또한 신데렐라가 과제해결을 요청하기 위해 비둘기들에게 외치는 시구 — "좋은 콩은 단지 속으로, 나쁜 콩은 모이주머니 속으로" — 가 두 가지 과제 부여에 따라 2번 반복되고, 왕이 베푼 무도회에 참석하기 위해 엄마 무덤 위에 심은 개암나무에게 청하는 시구 — "나무야, 몸을 흔들고 떨어라, 금과 은을 내 위로 던져다오." — 는 3번의 무도회 참석을 위해 3번 반복되며, '신발증명시험' 후 가짜 신부를 말에 태우고 가는 왕자에게 비둘기들이 외치는 경계의 소리 — "뒤를 돌아다보아요, 피가 구두 속에 있네요. 구두가 너무 작아요, 진짜 신부는 아직 집에 있네요." — 가 두 명의 가짜 신부 때문에 2번 반복된 후, 마침내 진짜 신부를 알리는 확인의 소리 — "뒤를 돌아다보아요, 구두 속에 핏기가 없네요. 구두가 딱 맞아요, 진짜 신부를 그는 집으로 데리고 가네요." — 가 왕자에게 세 번째로 되풀이된다. 동일한 문장의 반복과 비슷한 시구의 반복을 통해 주인공의 소원이나 주문 또는 가짜주인공과 진짜주인공의 알림 등이 독자들에게 강하게 전달되는 효과가 있다.

더욱이 반복효과가 점층적으로 나타나는데, 왕이 3일 동안 베푸는 무도회에 참석하려는 신데렐라에게 비둘기는 첫째 날에는 '금과 은으로 된 옷'과 '비단과 은으로 수놓은 구두'를 가베로 선사하고, 둘째 날에는 보다 상승되어 '전날보다 훨씬 더 화려한 옷'을 가베로 전달하며, 마지막 셋째 날에는 '가장 화려하고 아름다운 옷'과 '황금구두'를 선사한다.

특히 반복효과는 숫자 3의 법칙과 결합되어 동화 문학에 등장한다. 곧, 3번의 반복이 가장 눈에 띄는 문체 특징으로 동화에서 커다란 역할을 한다. 원래 3이란 숫자는 완전한 숫자로서 성부·성자·성령의 삼위일체三位一體에서 나왔고, 민속적인 관점에서도 어떤 일을 결정할 때 '삼세번 한다'는 말에서 유래했다. 그래서 그림 동화 「신데렐라」에서 3명의 딸들이 등장하고, 3일 동안의 축제가 베풀어지며, 3번의 신발증명시험이 행해지는 것이다. 즉, 3이란 숫자를 즐겨 사용하는 것이 동화 문학의 문체양식에 속하며, 동화의 고정된 형식으로서 반복 효과의 문체적 특징에 매우 적합한 표현 방법인 것이다.

또한 그림 동화 「라푼첼」에서도 높은 탑에 갇힌 라푼첼에게 요구하는 주문, 곧 "라푼첼, 라푼첼, 네 긴 머리카락을 내려다오!"가 3번 반복되며, 그림 동화 「빨간 모자」에서는 할머니로 변장한 늑대와 빨간 모자 소녀와 주고받는 대화, 곧 "할머니 귀가 왜 그렇게 큰 가요?" - "귀가 커야 네 말을 더 잘 들을 수 있단다", "할머니 손은 왜 그렇게 큰 가요?" - "손이 커야 너를 더 잘 잡을 수 있단다", "할머니 입은 왜 그렇게 큰 가요?" - "입이 커야 너를 더 잘 잡아먹을 수 있단다"가 3번의 문답법으로 반복된다.

더욱이 그림 동화 「백설 공주」에서는 사악한 계모가 여주인공에게 행하는 3번의 가해 행위들이 반복효과에 알맞게 나타난다. 그래서 왕비는 첫 번째 가해에서 단지 코르셋의 끈으로 백설 공주의 가슴을 조여서 호흡을 막으려 했고, 두 번째 가해에서는 약간 상승 반복되어 마법으로 독이 든 빗을 만들어 여주인공을 죽이려 했으며, 세 번째 가해에서 숨겨진 외딴 방에서 독이 든 사과를 만들어 결국 백설 공주를 죽이는 데 성공하는 반복효과가 나타난다. 또한 사악한 왕비와 마법의 거울이 주고받는 대화에서 반복효과는 이례적으로 7번 나타나는데, 첫 번째 대화, 곧 "거울아, 벽에 걸린 거울아, 누가 이 나라 전체에서 가장 아름다운 여인이지?" - "왕비님, 당신이 이 나라에서 가장 아름다운 여인입니다"가 철자 하나 안 틀리고 여섯 번째 대화에서 반복되며, 두 번째 대화, 곧 "거울아, 벽에 걸린 거울아, 누가 이 나라 전체에서 가장 아름다운 여인이지?" - "왕비님, 당신이 여기에서 가장 아름다운 여인입니다, 그러나 백설 공주가 당신보다 천 배나 더 아름답습니다."가 세 번째, 네 번째, 다섯 번째 대화에서 약간 상승되어 "거울아, 벽에 걸린 거울아, 누가 이 나라 전체에서 가장 아름다운 여인이지?" - "왕비님, 당신이 여기에서 가장 아름다운 여인입니다, 그러나 산 위의 일곱 난쟁이 집에 있는 백설 공주가 여전히 당신보다 천 배나 더 아름답습니다."라고 동일한 시구들로 반복된 후, 마지막 일곱 번째 대화, 곧 "거울아, 벽에 걸린 거울아, 누가 이 나라 전체에서 가장 아름다운 여인이지?" - "왕비님, 당신이 여기에서 가장 아름다운 여인입니다, 그러나 젊은 왕비가 여전히 당신보다 천 배나 더 아름답습니다."에서 백설 공주와 젊은 왕비가 동일시되는 반복효과가 나타난다.

이와 같은 반복효과는 동화의 독특한 문체특징으로서 줄거리 전개의 정확성을 위해 사용되며, 무엇보다도 그림 동화 「백설 공주」에서는 숫자 7이 반복효과와 더불어 고정된 공식으로서 빈번하게 사용되었다고 말할 수 있다. 즉 7명의 난쟁이들과 그들이 사용하는 7개의 침대 및 7벌의 식기들, 앞에서 본 왕비와 거울이 주고받는 7번의 대화의 반복, 왕비가 백설 공주를 찾아가기 위해 넘어갔다가 돌아오는 7개의 산 등이 그것이다. 다시 말하지만, 반복은 동화 문학의 문체적 특징이며, 특히 어린이들이 좋아하는 동화적 요소라고 할 수 있다. 일반적으로 동화 문학에서 반복은 단어의 반복이나 문장의 반복으로 나타나는데, 자주 점층적으로 상승되어 나타나는 점이 그 특징이라고 할 수 있다.

또 다른 예를 들자면, 그림 동화 「충성스러운 요한네스」에서 세 마리 까마귀들이 주고받는 대화 속에서 세 가지 어려운 과제해결에 대한 방법이 반복되는데, 무엇보다도 그 방법을 누설하는 사람에게 부여되는 형벌, 곧 '발끝에서 무릎까지' 돌로 변함, '무릎에서 심장까지' 몸의 절반이 돌로 변함, '머리꼭대기에서 발끝까지' 몸 전체가 돌로 변함이 점층적으로 반복된다. 다시 말해 젊은 왕을 구원할 수 있는 방법이 세 마리 까마귀들에 의해 반복되면서, 그 방법을 누설하는 사람에게 주어지는 형벌이 ① 발끝에서 무릎까지 → ② 무릎에서 심장까지 → ③ 머리끝에서 발끝까지 석화된다고 점층적으로 반복되어 묘사된다. 다시 강조하지만, 이러한 반복은 동화의 문체적 특징으로서 '줄거리 전개의 정확성'을 위해 사용되며, 동화의 경이로운 분위기에 알맞게 독자를 동화의 줄거리에 몰두하게 하는 효과가 있는 것이다.

무엇보다도 반복이 세 번 반복될 때 그 효과는 극대화된다. 동화에서는 숫자 3, 7, 12 등을 선호하지만, 그 중에서도 숫자 3을 가장 좋아한다. 3이란 숫자를 동화에서 가장 빈번하게 사용하는 이유는 뭘까? 그것은 숫자 3이 완전한 숫자이자 관습적 숫자이기 때문이다. 그래서 동화에서 '세 가지 과제'가 지배적이고, 세 가지 과제의 해결을 위해 세 번 조력자가 관여하며, 그때마다 적수(가해자)도 등장한다. 그렇게 그림 동화 「충성스러운 요한네스」에서도 세 마리 까마귀들이 등장하여, 세 가지 과제해결에 대한 방법을 예언하고, 그 예언이 차례로 실현될 때, 세 번 주인공이자 조력자인 요한네스가 세 가지 과제를 해결하며, 그때마다 다른 신하들이 그의 적수(가해자)로서 등장하는 것이다. 따라서 첫 번째 과제해결, 곧 '젊은 왕이 적갈색의 말에 올라타기 전에 요한네스가 말안장에 올라가, 권총집에서 총을 빼내어 말을 쏴 죽인' 후에, 다른 신하들은 "왕을 성으로 모시고 갈, 아름다운 동물을 죽이다니, 얼마나 상스러운 일인가!"라며, 요한네스를 가해하고, 두 번째 과제해결, 곧 '금과 은으로 짠 것처럼 보이는, 젊은 왕의 결혼의상을 요한네스가 장갑을 낀 손으로 집어서 불 속에 던져 버린' 후에, 다른 신하들은 "이봐, 이제 그가 왕의 결혼의상마저 불태워 버리는군."이라며, 요한네스와 논쟁하며, 마침내 세 번째 과제해결, 곧 '결혼식 후 춤이 시작되었고, 왕비가 춤추다가 갑자기 쓰러지자, 요한네스는 왕비를 부축하여 방으로 데리고 가서 누인 다음, 무릎을 꿇고 그녀의 오른쪽 가슴에서 세 방울의 피를 뽑아, 뱉어내자 왕비가 다시 살아난' 후에, 이번에는 다른 신하들이 아니라, 젊은 왕이 화를 내면서 "그를 감옥 안으로 집어넣어라."고 외친다. 앞서 언급한 세 마리 까마귀들이 예언한 내용이 그대로 반복되며, 돌로 변하지 않으려고 말없는 행동으로 젊은 왕을 구원한 충성스러운 요한네스에 의해 세 가지 과제해결이 성취되었지만, 결국 다른 신하들과 젊은 왕에 의해 그는 돌로 변하는 스토리로 사건이 진행된다. 그렇게 3번에 거쳐 반복효과를 점층적으로 상승시킴으로써 동화를 읽는 독자에게 긴장감을 고조하여 재미와 감동을 극대화하는 것이다. 그러므로 동화 창작에 있어 반복적인 묘사는 필수적인 사항이며, 특히 3번에 거친 반복효과가 이야기의 재미와 흥미 그리고 즐거움을 극대화시킨다는 점을 강조한다.

2.4.7. 과제부여와 과제해결

동화 창작에 있어서 주인공에게 과제가 부여되고, 그 부여된 과제를 해결하는 일이 중요하다. 과제부여와 과제해결은 동화 줄거리를 흥미롭게 하는 동화적 특징이며, 동화를 동화답게 만드는 대구對句적 창작기법이다. 예를 들면, 그림 동화 「하얀 뱀」에서 하얀 뱀을 먹은 동화 주인공에게 세 가지 과제 — 바다에 빠뜨린 공주의 반지를 찾아내는 일, 풀밭에 뿌려진 좁쌀을 가려내는 일, 생명의 사과를 따오는 일 — 가 부여되고, 과제가 부여될 때마다 조력자인 물고기와 개미 그리고 까마귀들에 의해 과제를 해결한 후 공주와 결혼하는 것이다.

또한 헤세의 창작동화 「아이리스」에서는 "내 이름이 당신에게 무엇을 기억나게 하는지 찾으라."는 과제가 독특한 동화의 특징으로서 주인공에게 부여되며, 부여된 과제를 풀기 위해 안젤름은 먼 길을 방황하게 된다. 세상의 부귀와 영화를 위해 앞만 보고 달려온 주인공에게 아이리스의 어려운 과제부여는 그를 다시금 내면의 세계로 이끌게 되며, 자기 발견을 위한 영원한 고향 세계로 인도하는 것이다. 세상에 대한 지식이 많으면 많을수록 내면세계로 들어가는 길은 그만큼 더 어려운 것이며, 그럼에도 불구하고 정해진 동화 줄거리의 성취를 위해 안젤름은 '가냘픈 목소리'에 의지하여 과제해결의 실마리를 풀어나가야만 한다. 그래서 그는 오래전에 잊어버렸던 기억을 더듬어야만 했고, 아침안개보다 더 불확실한 것을 붙잡아서 아이리스에게 가져다주어야만 했다. 더욱이 안젤름이 아이리스의 이름을 수십 번 속삭이자, 그의 내면에서 무엇인가가 움직이는 것이 느껴졌다. 어머니의 모습, 소년시절, 대학시절 등 지금까지의 인생 파노라마가 주마등처럼 고통스럽게 뇌리를 스치고 지나갔고, 그 중요한 추억들을 그는 글로 쓰기 시작했다.

하지만 아이리스의 과제를 해결하기 위해 1년 이상의 시간이 지났음에도, 안젤름은 여전히 '아이리스라는 이름이 자기에게 무엇을 의미하는지'

알 수 없었다. 그때에 안젤름에게 아이리스의 오빠가 찾아와서 '그녀가 죽을 것 같다'고 말한다. 전통적인 동화의 줄거리라면, 안젤름이 아이리스의 과제를 해결하고 아이리스를 다시 만나, 그녀와 결혼하는 행복한 결말을 가져와야겠지만, 헤세는 창작동화로서 이 동화를 그러한 줄거리로 끝내지 않고, 여주인공을 죽음에 내맡기며, 주인공 혼자서 과제해결 및 자기 극복의 길로 나아가게 하는 것이다. 죽어가는 아이리스는 그녀가 키우던 '푸른 붓꽃'을 안젤름에게 주면서 "자, 내 꽃, 아이리스를 가지세요. 그리고 나를 잊지 마세요. 나를 찾으세요, 아이리스를 찾으세요. 그러면 당신은 내게 오게 될 거예요."라고 마지막 유언을 한다. 사랑하는 여인의 죽음이 그에게는 슬픔, 그 자체였으며, 삶의 포기를 의미했다. 그러나 안젤름에게는 꿈이 있었고, 아이리스에 대한 사랑이 남아 있었다. 더욱이 눈 속에 핀 한 송이 고독한 아이리스를 통해 안젤름은 '어린 시절의 꿈'을 다시 떠올렸고, '꽃의 비밀과 심장'으로 들어가는 '밝은 푸른색의 길'을 발견한다. 결국 아이리스의 유언이자 과제인 "나를 찾으세요, 아이리스를 찾으세요."에 따라 안젤름은 무의식과 잠재의식의 세계인 꿈의 세계로 들어가며, 어린 시절 푸른 꽃 아이리스를 통해 빠져들었던 내면세계로 들어가는 과제해결을 맛보는 것이다. 즉, 동화의 규정된 줄거리를 성취하기 위해 동화 주인공에게 과제가 부여되고, 그 과제를 해결할 수 있는 방법이 소개되며, 과제가 해결되고 마침내 보상을 받음으로써 동화는 끝을 맺을 수 있는 것이다.

또 다른 예를 들면, 그림 동화「세 개의 황금머리카락을 지닌 악마」에서 과제부여는 첫째, 적수이자 가해자인 왕이 주인공 행운아에게 '악마의 머리에서 세 개의 황금머리카락을 가져올 것'을 요구하고, 둘째, 대도시의 파수꾼이 행운아에게 '포도주를 내뿜었던 광장의 분수가 말라서 물조차 흐르지 않게 된 이유'를 알려달라고 하며, 셋째, 성문 파수꾼이 행운아에게 '황금사과나무가 시들어 이파리조차 나지 않는 이유'를 말해달라고 하고, 마지막으로, 사공이 행운아에게 '사공이 교대되지 않는 이유'를 알려달라고 한다. 이러한 네 가지 과제부여에 대한 과제해결이 거꾸로 진행되는데, 먼저 사공에게 행운아가 '누군가 와서 강을 건너려고 할 때 그의 손에 노를 건네주라고 함'으로써 과제를 해결하고, 성문 파수꾼에게는 '황금사과나무의 뿌리를 갉아먹는 쥐를 죽임'으로써 해결하며, 대도시의 파수꾼에게는 '분수의 돌 아래 앉아 있는 두꺼비를 찾아내어 없앰'으로써 과제를 해결하고, 왕에게는 악마의 할머니가 건네준 '세 개의 황금머리카락'을 줌으로써 과제를 해결하는 것이다.

그러므로 동화 창작에 있어 과제부여와 과제해결은 동화 줄거리를 흥미진진하게 만드는 중요한 모티브이며, 무엇보다도 3번에 걸친 과제부여와 과제해결이 조화를 이룰 때 독자들은 이야기 속에 흠뻑 빠져드는 효과가 있다고 말할 수 있다.

2.4.8. 방랑

방랑이란 동화 인물들이 한곳에 머물러 있지 않고 끊임없이 동화 줄거리의 성취를 위해 움직이는 것을 말한다. 동화 이론가 바이트Beit는 동화 문학에서 7이란 숫자를 '발전과 움직임의 상징'으로 간주한다. 이미 오래전부터 사람들은 북두칠성을 보고 자기가 나아갈 방향을 설정하고 목적지를 향해 나아갔다. 그렇게 숫자 7을 고정된 공식으로 이용한 그림 동화 「백설 공주」에서 등장인물들은 정적이 아니라 동적이며, 끊임없이 편력한다. 그래서 백설 공주는 숲 속을 방랑하고, 사악한 왕비는 7개의 산을 넘어 3번씩이나 난쟁이 집과 성을 왕복하고, 일곱 난쟁이들은 구리와 금을 캐기 위해 자기 집과 산을 오가며, 왕자는 숲을 방랑한 후, 산으로 올라와 백설 공주를 만난다.

이러한 방랑 속에서 당연히 있어야 할 공간적인 거리감이 동화 문학에서는 전혀 느껴지지 않는다. 즉 왕비가 살고 있는 성과 일곱 난쟁이들이 살고 있는 집 사이에 존재하는 숲과 7개의 산들을 오가는 편력의 발자취가 지리적으로는 멀리 느껴지지만, 정신적으로는 아니다. 이것이 바로 기하학적 일직선상의 동화의 나라이며, 일차원의 공간에서 평면적으로 나란히 놓여 있는 환상의 세계를 의미하는 것이다. 그러한 세계에서 동화 인물들은 자신의 내면적 자각이나 흥분에 의해 방랑하는 것이 아니라, '하사품, 발견, 과제, 충고, 금지, 기적적인 도움과 저항, 어려움과 행운' 등의 외부적 자극이 그들을 앞으로 몰아대는 것이다. 따라서 백설 공주는 사냥꾼의 기적적인 도움으로 숲 속으로 도망치고, 계모는 자신의 하사품인 마법의 거울의 충고에 의해 일곱 난쟁이 집을 찾아가며, 왕자는 유리관 속에 누워 있는 아름다운 백설 공주를 발견하는 행운에 의해 방랑하는 것이다.

동화 구조이론가 프로프는 등장인물들의 기능들에서 첫 번째 기능 '한 명의 가족구성원이 얼마 동안 집을 떠난다'와 11번째 기능 '주인공이 집을 떠난다' 그리고 20번째 기능 '주인공이 돌아온다'를 언급함으로써, 동화의 일정한 줄거리의 성취를 위해 방랑이 얼마나 중요한 요소인가를 강조하고 있다. 다시 말해 출발과 귀환의 구조적 틀 속에서 동화의 주인공은 방랑하는 것이며, 기적적인 현상과 가능성을 보고 체험하기 위해 주인공은 세상 끝까지 방랑하는 것이다. 그래서 페로 동화 「장화 신은 고양이」에서도 고양이를 아버지의 유산으로 받은 막내 '카라바'가 고양이의 재치와 도움으로 세상 끝까지 편력하며, 결국 공주와 결혼하여 해피엔딩을 맛보는 것이다.

그러므로 동화의 주인공은 본질적으로 한 방랑자이다. 방랑자로서 주인공은 주어진 목표에 도달하기 위해 부단히 움직이며, 결국 동화 종결문에서 자신의 목적을 성취하는 해피엔딩 또는 언해피엔딩에 도달한다. 이런 의미에서 방랑은 동화의 독특한 특징들 중에 하나이며, 평면적인 줄거리선상에, 또한 구조적 줄거리 틀 속에 가장 핵심이 되는 동화의 기본 요소인 것이다. 만약에 동화 작가가 동화 주인공을 정적인 존재로 묘사한다면 엄연한 의미에서 그 작품은 동화로 간주할 수 없다. 단지 동화적 특성은 다 들어 있는데 정적 동화 인물을 서술했다면 그것은 반동화의 카테고리에서 수용할 수도 있다고 생각한다. 아무튼 방랑은 동화 인물들의 중요한 특성이며, 그들이 적절하게 움직일 수 있는 공간설정이 동화 창작을 위해 필수적이라고 해도 과언이 아니다.

그러므로 동화 창작 작가는 본인이 창조해 낸 동화 주인공을 정적인 인물로 묘사해서는 안 되며, 반드시 동적인 인물로 돌아다니는 캐릭터로 만들어야 한다. 특히 무엇인가를 발견하거나 누군가를 구하거나 어쨌거나 뚜렷한 목표를 가지고 세상 끝까지 편력하는 방랑자로 동화 인물을 창조해야 된다는 말이다.

2.4.9. 동화의 주어진 물건들

동화의 주어진 물건들은 동화 인물들이 규정된 줄거리 성취를 위해 반드시 필요한 물건이나 정신적 하사품을 말한다. '가베Gabe'라는 독일어에서 나온 말인데, 필자가 '주어진 물건, 하사품, 선물' 등으로 번역하여 사용해 왔기에 여기서는 필요에 따라서 그 명칭을 섞어서 사용하고 있음을 밝힌다. 우선 동화 문학에 나오는 물건들은 마법물건들로서 주로 조력자나 가해자가 수여하는 경이로운 하사품들이다. 그것들은 막대기, 반지, 열쇠, 칼·총, 동물의 털·깃털처럼 평면적인 선의 모습들이며, 동화의 줄거리에 따라 단지 한 번 사용되거나, 기껏해야 세 번 주인공의 필요에 의해 사용되고는 두 번 다시 언급되지 않는다. 물론 흔한 경우는 아니지만 그림 동화「백설공주」에 등장하는 말하는 거울은 일곱 번 사용된다. 그러니 동화에서 사용되는 물건은 한 번, 세 번, 일곱 번이라고 말할 수 있다. 한국 전래동화「콩쥐팥쥐」에 등장하는 대표적인 동화의 물건들은 '밑에 구멍 난 독'·'나무로 만든 호미'·'벼 석 섬'·'이 빠진 낫 한 자루'·'수숫대'·'꽃신'·'비단 치마저고리'·'댕기'·'동아줄' 등이고,「황금구슬」에 등장하는 가베는 '낚싯대'·'거북이'·'황금구슬'·'고양이'·'개'·'쥐' 등이며,「소년 사또」에서는 '돌갓'과 '수숫대'가 주어진 물건으로서 중요한 역할을 한다. 이러한 가베들은 평면적인 선의 모습이거나 표면적인 관련으로서 동화의 줄거리 상황에 알맞게 사용된 후엔, 더 이상 언급되지 않은 채 격리되어 머문다.

일반적으로 동화의 물건은 동화 주인공과 조력자를 만나게 하는 매개체로 사용된다. 그래서 '밑에 구멍 난 독'을 통해 콩쥐와 두꺼비가 만나고, '나무호미'를 통해 콩쥐와 황소 한 마리가 만나며, '벼 석 섬'을 통해 콩쥐와 참새들이 만나고, '이 빠진 낫 한 자루'를 통해 콩쥐와 선녀가 만난다. '꽃신'과 '비단 치마저고리'도 마찬가지다. 이러한 신과 옷을 일상적인 생활에서 입고 생활하는 사람은 거의 없을 것이다. 즉, 이러한 화려한 옷과 신발은 콩쥐를 전라감사와 만나게 하는 역할을 위해 의도적으로 사용된 것이며, 개울에 빠진 왼쪽 꽃신만이 소위 '신발증명시험'에서 특별히 사용된 후엔 더 이상 언급되지 않는다.

또한 전래동화 「황금구슬」에서는 '낚싯대'를 통해 늙은 어부와 잉어가 만나고, '거북이'를 타고 용궁에 감으로써 용왕을 만나며, '황금구슬'을 통해 착한 어부의 아내와 나쁜 노파가 만난다. 더욱이 「소년 사또」에서는 '돌갓'과 '수숫대'에 의해 어린 사또와 불충한 부하들이 만나는 것이다. 그러므로 동화의 물건들은 아주 특별한, 모험적인 줄거리 상황에 알맞게 사용된 후엔, 격리된 채 평면적으로 머문다고 말할 수 있다. 역시 동화의 세계는 입체세계가 아니라 평면세계이기 때문에 동화에 등장하는 물건들도 선이나 평면으로 묘사되는 것이다.

동화의 주어진 물건들(가베, 하사품, 선물)은 일반적으로 주인공에게 부여된 어려운 과제를 해결하기 위해 사용된다. 예를 들면, 그림 동화 「백설 공주」에 나오는 물건의 하사품은 백설 공주의 엄마가 바느질할 때 손가락이 찔리는 바늘, 사악한 왕비의 마법의 거울·코르셋의 끈·독이 든 빗·독이 든 사과, 사냥꾼의 수렵용 칼, 일곱 난쟁이 집에 있는 식탁·접시·숟가락·칼·포크·잔·침대·촛불, 백설 공주가 먹는 야채·빵·포도주, 난쟁이들이 만든 투명한 유리관, 계모가 죽음의 춤을 추는 숯불에 달군 쇠구두 등이다. 이러한 동화의 주어진 물건들 중에서 특히 마법의 거울이 규정된 줄거리 상황을 성취하는 데 결정적인 역할을 한다. 전형적인 동화 문학에서 한 번 또는 세 번 사용되는 마법의 물건이 「백설 공주」 동화에서는 일곱 번 사용된 후 줄거리선상에서 사라지며, 그것이 백설 공주를 도와 어려운 과제를 해결하는 데 이용되는 것이 아니라, 오히려 주인공의 적수인 사악한 왕비를 도와 백설 공주를 가해하는 데 결정적인 정보를 제공하는 것이다.

더욱이 독이 든 붉은 쪽과 독이 안 든 흰 쪽으로 정교하게 만들어진 마법의 사과가 여주인공을 죽음으로 몰고 가는 결정적인 동화의 소도구로 사용되며, 이 역시 주인공이 아닌, 적수를 도와 주인공을 가해하는 데 단지 한 번 사용되는 것이다. 다시 말해 일반적으로 동화 문학에서 하사품들은 주인공이 직접 그것들을 필요로 할 때, 주인공을 도와주기 위해 사용되지만, 「백설 공주」 동화에서는 반대로 적수를 도와 주인공을 가해하는 데 이용되는 것이다. 또한 「백설 공주」 동화에 나타나는 코르셋의 끈, 독이 든 빗, 수렵용 칼, 식탁, 접시, 숟가락, 칼, 포크, 유리관 등의 주어진 물건들은 뤼티가 말하는 평면적인 선의 모습들이며, 동화의 특별한 줄거리 상황에 알맞게 한 번 또는 세 번 사용된 후, 더 이상 줄거리선상에서 언급되지 않은 채 격리되어 머무는 것이다. 더욱이 이러한 하사품들을 통해 동화의 등장인물들이 평면적으로 결합되며, 주인공과 적수(가해자), 주인공과 조력자, 여주인공과 남주인공 사이에 관계가 구체적으로 설명되는 것이다. 따라서 마법의 거울, 코르셋의 끈, 독이 든 빗, 독이 든 사과에 의해 백설 공주와 사악한 왕비가 연결되고, 난쟁이들의 식사도구와 음식, 침대를 통해 주인공과 조력자가 결합되며, 결정적으로 투명한 유리관을 통해 백설 공주와 왕자가 연결되는 것이다. 그러므로 평면적인 동화 인물들의 평면적인 결합을 위해 격리된 하사품들이 사용되는 것이지, 단순한 놀이를 제공하기 위해 또는 즐거움과 쾌적함, 부를 선사하기 위해 그러한 하사품들이 존재하는 것은 아니다. 곧 동화의 규정된 줄거리의 성취를 위해 하사품들이 사용되는 것이며, 이런 의미에서 하사품은 동화의 중심 모티브로서 독특한 그의 특징을 발휘하는 것이다.

물론 「백설 공주」 동화에 등장하는 물건의 하사품과 더불어 물건이 아닌 정신적인 하사품이 나타난다. 즉 사악한 왕비에게 백설 공주의 위치를 말해 주는 마법의 거울의 '충고', 백설 공주에게 계모를 조심하라는 난쟁이들의 '경고', 코르셋의 끈을 풀어 주고 독이 든 빗을 찾아 제거하는 난쟁이들의 '직접적인 도움', 끈질긴 설득으로 아름다운 백설 공주의 유리관을 넘겨받아 부하들에게 어깨에 메고 가라는 왕자의 '행동에 대한 지시', 그 부하들의 비틀거림에 의한 백설 공주의 '생명을 구함', 붉게 달군 쇠구두를 신고 죽을 때까지 춤추어야 하는 왕비의 '섬멸시키는 형벌' 등이 그것이다. 이러한 정신적 하사품들은 등장인물들의 정신적 깊이에 관련되어 나타나는 것이 아니라, 단지 줄거리 진행의 정확성에 의해 필요한 시기에, 필요한 장소에, 필요한 사람에게 언급되는 것이다.

그러므로 동화의 세계에서는 모든 것이 알맞으며, 물질적 하사품이든, 정신적 하사품이든 간에 등장인물들에게 필요한 정확한 시점에, 정확한 용도로, 정확한 조화를 위해 사용되는 것이다. 따라서 동화 창작에 있어서 작가는 동화의 주어진 물건들을 동화 등장인물들을 연결시키는 매개체로 또는 과제부여와 과제해결의 도구로 또는 정해진 줄거리 진행을 성취하기 위한 모티브로 활용해야 한다.

2.4.10. 변신과 기적

변신과 기적은 동화 문학에서 문체양식의 절정을 이루는 요소이다. 동화의 스타일은 구체적이 아니라 추상적이다. 구체적인 현실이 동화 창작의 세계가 아니라 추상적인 환상이 동화 창작의 세계이기 때문이다. 동화 문학에서 변신과 기적은 모든 극단적인 것의 본질이며, 무엇보다도 극단적인 대조에서 변신과 기적은 실현된다. 그래서 동화의 등장인물들은 아주 아름답고 착하거나, 아주 추하고 사악하다. 또한 매우 가난하고 부지런하거나,

매우 부유하고 게으르다. 주인공이 왕자일 경우, 가난한 농부의 착하고 아름다운 딸과 결혼하며, 주인공이 공주인 경우엔, 종종 멍청한 농부와 결혼한다. 아울러 동화 문학에서 저승의 인물들도 극단적으로 거인이거나 난쟁이로 나타나며, 주인공들은 늘 젊고, 그들의 조력자들은 늙은이들인 극단적인 대조가 나타나는 것이다. 이러한 극단적인 대조는 또한 주어진 물건에도 적용되는데, 황금처럼 빛나거나 혹은 전혀 빛나지 않고, 매우 화려하거나 혹은 매우 초라하며, 황금이나 혹은 돌로 이루어져 있다.

예를 들면, 안데르센 동화 「엄지공주」에서 주인공 엄지공주는 엄지손가락만한 여자아이이고, 반면에 영국 전래동화 「잭과 콩나무」에서 주인공 잭의 적수이자 가해자는 어마어마하게 큰 거인이다.

그림 동화 「충성스러운 요한네스」에서 주인공 요한네스는 가장 충성스러운 신하이고, 젊은 왕이 얻으려는 공주가 황금 머리의 공주이며, 그녀가 좋아하는 식기들과 장식품들은 모두 금으로 된 물건들이다. 또한 그림 동화 「홀레 부인」에서는 예쁘고 부지런한 딸은 홀레 부인에 의해 황금을 보상받지만, 대조적으로 못생기고 게으른 딸은 고통의 끔찍한 형벌을 받게 된다. 한편 「신데렐라」 동화에서는 여주인공의 이름이 주위사람들에게 놀림을 당하는 별명이고, 부유한 상인의 딸이면서도 식모처럼 생활하는 신데렐라에게 그 나라의 왕자가 청혼하게 되는 기적이 일어나며, 여기에 극단적인 표현을 좋아하는 동화의 본질이 숨어 있는 것이다.

더욱이 기적의 또 다른 형태로서 돌발적인 변신이 그림 동화 「충성스러운 요한네스」에서 극단적으로 표현되는데, 충성스러운 요한네스가 세 가지 과제를 해결한 후, 교수대에서 처형되기 직전에, 까마귀들로부터 들은 이야기를 왕의 목숨을 구하기 위해 말하지 않은 채, 행동으로 보여준 것이라는 마지막 말을 내뱉는 순간, 돌로 변신하는 것이다. 하지만 대부분의 그림 동화들은 '행복동화'를 추구하기 때문에, 돌로 변신된 요한네스를 그대로 놔둔 채, 이 동화가 끝날 수는 없다. 그래서 왕은 돌로 변한 요한네스의 석상을 그의 침대 옆에 세워 놓았고, 한숨을 쉬면서 "아, 내가 당신을 다시 살릴 수 있다면"이라고 외친다. 그러자 그 돌은 왕에게 "그래요, 당신은 당신의 가장 사랑스러운 것을 바친다면, 나를 다시 살릴 수 있소."라고 대답한다. 이미 돌이라는 무생물로 변신된 요한네스가 마치 살아 있듯이 왕과 대화하는 이 장면이 지극히 동화적이며, 경이로운 기적에 또 다른 모습으로 다가온다. 따라서 왕은 자신의 두 아들들의 목을 베어, 그 피로 요한네스의 석상에 문질러 그를 다시 인간으로 변신시킨다. 동화의 등장인물들에게는 '육체적·정신적 깊이의 차원'이 없기 때문에, 칼로 목을 베는 장면이나, 그 피로 석상을 문지르는 장면 등이 전혀 잔인하지 않다. 즉, 동화의 인물들에게는 '감정의 세계'가 없기 때문에, 그러한 절단에서 육체적 고통이나 정신적 괴로움을 느끼지 못하며, '종이로 만든 인물'처럼 동화 줄거리의 성취를 위해 알맞게 사용되는 것이다. 그래서 다시 살아난 요한네스는 왕이 목을 베어 죽인 두 왕자들을, 절단된 그들의 머리를 다시 목에 붙이고, 그들의 피로 상처를 문질러서 다시 살린다. 마치 그들에겐 아무런 일도 일어나지 않았던 것처럼, 두 왕자들은 뛰어다니며, 그들이 하던 놀이를 계속하는 것이다. 이것이 바로 동화 문학의 문체적 특징의 절정을 이루는 기적이며 변신인 것이다.

뿐만 아니라, 「개구리 왕자」 동화에서처럼 개구리가 왕자로 변하는 돌발적인 변신이 동화의 극단적인 표현이며, 추상적 문체양식의 절정을 이루는 기적의 또 다른 형태이다. 이러한 변신이 「신데렐라」 동화에서는 뚜렷하게 표출되는 것은 아니지만, 3번의 무도회에 참석했던 화려한 신데렐라와 재투성이의 더러운 신데렐라의 모습이 극단적인 대조에서 변신을 추구했다고 볼 수 있으며, 이미 비둘기들이 인간의 언어를 말하고 노래하는 모습에서 경이로운 느낌을 공유할 수 있는 것이다. 그러므로 동화 문학에서 기적과 변신이 추상적 문체양식의 가장 극단적인 요소로 간주되며, 그것을 통해 동화는 가벼운 상상력의 유희로서 독자들에게 커다란 즐거움을 선사하는 것이다.

또 다른 예를 통해 변신과 기적의 반동화적 특징을 살펴보자. 변신은 독특한 동화의 특성들 중의 하나이다. 대부분의 동화 주인공은 동화 줄거리의 목표를 성취하기 위해, 극단적이고 기계적으로 동물로 변신하고 목표를 성취한 후에는 다시 제 모습으로 돌아오지만, 카프카의 창작동화 『변신』에서는 주인공의 변신으로 동화를 시작하지만 결국 변신에서 제 모습으로 돌아오지 못한 채 동화가 끝난다. 다시 말해 동화의 시작에서 그레고르가 한 마리 거대한 벌레로 변신했다는 사실이, 전통적인 동화 주인공의 변신과 일치하는 것처럼 보인다. 그림 동화 「개구리 왕자」에서 남자주인공이 개구리로 변신된 채 등장하듯이, 『변신』의 주인공 그레고르도 딱정벌레로 변신된 채 등장하니 말이다. 그러나 전통적인 동화의 주인공 개구리가 공주를 만나기 위해 자연스럽게 성으로 찾아 들어가는 반면에, 벌레로 변한 그레고르는 자신이 눕고 싶은 자세도 취할 수 없을 뿐만 아니라, 나아가고 싶은 방향마저 상실한다. 더욱이 몸의 중심을 잡지 못해서 뒤집히기까지 하며, 그의 수많은 다리들조차 마음대로 조정할 수 없다. 전통적인 동화의 인물들에겐 육체적·정신적 깊이의 차원이 없음에도 불구하고, 딱정벌레로 변한 그레고르에겐 그의 변신된 육체가 매우 낯설며, 한없는 생각 속에 잠긴다. 여기서 그레고르와 전통적인 동화 주인공 사이에 변신의 차이를 알 수 있으며, 반동화적 특징이 나타난 것이라고 말할 수 있다.

다시 말해, 전통적인 동화 주인공에겐 없는 신체적·정신적 깊이가 『변신』의 주인공에겐 존재하기 때문에, 이 작품을 반동화라고 부르며, 변신과 기적의 반동화적 특징이 나타나는 것이다. 그레고르는 그의 신상에 일어난 변신을 모든 어리석은 일로 간주하고, 조금 더 잠잘 경우 다 잊어버릴 수 있다고 생각한다. 하지만, 이미 벌레로 변해 버린 그는 인간이었을 때처럼 오른쪽으로 누워 잠잘 수 없다. 그러나 그레고르는 변신한 자신의 처지를 한탄하는 게 아니라, 외판원으로서의 고된 직업을 한탄한다. 그레고르가 자신에게 닥친 변신의 상태를 고민하지 않는 것이 '동화적'이라면, 반대로 이미 벌레로 변신한 그가 외판원의 상태를 회상하는 것은 '반동화적'이다. 전통적인 동화의 주인공이 쉽게 곰·늑대·여우·새·토끼·물고기 등으로 변신하여, 주어진 과제를 성취하기 위해 자유자재로 움직이는 반면에, 그레고르는 실제로 변신한 몸을 제대로 움직이지도 못한다. 심지어 전통적인 동화 문학에서 짐승으로 변신된 동화 주인공이 자연스럽게 인간과 대화하며 교제하는 일차원성이 나타나는 반면에, 카프카의 반동화에서는 딱정벌레로 변신된 주인공이 가족들이나 그 밖의 등장인물들과 대화할 수 없으며, 단지 그들의 말을 들을 수만 있다.

한국 전래동화 「우렁이 색시」에서 우렁이로 등장한 우렁이 색시가 세상에서 가장 아름다운 여인으로 변신되어 가난한 농부를 나라의 임금으로 만드는 반면에, 카프카의 반동화 『변신』에 등장하는 그레고르의 변신은 목표가 없다. 더욱이 그는 여기서 아무도 구원할 수 없고, 자기 자신도 구원하지 못한다. 그는 변신한 채, 죽어야만 한다. 즉, 전통적인 동화에서 동화의 줄거리를 행복한 결말로 이끌기 위해 조력자나 가해자가 주인공의 변신을 일으키는 반면에, 카프카의 반동화에서는 그레고르의 변신에 대한 원인이 명료하지 않으며, 그럼에도 불구하고 그러한 변신이 주인공을 죽음으로 이끄는 불행한 결말의 원인이 된다. 특히 20세기 이후 동화 주인공의 변신과 기적이 과제해결과 행복한 결말로 이끌지 못하는 디스토피아적 결말로 이끄는 경향이 나타난다. 호프만스탈의 『황금사과』와 『672번째 밤의 동화』의 동화에서도 주인공이 죽음으로 끝나는 디스토피아적 결말이 나타난다. 이러한 불행한 결말이 그레고르와 전통적인 동화 주인공 사이에 변신의 차이이며, 동화 문학의 문체적 특징의 절정을 이루는 변신과 기적의 반동화적 특징이라고 말할 수 있다.

그러므로 동화를 창작하고자 하는 작가는 변신과 기적의 특징을 본인이 추구하고자 하는 행복한 결말과 불행한 결말에 알맞게 적용하여 대조적이고 양면적인 끝맺음을 추구해야 한다. 따라서 작가는 동화를 창작하든지 반동화를 쓰든지 간에 변신과 기적의 동화적 특징을 반드시 작품 속에 담아야 하며, 경이와 기적 이야기로서 동화 또는 반동화 창작을 통해 독자들에게 신비로운 담화를 이끌어내야 한다. 거기에 동화 창작의 즐거움과 보람이 있기 때문이다.

2.4.11. 동화에 나타난 콤플렉스

동화에 나타난 콤플렉스에 대해 안데르센H. C. Andersen(1805~1875)의 자전적 동화 「미운오리새끼The Ugly Duckling」를 중심으로 알아보자.8)

안데르센은 첫 번째 동화 「부싯깃 통」을 시작으로 마지막 동화 「치통 마녀」에 이르기까지 총 157편에 달하는 그의 동화를 1835년 초판을 필두로 1843년에 두 번째 판을, 1858년에 세 번째 판을, 그리고 1861년 마지막 판을 통해 『동화와 이야기*Eventyr og Historier*』라는 제목으로 발표했다.

안데르센은 덴마크 작가이지만, 독일 문단과 관련이 깊다. 그는 무엇보다도 출세작이 된 자서전적 소설 『즉흥시인*Der Improvisator*』을 독일어로 출판했고, 또한 그의 자서전 『내 인생의 동화*Das Märchen meines Lebens*』(1847)를 독일에서 출판했으며, 그의 생애 동안 약 30여 개국을 여행하는 중에 첫 번째 여행지가 독일이었고, 이후 가장 빈번하게 독일로 여행했다.

여기서 다루게 될 「미운오리새끼」는 1844년 안데르센이 39세 때 발표한 스물일곱 번째 작품이다. 안데르센이 스스로 「미운오리새끼」의 전반부를 여름에 '기젤허Gisellher'라는 곳에서 며칠 동안 머물면서 썼는데, "그 동화의 결말은 그로부터 반년이 지나서야 완성했다."고 고백하듯이, 「미운오리새끼」의 줄거리가 여름에 시작되어 가을과 겨울을 지나 이듬해 봄에 끝남으로써 계절의 순환을 연상케 한다. 울슐라거Wullschlager가 "그가 가장 오랫동안 공을 들인 작품 중의 하나였다."고 지적했듯이, 「미운오리새끼」는 안데르센이 심혈을 기울여서 창작한, 그의 대표적 동화작품이라고 말할 수 있다.

뿐만 아니라, 이 동화에서는 '소외계층 출신'인 안데르센의 전기적 상황

8) Hans Christian Andersen, *Märchen*, Bilder von Nikolaus Heidelbach, Aus dem Dänischen von Albrecht Leonhardt, Beltz & Gelberg, 2007 참조.

이 '소원환상'을 통해 서술되며, 동시에 소시민적 삶에 대한 그의 콤플렉스가 상징적으로 암시되고 있다. 즉, 동화 주인공 미운오리새끼가 '못생긴 외모 때문에' 모두에게 웃음거리가 되고 따돌림을 당했듯이, 안데르센은 비참한 출신과 못생긴 외모 때문에 평생을 강박관념에 사로잡혔고, 그 열악한 환경을 인간적인 노력으로 극복하려는 동화 같은 삶을 살았다고 할 수 있다. 다시 말해, 그는 백조가 아니라 오리로 태어나서 백조가 되고 싶었기 때문에, 미운오리새끼는 바로 안데르센의 자화상이라고 할 수 있다.

따라서 여기에서는 안데르센의 콤플렉스가 무엇이고 그 콤플렉스가 어떻게 동화 속에서 묘사되는지, 또한 오리에서 백조로, 자기 정체성의 혼란을 극복하는 동화 주인공의 아름다운 모험은 무엇이며 어떻게 전개되는지, 그리고 그의 소시민적 장애를 어떻게 극복하는지 등을 살펴보기로 한다.

1) 콤플렉스

프로이트S. Freud(1856~1939)의 정신분석학에서 콤플렉스란 격정적이고 강렬한 '사고범위와 관심범위Gedanken- und Interessenkreis'를 의미하며, 자주 무의식적이고 역동적으로 '실책, 꿈, 노이로제, 강박관념' 등으로 작용한다. 예를 들면, '오이디푸스-콤플렉스Ödipus-Komplex'나 '열등감-콤플렉스Minderwertigkeits-Komplex' 등이 그것이다.

안데르센 동화 「미운오리새끼」에서 '열등감 콤플렉스'는 다음과 같이 못생긴 외모 때문에 발생한다.

> 가엾은 오리새끼는 안절부절 어찌할 바를 몰랐고, 못생긴 외모 때문에 오리농장에서 웃음거리가 되었기에 너무나 슬펐어요. 그렇게 첫날을 보냈지만 날이 갈수록 놀림은 점점 더 심해졌죠. 가엾은 오리새끼는 모두에게 따돌림을 당했고, 형제자매들조차도 매몰차게 대했으며, 항상 "야, 못난아, 고양이가 널 잡아가 버리면 좋을 텐데."라고 말했어요.

가뜩이나 알이 커서 다른 형제자매보다 늦게 태어나 어미의 속을 태운 미운오리새끼가 너무 못생겨서 다른 오리들과 닭에게 물어뜯기고 놀림을 당했는데, 이제 형제자매마저도 동화 주인공을 없어졌으면 좋겠다고 대놓고 말하니 그 강박관념이 무의식적으로 열등감으로 자리 잡을 수밖에 없었다고 생각한다.

또한 융C. G. Jung(1875~1961)의 분석심리학에서 콤플렉스는 '의식적인 의지bewußte Willen'에서 벗어나는 '핵심 요소'이자 '의미전달자Bedeutungs- träger'로서 환경의 제약을 받는 개인의 체험 또는 체질에서 유래하며, 조정하기 어려울 뿐만 아니라, 무의식과 결합된 일련의 '관념연상Assoziationen'에서 생기기 때문에, '정신생활'에서 자아분열에 따른 '이방인Fremdkörper'으로 작용할 수 있다.

안데르센 동화 「미운오리새끼」에서는 '이방인(주위환경에 맞지 않는 사람)' 콤플렉스가 다음과 같이 나타난다.

> 마침내 그 커다란 알이 깨졌어요. 새끼가 '짹짹'거리며 밖으로 나왔어요. 정말 크고 못생긴 새끼였죠. 어미오리는 그 새끼를 보면서 "정말 굉장히 큰 오리새끼구나!"라고 말했어요. "다른 새끼들과 전혀 다르네! 하지만 칠면조 새끼는 아니겠지?"

왜 미운오리새끼는 주위의 알의 크기와 다르고, 태어나서도 크고 못생긴 새끼로 평가되며, 심지어 칠면조 새끼일지도 모른다는 의심을 받게 되는가? 그것은 동화가 '모든 극단적인 것'을 좋아하는 문체 특성 때문이다. 즉, 동화의 등장인물들은 매우 아름답거나 혹은 매우 추하고, 매우 좋거나 혹은 매우 나쁘며, 매우 가난하거나 혹은 매우 부자이고, 매우 부지런하거나 혹은 매우 게으른 '극단적인 대조'로 묘사되기 때문이다. 그럼에도 불구하고 동화 주인공 미운오리새끼는 주위 환경과 다른 자신의 모습과 처지 때문에 이방인으로 간주되며 줄거리 내내 그 일로 괴로워하는 것이다.

이와 같이 안데르센의 콤플렉스는 '열등감 콤플렉스'이자 자아분열에서 비롯된 '이방인(주위환경에 맞지 않는 사람)'으로서의 강박관념이라고 할 수 있다.

이제 그 원인을 그의 전기적 상황에서 찾아보면, 어린 시절의 열악하고 가난한 가정환경이 그의 콤플렉스의 핵심 요소임을 알 수 있다. 즉, 안데르센은 구두수선공인 아버지 한스 안데르센Hans Andersen(1782~1816)과 세탁부인 어머니 안네 마리 안데르스다터Anne Marie Andersdatter(1775~1833) 밑에서 어린 시절을 보냈고, 11세 때 아버지가 돌아가시자 스스로 직물공장과 담배공장에서 일을 할 정도로 비참한 환경에서 자라났다. 이러한 소시민적 생활환경이 안데르센의 무의식과 관련된 관념연상으로 자리 잡았다고 할 수 있다.

더욱이 안데르센은 1819년, 그의 나이 14세 때 연극배우의 꿈을 안고 코펜하겐으로 갔으나 변성기에서 비롯된 탁한 목소리로 가수의 꿈을 접었고, 스스로 작성한 연극대본마저도, 가난해서 정규교육을 받지 못한 이유로 문법과 맞춤법 그리고 표현력 부족에 의해 극단주에게 거절되었기 때문에, 자살을 생각할 정도로 극심한 마음의 고통이 그의 열등감 콤플렉스로 자리 잡았다고 할 수 있다.

뿐만 아니라, 독일 작가 헵벨F. Hebbel(1813~1963)이 안데르센에 대해 '유별나게 못생긴 얼굴과 가느다란 다리에 괴물처럼 구부정한 모습'이라고 표현했듯이, 그의 못생긴 외모가 콤플렉스로 작용하여 인어 공주가 왕자를 짝사랑했듯이, 사랑하는 여인과 이룰 수 없는 불행한 사랑으로 평생 독신으로 지냈다는 사실은 익히 알려진 이야기이다.

사실 가난은 죄가 아니다. 가난은 동화의 중요 모티브 중 하나이다. 그러한 가난을 어린 시절에 뼈저리게 체험한 안데르센이 동화를 창작함으로써 세계적인 명성을 얻게 된 것은 우연이 아니다. 안데르센 집안은 가장 낮은 신분에 속했고, 그 당시에는 신분차별이 오늘날보다 훨씬 더 심했기 때문에, 가난한 소년이 사회적 신분상승을 한다는 것은 실제로 불가능한 일이었다.

하지만 울슐라거는 그의 『안데르센 평전*Hans Christian Andersen-The Life of a Storyteller*』에서 다음과 같이 가난한 어린 시절을 보낸 후 그 고통과 열등감을 갈채로 승화시키는 안데르센의 자전적 이야기를 「미운오리새끼」에서 그려냈다고 평가한다.

> 「미운오리새끼」는 볼품없는 아이나 고통 받는 청소년기를 지나 모든 사람에게 갈채를 받는 아름다운 백조가 된 이야기로 자신의 인생을 해석하고 싶어 하는 안데르센의 마음을 환상적으로 그렸다.

동화는 환상적 이야기이다. 안데르센은 자신의 열등감 콤플렉스를 현실이 아닌 환상에서 보상받길 원했기 때문에, 동화에서 그 해답을 찾으려고 했다. 즉 안데르센은 그의 강박관념을 극복하려는 소원을 빌었고, 그 소원이 환상이 되어 동화로 승화된 것이다. 이 소원환상이 결국 그를 소외계층에서 사회적 명성의 상태로 오르게 했고, 그것을 동화를 통해 실제로 성취했다고 말할 수 있다.

다시 말해, 그의 무의식에 잠재되어 있는 열등감과 강박관념이 자전적 동화 「미운오리새끼」로 표출된 것이며, 콤플렉스 문제를 관념연상으로 그려낸 것이다.

> 내가 미운오리새끼였을 때, 나는 그런 큰 행복을 꿈꾸지도 못했지요!

위와 같은 「미운오리새끼」의 마지막 외침의 문장이 안데르센의 고백이며, 그의 콤플렉스의 극복이라고 말할 수 있다. 너무나 가난하고 열악하여 '행복'이라는 단어가 남의 집 이야기인 줄만 알았던 그에게 동화는 모든 강박관념과 열등감을 한 방에 날릴 수 있는 장르였고 유일한 돌파구였다.

비록 '사회 심리적으로' 이해할 수 있을지라도 안데르센의 부정적 콤플렉스가 동화의 '기적극복'을 통해 긍정적 결말을 가져왔고, 여기에 동화의 환상적 '마력'이 작용한 결과라고 말할 수 있다. 그렇게 동화 「미운오리새끼」는 줄거리 내내 주인공의 '아름다운 모험'을 그려내고, 그것을 통해 뜻밖의 감동을 자아내게 한다.

2) 아름다운 모험

동화 주인공은 모험가이다. 모험은 여행과 방랑에서 나온다. 그래서 뤼티는 동화 주인공을 세상 끝까지 편력하는 '방랑자'라고 말한다.

「미운오리새끼」에서 동화 인물들은 '가금류'이다. 깃털이 있는 주인공이 의인화되어 예기치 않은 도주와 발견과 만남으로의 '모험적인 여행'을 떠난다. 동화 줄거리 상에서 결정적인 모험여행이 모두 세 번 시행되는데, 그 첫 번째 여행은 다음과 같은 도주에서 비롯된다.

> 그리고 어미오리는 "네가 멀리 사라져 버렸으면 좋을 텐데!"라고 말했어요. 그리고 오리들은 그 오리새끼를 물어뜯었고, 닭들은 쪼았으며, 동물들에게 모이를 주는 여자애는 발길로 찼어요. 그래서 그(미운오리새끼)는 달아났고 울타리를 훌쩍 넘어 날아갔어요.

못생긴 외모 때문에 모든 이들에게 왕따를 당해도 어미오리가 자기편을 들어주기 때문에 그 외모콤플렉스를 묵묵히 참고 있던 미운오리새끼가 어미마저 자기가 사라져 버렸으면 좋겠다는 고백을 듣는 순간 그 울타리를 박차고 도주를 감행한다.

안데르센이 자신의 자서전에서 "나는 단지 살기 위해서 글을 써야 한다."라고 고백했듯이, 미운오리새끼는 맞아죽거나 미움 받는 천덕꾸러기로 살지 않기 위해서, 즉 살기 위해서 도망치는 것이다.

사실 동화 문학에서 동화 주인공은 집을 떠나 세상을 편력해야만 한다. 미운오리새끼는 정해진 줄거리의 성취를 위해, 곧 자신의 정체성을 찾기 위해 울타리를 뛰어넘어 보다 넓은 모험의 세계로 나아가는 것이다.

다시 말해, 동화 주인공은 '기적적인 현상과 가능성'을 보고 체험하기 위해 세상 끝까지 방랑해야 하며, 이러한 여행에 갖가지 위험이 도사리고 있을지라도 결국 미운오리새끼는 '행복한 목표'에 도달하게 된다. 왜냐하면, '좋은 결말'이 동화의 본질에 속하기 때문이다.

두 번째 모험여행은 다음과 같이 발견을 위한 자신의 결심 가운데 시도된다.

> "내 생각에는, 저 넓은 세상으로 나가야 살 것 같아!"
> "그래, 마음대로 해!"라고 암탉이 말했어요.
> 그래서 오리새끼는 떠났어요.

사실 동화 문학에서 등장인물들이 자신의 내면적 자각이나 흥분 또는 감정에 의해 방랑하는 것은 아니다. 뤼티는 동화 인물이 편력하는 이유를 '하사품, 발견, 과제, 충고, 금지, 기적적인 도움과 저항, 어려움과 행운' 등의 외부적 자극에 의한 것으로 보았다. 하지만 안데르센은 한 차원 높은 창작동화의 영역에서 동화 주인공을 자신의 의지에 의해 방랑하게 만든 것이다. 비록 이런 모습이 반동화적인 특징으로 간주될지라도 안데르센이 동화가 무엇이라는 것을 알고 있다는 반증이기도 하다.

어쨌든 미운오리새끼는 물 안에서 헤엄치며 노는 자신의 정체성을 발견하기 위해 '수고양이와 암탉과 함께 사는 할머니'의 농가를 빠져나오는 것이다.

세 번째 여행은 세 마리 아름다운 백조를 만나기 위한 모험에서 비롯된다.

> "저 화려한 새들에게 날아갈 테야! 그럼 그들은 부리로 쪼아서 나처럼 못생긴 새가 감히 가까이 왔다고 죽이려 하겠지. 그러나 상관없어. 오리들에게 물리고, 닭들에게 쪼이고, 양계장을 돌보는 처녀에게 발로 채이고, 겨울에 화禍를 당하는 것보다, 차라리 저 새들에게 죽는 편이 나아!" 그래서 오리새끼는 물속으로 날아들어가 아름다운 백조를 향해 헤엄쳐 갔어요.

만남의 아름다운 모험이 세 번째 여행에서 다시금 자신의 의지에 의해 행해진다. 이리 죽으나 저리 죽으나 이판사판의 심정으로 미운오리새끼는 아름다운 백조를 향해 헤엄쳐 가는데, 결국 자신의 정체성이 그의 용기와 만남에 의해서 성취된다. 다시 말해, 미운오리새끼가 "죽일 테면 죽여!"라고 외치면서 머리를 숙이고 아름다운 세 마리 백조에게 가는 순간, 물 위에 비친 자신의 모습에서 우아한 백조의 정체성을 발견하는 것이다.

위와 같은 세 가지 모험여행은 안데르센의 철저한 시간적·공간적 서사 형식에서 전개되었다. 먼저, 시간적으로 여름에 알에서 부화된 동화 주인공이 가을과 겨울을 거쳐 점점 더 성장하고, 드디어 봄에 완전히 자라난 백조가 되었으니 말이다. 또한 공간적으로 숲에서 부화된 미운오리새끼가 호수에서 헤엄치고, 농장에서 구박받고, 늪으로 피신하고, 농가로 다시 들어가고, 호수로 다시 나왔다가 얼어붙어 농가로 가서 회복하고, 마침내 정원의 호수에서 아름다운 백조를 만나니 말이다. 즉, 미운오리새끼의 아름다운 모험은 시간과 공간의 조화 가운데 이루어진 도주와 발견과 만남의 여행이었다고 할 수 있다.

3) 소시민적 장애의 극복

울슐라거가 『안데르센 평전』의 서문에서 "일생 동안 그는 전형적인 아웃사이더였다."라고 밝혔듯이, 안데르센은 일생 동안 아웃사이더로서 '소시민적 장애'에 시달렸다. 다시 말해, 그는 어린 시절의 궁핍한 소시민적 삶이 강박관념이 되어 콤플렉스로 자리 잡았고, 그것이 평생 그의 굴레가 되어 소시민적 장애로 자리 잡은 것이다. 그 한 예로서 안데르센은 자신의 자서전에서 다음과 같이 푀르 섬의 온천장에서 덴마크 국왕 내외를 만난 감회를 밝힌다.

> 국왕 부처가 나를 인정한다는 사실이 기뻤다. […] 가난한 소년이 혈혈단신 코펜하겐에 간 지 정확하게 25년 만이었다. 그 25주년 기념식을 국왕 부처가 마련해 준 셈이었다.

1805년에 태어난 안데르센이 14세 때인 1819년에 혈혈단신 코펜하겐으로 와서 25년을 보낸 1844년에 덴마크 국왕을 만날 정도로 출세했지만, 마음 한 구석에는 여전히 소시민적 장애를 떨쳐버릴 수가 없었다. 왜냐하면, 그의 무의식 속에는 여전히 열등감 콤플렉스와 이방인(주위환경에 맞지 않는 사람) 강박관념이 그를 괴롭히기 때문이었다. 그래서 그는 이때 오랫동안 공을 들인 작품 중의 하나인 동화 「미운오리새끼」를 완성한 것이다.

> 백조 알에서 태어난 존재인데, 오리우리에서 태어난 것쯤은 아무런 허물도 아니었죠! 그(미운오리새끼)는 온갖 고난과 불운을 견디어 낸 것이 참으로 기뻤어요.

클로츠가 안데르센을 '시골출신의 몹시 가난한 벼락출세자'로 간주했듯이, 안데르센은 백조가 아니라 오리로 태어나서 백조가 되고 싶었기 때문에, 그 소원을 환상적인 동화에서 성취하려고 묘사한 것이다. 다시 말해, 자신은 백조로 태어났기에 오리처럼 살아온 게 아무런 허물이 되지 않는다고 주장할지라도, 현실에서의 소시민적 장애를 완전히 걷어낼 수 없다. 따라서 안데르센의 소시민적 장애 극복은 동화 「미운오리새끼」로 승화되어 그의 소원환상의 결과물로 표출된 것이지 실제로는 아니란 말이다.

단지 동화 「미운오리새끼」를 읽는 독자들에게 안데르센은 동화 주인공을 통해 자신이 경험한 소시민적 삶의 고통을 이겨낼 수 있는 희망과 위로를 주는 것이다. 그래서 울슐라거도 다음과 같이 안데르센의 천재성을 코멘트한다.

> 이 이야기는 전형적인 옛날이야기의 정서를 유지하면서도 해학적이고 상세한 묘사, 미세한 장치, 밑바닥에 흐르는 낭만주의 등 안데르센 특유의 천재적 재능을 가장 뚜렷이 보여준다.

어려서부터 콤플렉스에 사로잡힌 안데르센은 성인이 된 후, 그 열등감을 떨쳐 버리려고 애를 썼고, 내심 '나는 백조인데, 오리우리에서 태어난 거야!'를 수십 번 곱씹어 보았으리라. 특히 어렸을 때 꿈과 소망이 남달랐던 그였기에, 성장 후 유명인사가 된 다음부터는 이런 외유내강의 삶을 통해 소시민적 장애를 극복하려고 의도적으로 동화를 썼다고 할 수 있다. 왜냐하면, 동화는 '고향세계에 대한 꿈'이고, 가능하거나 불가능한 조건에서 항상 가능한 일을 묘사할 수 있는 장르이기 때문이다.

더욱이 안데르센은 동화를 창작하는 데 남다른 천재적인 재능이 있어, 한번 듣거나 본 옛날이야기나 전래동화를 새로운 창작동화로 탄생시켰다. 울슐라거가 "안데르센은 전형적인 우수한 자질을 바탕으로 전통적인 이야기에서 그런 것처럼 이중적 의미를 담아 이야기를 만들어 낸 유일한 작가이다."라고 서술했듯이, 안데르센은 「미운오리새끼」에서 어린아이의 눈높이에 맞춰 재미있는 동물이야기를 감동적으로 그려낸 것 같으면서도, 한편으로는 어른이 되어서야 이해할 수 있는 '고진감래苦盡甘來'의 우아하고 성숙한 고전적 감동을 선사한 것이다. 그래서 덴마크의 물리학자 외르스테드Oersted(1777~1851)가 1835년 서른 살의 안데르센에게 『즉흥시인』으로 유명해졌다면, 동화로 불멸의 작가가 될 것이라는 예언이 약 10년 뒤에 동화 「미운오리새끼」로 실현된 것이라고 할 수 있다.

> 얼마나 구박당하고 경멸을 받아왔는지 생각했던 그(미운오리새끼)가 이제는 모두에게 아름다운 새들 중에서도 가장 아름답다는 소리를 듣게 된 거예요. 그리고 딱총나무가 물 안에 있는 백조를 향해 가지를 굽혔고 태양은 따뜻하고 밝은 햇살을 비췄답니다.

인간과 동물과 식물 등의 삼라만상森羅萬象이 조화를 이루는 아름다운 세상! 이것이 동화의 세계이다. 오리였을 때는 상상도 못했던 일들이 백조임이 드러난 순간, 한꺼번에 동화 주인공에게 성취되는 것이다. 즉, 어린 시절의 궁핍하고 혼란스런 소시민적 삶이 성인이 되어 유명한 동화 작가로 거듭나기까지 장애로만 알고 살아왔는데, 이제 성공한 동화 작가가 되어 한꺼번에 꿈꿔 온 행복을 만끽하는 것이다.

안데르센은 '성공한 미운오리새끼'로서 자신의 고향인 오덴세로 떠나온

지 48년 만에 금의환향錦衣還鄕했다. 사실 그 자신은 50년 만에 돌아가려고 계획했으나, 그의 지인들의 재촉으로 2년 앞당겨진 것이다. 그래서 1867년 12월 6일에 자기가 태어난 고향 오덴세에서 명예시민증을 받게 되었다. 그리고 12월 11일 그가 코펜하겐으로 돌아가는 기차 안에서 다음과 같이 '성공한 미운오리새끼'에 대한 감회를 밝혔다.

> 드디어 온전히 나 혼자만 남게 되자, 비로소 내가 태어난 곳에서 신이 내게 내렸던 모든 명예와 기쁨과 영광의 의미를 깨달았다. 결국, 내가 얻을 수 있었던 가장 크고 위대한 축복은 나 자신이었던 것이다.

소시민의 열악한 환경에서 태어나 모든 명예와 기쁨과 영광을 얻게 된 것을 신의 축복으로 돌리는 고백이 안데르센의 신앙심을 엿볼 수 있는 대목이며, 가장 위대한 축복이 그 자신이었다는 깨달음에서 소시민적 장애가 완전히 극복되었음을 엿볼 수 있다. 비록 그가 시·소설·드라마·여행기 등 다양한 장르의 문학작품을 출판했을지라도, 단지 동화에서 그의 소원환상이 가장 알맞게 표현되었으며, 그것을 통해 비참한 소시민에서 성공한 사회적 명성의 상태로 오를 수 있었다고 할 수 있다. 그래서 그는 백조로 태어나 오리우리에서 자란 원조백조라기보다는, 오리로 태어나 백조가 된 모조백조라고 말할 수 있다. 그러므로 미운오리새끼는 안데르센의 자화상이며, 콤플렉스를 통해 '유전인자'가 문제가 아니라 '사회화환경'이 문제라는 자신의 견해를 동화 주인공을 통해 피력하는 것이다.

안데르센은 창작동화의 선구자이다. 그가 동화 창작의 시작에서 전래동화를 복제하는 데 급급했다면, 중·후기 창작물들에서는 자신의 동화 형식을 정립하면서 창작동화의 진수를 보여줬다고 할 수 있다.

비록 티스마르에 의해 안데르센 동화 「꼬마 이다의 꽃Die Blumen der kleinen Ida」이 호프만Hoffmann 동화 「호두까기인형과 쥐의 왕Nußknacker und Mausekönig」과 연결되고, 「인어 공주Die kleine Meerjungfrau」는 푸케Fouqué 동화 「운디네Undine」와, 그리고 「그림자Der Schatten」는 샤미소Chamisso 동화 「페터 슐레밀의 이상한 이야기Peter Schlemihls wundersame Geschichte」와 연결된다고 주장될지라도, 안데르센 동화는 자서전적인 성향이 강한 풍자적이고 교훈적인 꾸민 이야기이다. 그래서 그의 동화는 그만의 독특함이 배어 있고, 독일 동화의 영향을 한 차원 끌어올린 아름답고 감동적인 그만의 창작동화라고 말할 수 있다.

울슐라거가 안데르센을 "서계에서 으뜸가는 환상적인 이야기꾼"이라고 표현했듯이, 안데르센 동화는 환상이야기이며, 가난하고 억압받던 아이들과 소시민들에게 꿈과 비전을 갖게 한 희망이야기이다.

특히 안데르센은 자전적 동화「미운오리새끼」에서 그의 콤플렉스, 곧 열등감 콤플렉스와 이방인(주위환경에 맞지 않는 사람) 강박관념이 사회적인 선입견과 환경에 따른 결과였음을 밝혔고, 동화 주인공의 죽음을 각오한 정체성 찾기의 노력을 통해 그 콤플렉스를 극복할 수 있다는 희망의 메시지를 보여준 것이라고 할 수 있다.

그러므로 안데르센 동화「미운오리새끼」는 아이들에게 즐거움을 주기 위한 단순한 동물이야기가 아니며, 인생의 파노라마와 전화위복轉禍爲福의 감동을 맛볼 수 있는 위대한 창작동화라고 할 수 있다.

결론적으로 동화를 창작하려는 작가는 먼저 동화의 소재를 발굴하고 영감에 의해 창작의욕을 불태워야 하며, 작가가 창작하려는 동화의 제목과 동화의 주제를 정하고, 동화에 등장할 인물들을 설정해야 하며, '서두문(출발 상황) - 가해(결핍 상황) - 구원(해소 상황) - 종결문[행복한(불행한) 결말]'의 줄거리 구성에 따라 동화 줄거리를 써야 한다. 이때 동화의 특징인 반복효과, 과제부여와 과제해결, 방랑, 동화의 주어진 물건들, 변신과 기적 등을 활용하여 재미있고 환상적인 내용을 삽입해야 하며, 심리적 문제일지라도 등장인물들의 콤플렉스 등도 다루어야 한다.

2.4.12. 동화의 변종들

1) 사이언 픽션

20세기 이후 동화와 유사한 모습을 지닌 새로운 문학적 형식들이 나타나는데, 그 제일선에 '공상과학소설Science Fiction'이 등장한다. 사이언 픽션이란 과학적 발견과 과학기술의 발달 및 미래의 사건과 사회변화가 인간에게 어떤 영향을 미치는가를 다루는 소설을 말한다. 공상과학소설은 외형적으로 동화와 유사하다. 공상과학소설의 "장래에 있을 것이다."로 시작하는 서두문이 동화의 "옛날에 있었다."로 시작하는 서두문과 비슷하니 말이다.

그러나 공상과학소설은 선과 악의 양면성이 뚜렷하지 않고, 측량하기 어려운 운명의 힘과 마력과 놀라운 마법을 가진 아이들 방의 동화와 다르며, 오히려 동화적 편견을 벗어난 매우 현세적인 장르이다. 공상과학소설의 저자들은 그들이 생각할 수 있는 계산기의 가장 대담한 구조와, 미래의 축광처럼 빠른 공간교차로, 혹은 미래의 사회형태의 대담한 구조에 대한 실현 가능성을 암시하는 일에 노력한다. 공상과학소설이 하나의 독립된 장르로 발달하게 된 것은 휴고 건스백Hugo Gernsback(1884~1967)이 '사이언티픽션scientifiction'이라는 합성어를 만들고 오로지 공상과학소설만 싣는 ≪어메이징 스토리스*Amazing Stories*≫라는 잡지를 창간한 1926년이었다. 그런 단편소설들은 이 잡지를 비롯한 저속한 잡지에 발표되어 점점 더 성공을 거두었지만, 진지한 문학이 아닌 인기 위주의 저급한 글로 간주되었다. 그럼에도 불구하고 그의 공헌을 기리기 위해서 해마다 가장 훌륭한 공상과학소설에 주는 '휴고상'이 제정되었다.

소도구와 등장인물, 그리고 공간적이고 시간적인 저승세계의 묘사에서 공상과학소설은 동화보다 도덕적 관념이 희박하며, 더욱이 공상과학소설이 때로는 마치 독자의 믿음에 따라 가능한 현실을 푸는 체하지만, 이러한 현실적 요구는 절대적으로 동화처럼 기대의 한계 밖에 서 있다. 그러나 공상과학소설은 동화보다는 더 퇴보적이다. 공상과학소설은 분명히 기술적 상징과 더불어 은폐할 수 있는 매우 심오한 퇴화를 어린아이적, 또한 인간사적으로 매우 이른 영혼의 표본에서 다룬다. 그러한 퇴화의 결과가 정신적 성숙의 정지 상태이다. 이러한 정신적 성숙의 정체는 곧 공상과학소설의 줄거리전달자의 정신적 구조에 대한 서술에서 가장 강하게 전달된다.

아무리, 공상과학소설의 "장래에 있을 것이다."가 동화의 "옛날에 있었다."를 기억나게 하여도, 양극적으로 그 두 가지 문학 장르는 외부적 그리고 내부적 기능에서 대립되는 것이다. 사이언 픽션 소설가는 과학적 사실과 원리를 조심스럽고 박식하게 추론하는 방법으로 이런 영향을 묘사할 수도 있고, 그런 사실이나 원리와는 완전히 모순되는 허무맹랑한 영역으로 들어갈 수도 있다. 어떤 경우든 과학에 바탕을 둔 개연성을 갖는 것이 필수 조건이다.

공상과학소설의 인기가 크게 높아진 것은 제2차 세계대전이 끝난 뒤였다. 장르의 지적인 세련, 성격 묘사의 치밀화, 좀 더 광범위한 사회적·심리적 문제에 대한 강조 등으로 인해, 훨씬 넓은 독자층에 호소력을 갖게 되었다. 제2차 세계대전 이후 활동한 공상과학 소설가들 가운데 주목할 만한 사람은 A. E. 반 보그트, J. G. 발라드, 레이 브래드버리, 프랭크 허버트, 할란 엘리슨, 폴 앤더슨, 새뮤얼 R. 딜레이니, 어슐라 K. 레귄, 프레더릭 폴, 브라이언 올디스 등이다. 이런 작가들의 접근방식은 앞으로 지구 위에 나타날 사회에 대한 비관적이거나 낙관적인 예측, 행성 사이의 여행을 가능하게 할 강력한 과학기술이 어떤 결과를 가져올 것인가에 대한 분석, 다른 세계에 존재할 수도 있는 가상의 지적 생명체와 그들의 사회형태를 상상하여 설명하는 방법 등이다. 라디오와 텔레비전, 특히 1970, 1980년대에는 영화가 이 장르의 인기를 높여 주었다고 말할 수 있다.

2) 판타지

이제 두 번째 선상에 '판타지Fantasy'가 머문다. 판타지란 구성, 주제, 설정 등 예술의 주요 요소를 마법이나 초자연적인 것들로 구성한 예술을 뜻한다. 환상 문학이라고도 부르지만, 근래에는 잘 쓰지 않는다. 이 판타지는 무엇보다도 원래부터 알려진 이성적 내용을 제외함으로써 공상과학소설과 구별된다. 판타지는 우리가 일반적으로 인지하고 있는 리얼리티와 굉장히 동떨어져 보일 수 있다. 외부적 기능에서 판타지는 동화보다 더 강하게 접근한다.

그러나 난쟁이, 산의 요정, 물의 요정 그리고 가지각색의 자연정령들과 함께한 등장인물의 세계가 구조적으로 기만된다. 판타지의 무대장치는 때에 따라서 동화의 무대장치와 놀라울 정도로 비슷하게 보이는 자연의 공간을 그럴싸하게 보이게 하며, 또한 경이적이고 낭만주의적인 창작동화의 기능을 기억나게 한다. 하지만 판타지의 이야기 자아내기는 대개 창작동화의 경우처럼 전래동화의 자아내기에서 벗어난다. 판타지 장르에서는 현실 세계와 완전히 다른, 마법이 판을 치는 판타지 세계에서 이야기가 전개되게 된다.

판타지 문학의 유형은 아직 독일 작가들에게서는, 영국 작가들에서처럼 동일한 역할을 행하지 못한다. 그래서 독일 지역에서는 압도적으로 판타지에 대한 번역이 문제시되고 있다. 한국의 판타지 시장은 다른 나라와 상당히 다른 방향으로 전개되었다. 1980년대 후반까지는 자생적인 판타지 장르가 존재하지 않았으며, SF의 하위 장르로서 외국으로부터 수입된 것이 주종을 이루었다. 이때 판타지 소설의 위치를 차지하고 있던 것은 무협이었다. 판타지 소설fantasy novel이란, 그 소설의 배경이 현실과는 확연히 분리되는 새로운 가상적인 공간에서 벌어질 만한 이야기를 상상하여 만들어 낸 소설이다. 판타지 소설은 작가의 상상력에 의해 만들어지고 재창조되는 가상의 공간에서 벌어지는 이야기이다. 『타워 새도우』, 『이상한 도서관』(무라카미 하루

키), 『환상 소설가의 조수』(제프리 포드) 등이 대표적인 판타지 소설이라고 할 수 있다.

우리나라에서는 1990년대 초반 하이텔에서 이우혁의 『퇴마록』이 연재되었는데, 이는 한국에서 출간되어 일반대중에게 널리 알려진 판타지 소설로서는 최초의 것이라고 할 수 있으나, 여전히 판타지라고 하는 장르 정체성은 결여되어 있었다고 해도 과언이 아니다. 판타지 소설이라는 파라텍스트paratext 곧 곁다리텍스트를 통해 독자에게 판타지 소설의 장르 정체성을 형성하는 데 지배적인 영향을 행사한 작품은 이영도의 『드래곤 라자』(1998)이다. 사실 김근우의 『바람의 마도사』(1996), 임달영의 『피트에리아』(1996) 등이 판타지 소설로 출간되었고, 당시 나우누리나 하이텔 등의 관련 게시판에서는 선풍적인 인기를 끈 바 있기는 하나, 『드래곤 라자』만큼 넓은 범위와 계층에 대해 반향을 일으키지는 못했다. 이후 등장한 전민희의 『세월의 돌』(1999), 이경영의 『가즈 나이트』(1999), 이상혁의 『데로드 앤드 데블랑』(1999), 홍정훈의 『비상하는 매』(1999) 등 출판업자와 소설가, 독자 모두가 판타지 소설이라는 공통된 정체성을 공유하는 작품이 등장하기 시작했다.

임달영은 판타지 『피트에리아(부활한 암흑여신)』을 통해 자신의 환상의 세계를 마음껏 펼친다. 그가 동화를 전문적으로 공부했는지는 모르겠지만, 동화적 상상력의 극대화가 판타지를 가져왔다는 점을 인식했으면 한다. 미래의 세계, 지금의 우리와는 너무나 다른 세계임을 가상하고 나름대로 하나의 허구의 세상을 펼쳐가지만, 그래도 변함없이 유지되는 핵심은 인간의 사랑이 존재한다는 점이다. 즉 인간의 미래 세상에도 인간미와 인간애는 환경의 변화와 상관없이 지속된다는 것이다.

3) 유토피아

마지막 장르로서 아직 '유토피아Utopia'가 동화의 이웃으로 놓인다. 유토피아란, 당시 사회에 대하여 통렬히 비판하면서 개혁의 본보기로 현실과 반대

되는 이상사회理想社會를 구체적으로 묘사하는 문학을 말한다. 어느 곳에도 없는 장소라는 뜻으로, 1515년에서 1516년 사이에 영국의 모어Thomas More (1477~1535)가 지은 공상사회소설 『유토피아*Utopia*』를 선구적인 것으로 본다. 이 작품은 공산주의 경제체제와 민주주의 정치체제 및 교육과 종교의 자유가 완벽하게 갖추어진 가상假想의 이상국을 그린 작품으로, 유럽 사상사에서 독자적인 계보를 형성하였다. 이후 유토피아는 일반적으로 '이상향理想鄕'의 대명사가 되었고, 유토피아 문학의 장르를 창시하는 데 큰 영향을 미쳤다.

유토피아는 익살(Schwank)과 흡사한 성향으로 문학적 장르로서 발전하였다. 더욱이 유토피아는 순수한 자기만의 형식에서 단지 드물게 나타나며, 다른 문학적 형성물과 결합하는 혼합 장르가 우세하다. 즉, 유토피아와 동화, 유토피아와 사회이데올로기, 유토피아와 공포소설, 유토피아와 여행소설 등이 가장 상이한 혼합형성물로 이끈다. 공상과학소설처럼 많은 유토피아들이 동화의 요소들과 형상들을 이용한다. 하지만 유토피아들은 그것들을 다른 목적을 위해 다른 의미로 사용한다. 또한 내면적 유형에 따라 유토피아와 동화는 오히려 서로 대립된다. 다시 말해 유토피아는 새로운 종교적 흐름 혹은 사이비 종교들의 결과에서 생겨났고, 때에 따라서 직접 동화의 형식으로 옷 입혀진 신화와 많이 비슷하다. 더 나아가 사람들은 동화적 경이가 신화적이지도, 유토피아적이지도 않다고 말할 수 있다. 여기서 동화적 경이는 현실의 가치에 알맞은 불확실성과, 권위에 예속된 통속사실주의의 가치에 알맞은 불확실성을 의미한다. 동화는 개개의 인간들에게 커다란 세계에 자신들이 관련되었다는 직접적 설명을 그들의 실존의 생산력들, 곧 지성·사랑·환상 등에 집중하게 함으로써, 비도그마적으로 자유롭게 성취한다. 따라서 동화는 신화적 공포와 두려움의 근원에 대한 인간의 최초의, 가장 오래된 대답이며, 신화적 재생에 대한 환상의 해방이다. 그러므로 동화는 신화와 유토피아보다 더 인간적이고 사실적이며, 비종교적이고 비도그마적인 것이다.

20세기 이후 동화 문학에서 이러한 공상과학소설, 유토피아 그리고 판타지의 문학 장르들이 동화 문학을 바탕으로 새로이 태동하였고, 마침내 여러 가지 모음집들로부터 나온 많은 동화들, 무엇보다도 그림형제와 안데르센의 동화들이 영화·연극·방송극·오페라·인형극·무도극·선전광고·팸플릿·삽화 등으로 개작되어 장르를 초월하여 사용되고 있으며, 심지어 학문과 문학비평에서 반어적·비유적·검은 유머적·풍자적·그로테스크적이란 용어로 철저하고도 황홀하게 분석되어지고 있다.

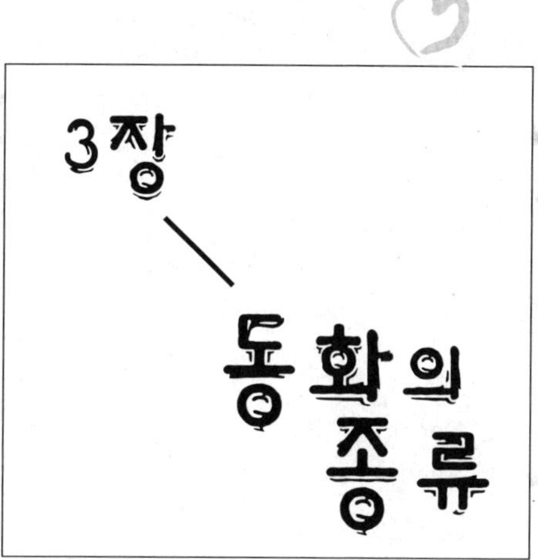
3장
동화의
종류

동화 창작을 어떻게 할 것인가? 어떤 동화를 써야 되나? 등의 고민을 해결하기 위해 동화의 종류를 알아보고, 그 종류에 알맞은 동화 창작을 시도해 보자. 동화의 종류는 크게 두 가지로 나누어진다. 전래동화와 창작동화가 그것이다. 그러나 오늘날 동화는 다양한 이름으로 소개되고 있다. 다양한 시대에 맞춰 다양한 종류로 동화가 재탄생되고 있다. 일반적으로 다양한 동화의 종류는 창작동화의 카테고리에서 다루어진다. 다시 말해 전래동화보다는 창작동화로 다양한 동화의 종류가 재창작되고 있다는 말이다.

3.1. 전래동화

전래동화란 수세기에 걸쳐 작자미상으로 널리 구전되어온 동화로서 끊임없이 변형되었고 크게, 신화·전설·우화·민담 등의 형태나 내용을 어린이들에게 알맞게 개작 또는 재구성한 동화를 말한다. 전래동화는 무대세트로서 주로 인간의 눈으로 볼 수 있는 세계의 경험영역을 추구한다. 다시 말해, 전래동화는 그림 동화처럼 구전되어온 옛날이야기를 할머니나 할아버지가 손자들을 위해 구수하고 재미있게 꾸며서 들려주던 내용을 후대에 수집, 정리하여 놓은 것이다. 따라서 전래동화는 구전적, 직접통신, 기억, 일시적, 집합적, 같은 모양, 공동소유, 구술의 전통, 변화가 그 특징을 이룬다. 그러므로 전래동화는 구전적, 직접적, 일시적, 집합적, 공동적으로 권력관계나 보다 나은 삶을 위한 소원관념에 대해 동심을 바탕으로 이야기하는 것이다.

오늘날 전래동화를 바탕으로 재창작하는 전래동화풍의 창작동화가 많은 인기를 끌고 있다. 이러한 경우 작가미상의 전래동화가 아니라 작가가 재창작한 전래동화라고 말할 수 있으며, 전래동화의 카테고리에서 분석해도 무방하다고 하겠다. 이것을 필자는 '재창작전래동화' 또는 '전래동화풍의 창작동화'라고 부른다.

재창작전래동화에서는 대부분 동화 서두문을 "옛날에 … 있었어요." 또는 "옛날에 … 살았어요."처럼 전래동화 서두문으로 시작하는 것이 원칙이다. 그래서 안데르센은 그의 창작동화「하늘을 나는 트렁크」의 서두문을 "옛날에 매우 부유한 상인이 살았어요."로 시작하고, 강정연은 그녀의 창작동화『재미나면 안 잡아먹지』의 서두문을 "옛날, 그러니까 호랑이가 담배 피우던 시절에 있었던 이야기야."로 시작하며, 헤세는 그의 창작동화「새」의 서두문을 "옛날, 월요일 마을 근처에 새가 살았어요."로 시작한다.

물론 전래동화풍의 창작동화의 서두문을 반드시 "옛날에 … 있었어요." 또는 "옛날에 … 살았어요."로 시작하라는 것은 아니다. 앞에서 말했듯이 단지 원칙을 제시한 거고, 다음의 예에서처럼 다양한 종류의 서두문으로 동화를 시작할 수 있다. 하지만 반드시 지켜야 할 점은 재창작전래동화의 서두문은 이미 오래전에 전해 내려온 혹은 경험한 이야기 등을 서술하는 것 같은 수법을 써야 한다는 것이다.

예를 들면, 헤세는 창작동화「시인」의 서두문에서 "전설에 의하면 중국의 시인 한 포크Han Fook는 젊은 시절에 시 쓰는 법에 관한 것이라면 무엇이든지 배워 그 방면에서는 완성의 경지에 이르겠다는 큰 포부를 지니고 자신을 채찍질했다고 합니다. 그는 고향인 황하 유역에서 살고 있었고, 자신이 택하기는 했지만 그보다 자신을 아끼는 양친의 주선으로 어떤 양가의 규수와 혼약을 하였어요. 길일을 택해 곧 혼례식도 올리게 되어 있었죠."라고 마치 전설처럼 오래전부터 전해 내려오는 중국 시인 이야기를 소재로 전래동화풍의 창작동화를 시작한다.

또한 강정연도 창작동화『심술쟁이 버럭 영감』의 서두문에서 "커다랗고 험한 산 아흔아홉 개를 넘으면 작은 마을이 나와. 바로 구구봉 마을이지. 구구봉 마을에는 예로부터 전해 오는 이야기가 있어. 소원을 외쳐서 아흔아홉 개의 산봉우리에 메아리가 울려 퍼지면, 그 소원은 반드시 이루어진다는 거야.”라고 전해 내려오는 이야기를 쓰는 것처럼 창작동화를 시작한다.

낭만주의 작가 푸케도 창작동화 『운디네』의 서두문에서 “지금은 벌써 수백 년이 흘렀을 그 옛날, 한 선량한 늙은 어부가 살았어요. 어느 청명한 날씨의 석양 무렵 노인은 문 앞에 앉아서 어망을 손질하고 있었죠. 그가 살고 있는 주변은 풍경이 매우 수려했어요.”라고 수백 년 전부터 전해오는 이야기를 옮기는 것 같은 기법으로 창작동화를 시작하는 것이다.

따라서 전래동화풍의 창작동화는 마치 옛날부터 익숙한 이야기 같은 친근감으로 독자들에게 다가가는 장점이 있으며, 특히 전래동화나 옛이야기에 익숙한 독자들에게 적합한 창작동화라고 하겠다.

3.2. 창작동화

창작동화란 작가의 창작에 의해 쓰인 동화를 말한다. 창작동화는 보이지 않는 자연을 무대 위로 들어 올릴 것을 시도하며, 망원경과 현미경을 삽입하여 가장 멀리 있는 세계들을 끌어당긴다. 창작동화는 안데르센 동화처럼 동화적 소재를 바탕으로 작가가 자신의 환상을 시적으로 창작한 것이다. 창작동화는 문서적, 간접통신, 독서, 영속적, 개별적, 새로운 창작, 개인소유, 문필의 전통, 교정이 본질적인 특징이다. 창작동화는 문서적, 간접적, 영속적, 개별적, 개인적으로 작가의 상상적 체험을 산문으로 이야기하는 것이다. 오늘날 우리나라에서는 창작동화라는 카테고리에서 다양한 동화의 종류가 구분되어 출판되고 있는데, 과연 이러한 구분이 필요한 것인지 회의懷疑가 들기도 하지만 동화 창작의 의도와 대상을 좁힐 수 있다는 긍정적인 면도 있어 여기에 그 종류를 다음과 같이 세분화하여 소개한다.

1) 생활동화

생활동화란 일상생활에서 일어날 수 있는 일들을 독자의 눈높이에 맞춰 창작한 이야기이다. 독자의 연령에 따라 동화의 내용이 달라질 수 있기 때문에 작가는 작품의 대상을 어느 연령층으로 할 것인가를 정해야 한다. 예를 들면, 『혼자 할 수 있어요』(2007, 한국헤밍웨이)처럼 기본 생활습관에 대해 유아의 시각으로 잠자리를 정리하고 혼자 잘 수 있다는 내용, 식사할 때 숟가락과 포크를 어떻게 사용할까 하는 내용, 양치질할 때 치약과 칫솔을 사용하는 내용, 거울을 보면서 빗질하는 내용, 신발을 신거나 벗어서 정돈하는 내용 등 아동생활에 직접적으로 영향을 줄 수 있는 내용을 글보다는 그림위주로 유·아동에 맞춰 동화를 쓸 수 있다.

더욱이 생활동화는 학년에 따라 다양한 주제로 발전할 수 있으며, 저학년 생활동화는 그림 위주로, 고학년 생활동화는 글 위주로 만드는 게 좋다. 특히 아동의 언어발달을 위해 생활동화는 단어의 반복이 많을수록 좋다. 그러나 초등생을 위한 생활동화는 학교생활에서 경험할 수 있는 내용을 바탕으로 글을 쓰는 게 좋다. 함지슬의 「대장이 되고 싶어」, 김선아의 「도서관 길고양이」, 강정연의 『정마로의 정말 억울한 사연』 등이 좋은 예이다. 심지어 고학년 생활동화에서는 이성문제까지도 다룰 수 있는데, 그 예로 이금이의 『우리 반 인터넷 소설가』를 들 수 있다.

최인훈崔仁勳(1936년 4월 13일~)은 생활동화 『7월의 아이들』에서 7월이라는 비가 많은 우기雨期에 초등학교 학생들을 등장시켜, 학교생활과 교우관계를 섬세하게 서술했다. '최인훈이 이러한 생활동화를 썼는가?' 할 정도로 많이 알려진 작품은 아니지만, 두 주인공 '대장'과 '피라미'를 통해 어린 시절, 누구나 한번쯤 겪어봤을 추억을 섬세한 필치로 그려냈다고 하겠다. 벌서고 있어서 담임선생의 허락 없이 귀가하지 못하는 말썽쟁이 대장과 철이, 그들의 순종하는 순수한 동심이 요즘 세대 아이들에게 어떻게 전달될는지 자못 궁금하다. '굉장한 비'라는 말로 동화를 끝냄으로써, 가난한 시절 장마철에

도랑에 빠져 물에 휩싸인 사고가 많았던 그 시절을 생각나게 하는 귀한 작품이다.

2) 역사동화

역사동화란 역사적인 사건을 바탕으로 독자의 눈높이에 맞춰 가공한 이야기이다. 즉, 역사동화란 역사적인 사건을 소재로 하여 현재의 독자의 눈으로 해석할 수 있는 관련성을 맺으면서, 역사적 과거 사실을 대상 연령에 따라 허구적으로 재구성한 서사문학이라고 할 수 있다. 예를 들면, 이규희의 역사동화 『어린 임금의 눈물』(2004)처럼 조선시대 단종 임금의 생애를 아동의 눈높이로 재구성한 장편역사동화를 말한다. 또한 이영서의 역사동화 『책과 노니는 집』(2007)처럼 조선말의 사회상을 필사쟁이를 아버지로 둔 아이의 눈으로 묘사한 역사동화도 있다. 다시 말해 역사동화란 역사적 내용을 바탕으로 아동의 관점에서 재구성, 재창작한 이야기를 의미한다. 따라서 그림보다는 글 위주의 동화이며, 유아보다는 초등생 이상의 아동과 청소년에게 알맞은 동화이다. 물론 역사적 사건을 소재로 재구성 또는 재창작하기 때문에 자칫 역사적으로 확정된 사실을 왜곡하는 경우가 종종 있다. 이 점은 주의해야 한다. 왜냐하면 역사 속의 인물이나 사회상 등을 너무 미화하거나 악화시켜 서술하면, 감수성이 예민한 아동과 청소년들에게 역사 교과서를 통해 배운 내용과 혼란을 일으킬 수 있기 때문이다.

그러나 동화의 핵심은 권선징악과 해피엔딩이기 때문에 역사적인 사실을 부정적이기보다 긍정적으로 서술하는 것은 역사동화에서 가능한 일이라 하겠다. 누구보다도 강숙인은 『마지막 왕자』(1999), 『아, 호동왕자』(2000), 『화랑 바도루의 모험』(2001), 『하늘의 아들 왕검 1, 2』(2003), 『초원의 별』(2006), 『지귀, 선덕여왕을 꿈꾸다』(2009) 등의 다양한 역사동화를 썼다.

3) 향토동화

향토동화란 글자 그대로 향토이야기이다. 다시 말해 지방색이 강하고 그 지방의 고유한 이야기들이 아동의 이야기로 재창작된 동화를 말한다. 예를 들면, 『석모도 아이들』(2009, 구경분)처럼 강화군 석모도의 초등학교 아이들을 위한 희망의 메시지를 쓴 장편동화를 말한다.

향토동화에서는 그 지방의 고유한 지방색이 드러나기 때문에 때로는 사투리가 그대로 서술되는 특징이 있다. 자칫 지역의 한계성이 있다는 단점은 있으나, 같은 연령대의 모든 아이들이 공감할 수 있는 내용이라면 그다지 문제가 되지 않는다고 생각한다. 지방 고유의 구수한 내용이 아동의 관점으로 승화된 이야기가 향토동화이다. 황석영이 자신의 유년 시절 이야기를 동화로 엮은 『모랫말 아이들』(2001)이나, 송영규가 자신의 어린 시절을 회상하면서 쓴 이야기 『그때 그날』(2009)도 향토동화의 범주에서 수용할 수 있다.

4) 환상동화

환상동화란 환상적인 이야기이다. 작가가 환상 속에서 체험한 내용을 현실처럼 서술하는 방법으로 쓴 동화이다. 예를 들면, 『환상동화』(2007, 하늘연못)처럼 작가가 환상 속에서 본 내용을 초현실적으로 묘사한 동화를 말한다. 초자연적인 존재가 등장하여 현실에서 일어날 수 없는 일들을 이야기하고, 아동에게 꿈과 환상의 세계로 빠져들게 하여 무한한 가능성을 소유하도록 유도하며, 창의적인 자유사색을 즐기게 한다. 때로는 너무나 황당무계하여 현실과 환상을 혼동케 하기도 하지만 자유사색을 통한 창의력 향상에 이바지하고, 무한한 가능성을 배태시킨다는 점에서 고학년 아동과 청소년에게 적합한 동화라고 말할 수 있다. 조앤 롤링의 『해리포터』 시리즈나 루이스 캐럴의 『이상한 나라의 엘리스』 등도 환상동화의 진수라고 할 수 있다.

5) 성경동화

성경동화는 성경에 나오는 내용을 바탕으로 재창작한 동화를 말한다. 딱딱한 성경책보다는 아동의 눈높이에 맞춰 재구성한 동화를 통해 종교적인 신앙심을 갖게 하는 목적이 있다. 『하나님의 멋진 세상』(2007, 도서출판 KMC)처럼 유년기 아동에게 그림 위주의 성경이야기를 쉽게 재구성함으로써 어려서부터 신실한 믿음을 교육하는 목적이 강하다. 특히 성경동화는 플래시 동화로 제작되어 유아들에게 많이 보급되었다. 아동을 위해서는 그림과 글이 적당히 조화를 이룬 성경동화가 바람직하다. 구약성경에 등장하는 아담과 이브로부터 시작하여 카인과 아벨, 노아의 방주, 아브라함과 이삭, 삼손과 델릴라, 모세와 십계명, 다윗과 골리앗, 솔로몬과 시바 등 다양한 영웅들의 이야기가 성경동화의 주된 줄거리를 형성하며, 그것을 바탕으로 재창작하는 시도가 필요하다.

6) 경제동화

경제동화란 아동에게 어려서부터 경제에 대한 지식을 갖게 하기 위한 목적으로 쓴 동화를 말한다. 예를 들면, 『재미있는 경제동화』(2005, 명진출판)처럼 누구나 다 알고 있는 백설 공주와 신데렐라 등을 주인공으로 등장시켜 그들이 어떻게 경제적 지식을 습득하여 CEO와 프로그래머 등으로 성공하는지를 재미있게 서술한 동화를 말한다. 현대는 경제의 시대이다. 이념과 사상이 아니라 경제적 능력이 개인이나 국가의 힘의 척도가 된다. 따라서 아동과 청소년에게 경제동화를 어려서부터 읽게 함으로써 현대사회에서 경제적 지식과 능력을 배양케 하는 데 그 목적이 있다. 그들은 경제동화를 읽다보면 자신도 모르게 경제에 대해 해박한 지식을 얻게 된다. 누구나 다 알고 있는 고전동화의 주인공들을 활용하여 경제라는 현실 문제를 이해시키는 교육적인 필요성은 있으나 문학적 가치는 떨어진다는 단점이 있다.

7) 과학동화

과학동화란 어렵게 생각되는 과학에 대해 연령에 따라 호기심을 유발하는 방법으로 저절로 과학을 이해시키는 동화를 말한다. 예를 들면, 『땅콩은 참 이상도 하지』(2010, 웅진주니어)처럼 초등 과학에서 식물에 대한, 특히 땅콩에 대한 아동의 호기심을 자연스럽게 소개하는 동화를 말한다. 물론 식물뿐만 아니라, 동물·생물·광물·자연·물리·화학 등 다양한 과학 전반에 대해 재미있게 그림과 함께 동화를 읽음으로써 저절로 과학에 대한 지식을 얻게 하는 효과가 있다.

과학동화는 대상 연령에 따라 내용의 깊이를 달리할 수 있어야 하고, 애니메이션과 글의 양도 적절하게 조절할 수 있어야 한다. 이 역시 동화를 통한 과학 지식의 유연한 교육을 목적으로 하기 때문에, 상대적으로 문학적 가치를 논할 수 있는 작품은 아닌 단점이 있다.

8) 구연동화

구연동화는 글자 그대로 구연하기에 좋은 동화를 말한다. 예를 들면, 『구연동화』(2009, 삼성출판사)처럼 유·아동들이 좋아하는 동화들을 모아서 특히 구연하는 데 알맞게 그림과 글을 조절하여 재구성한 동화를 말한다. 물론 구연동화용 동화를 창작할 수도 있으며, 간단한 소품을 만들어 책과 함께 활용하여 구연하면 훨씬 효과적이다. 예를 들면, 「개미와 베짱이」 동화를 구연할 때 두 주인공 개미와 베짱이의 손가락 인형을 만들어서 그림책과 함께 구연하면 훨씬 재미있게 구연할 수 있다. 사실 모든 동화는 구연동화로 활용될 수 있기 때문에 여기서 말하는 구연동화는 구연을 목적으로 만든 동화를 가리키며, 보다 짧은 글일수록 구연에 적합한 동화라고 하겠다.

9) 놀이동화

놀이동화란 유·아동들이 놀이를 하는 방법을 그림을 보고 글을 읽음으로써 자연스럽게 습득하게 하는 동화를 말한다. 예를 들면, 박영진의 『놀이동화』(2008)처럼 부모세대 때 골목길에서 '비석치기'라는 놀이를 애니메이션으로 그려서 유·아동들에게 그러한 놀이를 습득케 하는 동화를 말한다. 그 밖에 '구슬치기', '고무줄놀이', '술래잡기', '자치기', '다방구', '제기차기', '공깃돌', '묵찌빠', '팽이치기' 등 향수를 불러일으키는 놀이를 그림으로 엮어서 놀이동화를 만들 수도 있다. 혼자 놀기에 적합한 컴퓨터 게임에 익숙한 요즘 유·아동들에게 협동심을 유발하는 과거의 놀이를 배울 수 있도록 놀이동화를 보급하는 일이 중요하다. 물론 요즘 유·아동들이 좋아하는 게임기 놀이나 인형놀이, 여러 종류의 스포츠를 통한 놀이 등도 놀이동화의 좋은 소재가 되는 것은 두말할 나위가 없다.

10) 음악동화

음악동화란 음악과 동화가 조화를 이루면서 유·아동으로 하여금 동화를 읽으면서 자연스럽게 음악과 친숙해지고, 음악적 효과 속에서 동화의 내용을 이해하는 동화를 말한다. 따라서 『움직이는 음악동화』(2008, 한솔음반)처럼 동화책과 음악 CD 또는 DVD가 함께 제작되어 CD나 DVD를 틀면서 동화를 보고 듣고 구연하는 방법이 효과적이다. 특히 뮤지컬을 가미한 동화를 '뮤지컬동화'라고 한다. 유명한 명작동화를 음악을 배경으로 구연하거나, 유명한 음악 또는 뮤지컬을 동화를 읽으면서 배우는 장점이 있다. 혹자는 뮤지컬동화를 따로 구분해서 명명하는 경우가 있지만 음악이라는 카테고리에 클래식·뮤지컬·팝송·가요·아카펠라·샹송 등 다양한 음악 장르가 포함되어 있기 때문에, 음악동화의 카테고리에 뮤지컬동화·클래식음악동화·팝송동화·가요동화·아카펠라동화·샹송동화 등을 포함시키는 것이다.

11) 치유동화

치유동화란 동화를 읽고 마음의 근심을 해소하거나 억눌렸던 자기감정을 풀어버리고 정신적·심리적으로 치유하는 동화를 말한다. 예를 들면, 로버트 피셔의 『마음의 녹슨 갑옷』(2009)처럼 혼잡한 현대사회를 살아가는 아동과 청소년들이 마음의 혼란을 제어하고, 순수한 동심의 세계로 돌아가 동화의 고향에서 평화와 안위를 얻는 자기치유동화를 말한다. 동화는 마음의 고향이다. 따라서 세상살이에서 얻게 되는 온갖 스트레스성 장애를 치유하는 지름길은 동화를 읽고 그 세계에 빠지는 것이다. '동화치료'라는 말과 혼란을 일으킬 수 있으나, '치유동화'로 명명한 것은 특히 마음의 정화를 목표로 한 동화를 말하기 때문이다.

동화치료란 온갖 질병에 걸린 아동과 청소년들이 동화를 통해 위로와 평안을 받고 마음과 몸을 치료받는다는 뜻이다. 21세기에 들어서 동화를 통한 치료의 효능이 더욱 절실하며, 그 대상도 단순히 정신적 장애가 있는 아동뿐만 아니라, 치매에 빠지기 쉬운 노인으로 확대되고 있다. 따라서 치유동화를 창작하려는 시도가 본격적으로 이루어져야 하며, 앞으로 비전 있는 동화 콘텐츠로 자리매김하리라 예상한다.

12) 태교동화

태교동화란 글자 그대로 태교에 도움이 되는 동화를 말한다. 김선희의 『명작태교동화』(2008)처럼 「어린 왕자」, 「빨간 머리 앤」, 「비밀의 화원」, 「오즈의 마법사」 등의 명작동화를 통해 뱃속의 아기에게 엄마가 읽어주는 동화를 말한다. 구연 CD를 따로 만들어서 엄마와 뱃속의 아기가 동시에 듣게 하는 방법도 있다. 사랑·용기·믿음·희망 등의 메시지가 태교동화를 통해 전해진다면, 태어날 아기는 더욱 정의롭고 선하며 총명한 아이로 성장할 것이다.

13) TV동화

TV동화란 KBS미디어에서 제작한 동화 애니메이션으로서 사랑, 효, 지혜, 우정, 행복 등의 일상생활에서 필요한 기본적인 개념을 자연스럽게 동화를 통해 전달하는 미디어동화를 말한다. 동화를 미디어화한다는 큰 특징이 있다. 대중매체를 통해 TV를 시청하는 아동과 청소년에게 가족의 소중함과 친구관계, 사제지간의 도리와 인간관계 등 다양한 인생사를 잔잔하게 묘사함으로써 커다란 반향을 일으키고 있으며, 그 동화 스토리텔링을 공모함으로써 동화 작가들의 새로운 도전이 되고 있다.

이 밖에 '동요동화', '마음동화', '마술동화', '성장계발동화', '퍼즐동화', '학습동화', '영어동화', '반전동화' 등 다양한 목표를 위한 동화가 창작동화로서 해마다 출간되고 있다. 이제 동화의 본고장이 유럽이 아니라 한국이 아닌가 할 정도로 아동교육의 목표에 알맞은 다양한 동화 창작과 활용을 통해 머지않아 세계 동화의 한국화처럼, 우리 동화의 세계화가 곧 실현되리라 기대한다.

3.3. 동화 창작의 예

동화 창작 예문으로 어떤 작품을 선택할까? 고심하다가 동화 작가 조명아의 「배는 지금 간질간질」이라는 작품을 선택하게 되었다. 그 이유는 그녀가 필자의 제자일 뿐만 아니라, 배를 소재로 좋은 동화를 창작했기 때문이다. 이 작품은 2009년 부산일보 신춘문예 동화 부문에 당선되었다. 그 당시 조 작가의 풋풋한 모습을 눈앞에 그려보며 그녀의 동화를 여기서 예문으로 제시한다.

배는 지금 간질간질

내 몸은 점점 가라앉았습니다. 더 깊은 곳으로. 끝없이.

나는 이제 서서히, 정신을 잃어갑니다….

"얜 뭐야?"

"글쎄, 바위인가?"

"아닌 것 같은데."

정신을 차리고 힘겹게 눈꺼풀을 들어 올린 나는 깜짝 놀라고 말았어요. 하얗고 조그만 물고기들이 나를 둘러싸고 있는 게 아니겠어요?

"뭐, 뭐야?"

"그건 우리가 묻고 싶은 말이라고. 넌 대체 누구야?"

까만 줄무늬 물고기가 휙, 하고 나타나 쏘아붙였어요.

짭조름한 초록빛 물. 꼬르르륵 꼬르르륵, 물방울 소리. 나풀나풀 해초들이 이루고 있는 숲 사이로 쉴 없이 왔다갔다 바쁘게 오가는 물고기들. 이끼가 잔뜩 낀 바위에 따글따글 붙어 있는 전복과 따개비들.

맙소사. 나는 깊은 바닷속으로 가라앉아 버린 것이었어요. 끙끙, 안간힘을 써보았지만 모래더미에 푹 처박힌 내 몸은 꼼짝도 하지 않았어요.

"사람들이 엄청나게 큰 쓰레기를 버렸나봐."

물고기들이 갸웃갸웃 고개를 까딱이며 내 몸을 이리저리 살폈어요.

"난 바위도, 쓰레기도 아니야. 난 배라고."

나는 퉁명스럽게 말했어요.

"배라고? 배가 왜 여기에 있어?"

"배는 바다 위를 떠다니는 게 배 아냐?"

"나라고 여기가 좋아서 온 줄 알아?"

나는 볼멘소리로 말했어요.

"그럼 여기에 왜 왔는데?"

까만 줄무늬 물고기가 뾰로통한 입을 삐죽이며 말했어요.

나는 입을 굳게 다물었어요. 눈물이 나오려는 걸 꾹꾹 참느라 힘이 들었지요.

"난파선이로군."

꼭 소나무 가지처럼 머리가 긴 식물이 말했어요.

"난파선? 그게 뭔데요, 해송 할아버지?"

물고기들이 해송 할아버지 곁으로 휘리릭, 몰려들었어요.

"부서지고 고장이 나서 가라앉은 배란다."

까만 줄무늬 물고기가 깨진 창문과 망가진 뱃전을 들락날락하며 살피기 시작했어요.

"음, 정말이네. 귀신이라도 나올 것 같은 분위긴데?"

나는 울컥 화가 치밀어 올랐지요.

"저리 나가!"

"여기도 꽤 좋은 곳이야. 물살이 세서 맛있는 플랑크톤이 아주 많거든."

"그게 나랑 무슨 상관이야? 난 플랑크톤 같은 거 필요 없어. 풍랑을 만나지만 않았어도 이렇게 답답한 바다 밑에 올 일은 없었을 거야."

이번엔 까만 줄무늬 물고기가 기분이 상한 것 같았어요.

"그래? 그럼 다시 바다 위로 떠올라 보시든가."

물끄러미 바라보다가 홱 하고 고개를 돌리는 모양이 정말 얄미웠어요.

"그만들 해라."

해송 할아버지가 조용히 말씀하셨어요.

"이 세상에 이유가 없는 일은 없단다. 네가 여기까지 가라앉은 것도 분명 이유가 있을 게다."

"이유? 큰 덩치로 자리만 차지하고 있겠죠. 난 버릇없는 난파선이 나타났다고 소문을 내러 가야겠어요."

까만 줄무늬 물고기가 휙 하고 공중제비를 돌더니 꼬리를 흔들며 사라졌어요.

"어쩌다가 이렇게 되었니?"

"풍랑에 휩쓸려 큰 암초에 부딪혔어요."

나는 조그만 목소리로 말했어요.

"고생이 많았겠구나. 노련한 배들도 갑자기 불어닥치는 풍랑에는 속수무책이지."

해송 할아버지의 머리카락이 느릿느릿 움직였어요.

"전에도 난파선이 가라앉았던 적이 있었나요?"

"가끔 있었단다."

"그 난파선들은 어떻게 되었나요?"

나는 조심스럽게 물어보았어요.

"좀처럼 적응을 하지 못했지. 바다 밑이 마음에 들지 않아 끊임없이 불평만 하던 배도 있었고, 이제 끝이라며 절망하던 배도 있었단다."

"그래서요?"

"결국 모래에 파묻혀 버리거나 흔적 없이 사라지고 말았지. 끝내 아무것도 나아지지 않았으니까."

갑자기 물살이 무겁게 느껴졌어요. 바다 위를 떠다니기만 하던 내가 이곳에서 할 수 있는 일이 있을까요? 나는 자신이 없었어요.

"까만 줄무늬 물고기의 말이 맞아요. 난 아무 쓸모없이 자리만 차지할 뿐이에요."

"그렇게 생각하니?"

해송 할아버지의 긴 머리카락 사이로 나를 물끄러미 바라보는 눈동자가 보였어요.

"네."

나는 시무룩하게 대답했어요.

"네가 만약 스스로를 그렇게 생각한다면 바로 그 순간, 너는 쓸모없는 것이 되어버리는 거란다."

"난 배라고요. 바다 밑이 아닌 바다 위에 있어야 할 배 말이에요. 배는 떠다니지 않으면 아무 의미가 없어요. 부서지고 고장이 난 내가 여기에서 뭘 할 수 있겠어요? 모두 나를 비웃을 뿐이죠. 자존심을 잃지 않으려고 노력해 봐야 바뀌는 건 아무것도 없어요. 내가 다시 바다 위로 떠오르는 기적은 절대 일어나지 않을 테니까요."

절망에 빠진 채 점점 사라져 갔다는 난파선들이 생각났어요. 나는 억울하고 슬퍼졌어요.

"주변 환경을 바꿀 수 없고 기적을 바랄 수도 없다면, 네 자신을 한번 바꿔 보렴."

"내 자신을요?"

"바다를 바라보는 네 마음 말이다."

바다.

바다는 언제나 좋은 친구였어요. 내가 거침없이 앞으로 달리면 바다는 새하얀 물길을 만들어 주었어요.

"우와, 저 배 좀 봐. 정말 빠른데?"

"아주 크고 화려하군. 저 배에 타려면 돈이 아주 많이 들겠지?"

사람들이 나를 두고 이렇게 말할 때면 어깨가 저절로 으쓱해졌어요.

모든 배들이 나를 부러워했어요. 넓은 바다 구석구석 가보지 않은 곳이 없었지요. 바다를 가장 잘 아는 건 바로 나라고 생각했어요.

하지만 바다가 넓고 넓다는 것만 알았지, 이토록 깊고 깊다는 것은 알지 못했어요. 깊고 깊은 바다 밑에 내가 모르는 세상이 언제나 있었다는 것도요.

내가 버려진 난파선이라는 소문은 삽시간에 퍼져 나갔어요. 어린 물고기 몇 마리가 호기심에 입을 오물대며 다가왔다가 엄마 물고기에게 혼쭐이 나고 돌아갔어요.

"지지! 그런 것 만지는 거 아니야."

나는 화가 나기도 하고 부끄럽기도 했어요. 차가운 바닷물이 나를 자꾸만 움츠러들게 만들었어요.

내가 할 수 있는 일을 찾을 수만 있다면, 다시 한 번 최선을 다할 텐데.

이유가 없는 일은 없다던 해송 할아버지의 말씀이 생각났어요. 내가 바다 밑에 가라앉은 것도 이유가 있었던 걸까요?

"큰일 났어요! 큰일 났어요!"

까만 줄무늬 물고기가 헐레벌떡 바쁘게 헤엄쳐 왔어요.

"앞바다에서 기름을 잔뜩 실은 배들끼리 부딪혔대요. 앞바다는 지금 난리가 났어요. 배에서 흘러내린 기름 때문에 바다가 엉망이 되고 있대요!"

"정말 큰일이구나."

해송 할아버지가 걱정스럽게 말씀하셨어요.

"거기 살던 물고기들이 모두 집을 잃었대요. 모두들 피난을 가느라 야단법석이에요. 이리로 몰려올지도 몰라요!"

까만 줄무늬 물고기가 호들갑을 떨며 바쁘게 움직였어요.

"어머, 누가 몰려온다구요?"

연산호가 머리에 붙은 이끼를 털어내며 우아하게 말했어요.

"난 낯을 가리는 성격이라 낯선 물고기들과 함께 지내는 건 싫어요. 그렇지 않아도 여긴 물고기가 많은 곳이라 비좁잖아요? 불청객은 정말이지 하나로도 충분

해요."

연산호가 나를 쳐다보며 못마땅한 말투로 말했어요. 연산호의 긴 속눈썹이 물결에 살랑살랑 날렸어요.

"음, 하지만 그들이 정말 기름을 피해 여기까지 온다면 내칠 수야 없는 일이지."

해송 할아버지가 심각하게 말씀하셨어요.

"바위틈도 해초 숲도 이미 만원이에요. 물고기들이 집을 지을 공간은 더 이상 없다고요!"

까만 줄무늬 물고기도 목소리를 높였어요.

바로 그때, 갑자기 물살이 거세어지기 시작했어요. 저 멀리 커다랗고 검은 날개가 천천히 날갯짓을 하며 가까이 다가오고 있었어요.

"그들이 왔어요! 앞바다 물고기들이에요!"

거대한 날개는 수많은 물고기들의 무리였어요. 가까이 다가온 그들은 매우 지쳐 보였어요. 부축을 받으며 겨우 헤엄을 치는 물고기들도 있었어요.

"사람들이 흘린 기름 때문에 살 곳을 잃었소. 여기는 플랑크톤이 많아 살기 좋은 곳이라 들었소. 우리도 함께 살 수 있도록 해주시오."

우두머리로 보이는 물고기가 말했어요. 다부진 체격에 눈이 톡 튀어나온 물고기였어요.

"여기는 자리가 없어. 우리가 살기에도 모자란 곳이라고."

까만 줄무늬 물고기가 말하자 조그만 물고기들이 고개를 끄덕끄덕 거렸어요.

"맞아, 맞아."

"지금 텃세부리는 거요? 우리 중에는 알을 밴 물고기도 있소!"

눈이 튀어나온 물고기가 험악하게 말했어요. 하지만 모두들 모른 체 외면할 뿐이었어요.

그러자 눈이 튀어나온 물고기가 해송 할아버지 앞으로 헤엄쳐 갔어요.

"어르신, 여기서 살 수 있도록 허락해 주십시오."

"사정은 딱하나, 여기에 더 이상 집을 지을 공간이 없는 건 사실이라네. 플랑크톤은 많이 있으니 배불리 먹고 가시게."

해송 할아버지가 안타까운 목소리로 말했어요.

"우리에게 필요한 건 집이에요!"

앞바다 물고기들 중 누가 소리쳤어요.

"왜 하필 여기에 와서 난리람."

연산호가 한숨을 쉬며 우아하게 말했어요.

"뭐요?"

앞바다 물고기들이 발끈하며 앞으로 나왔어요. 그러자 텃세를 부리던 물고기들도 지지 않고 맞섰어요. 당장 싸움이라도 날 것 같은 분위기였어요.

그때, 어디선가 조그만 아기 물고기의 목소리가 들렸어요.

"엄마, 엄마. 여기 들어와 보세요. 아주 넓어요."

모두 소리가 나는 쪽으로 고개를 돌렸어요. 아기 물고기 한 마리가 내 몸 속에 들어와 요리조리 헤엄을 치고 있었어요.

"오, 정말이구나. 물고기들이 살기에 아주 안성맞춤이야!"

"어디, 어디? 나도 좀 들어가 보자."

앞바다 물고기들이 앞 다투어 나에게로 몰려들기 시작했어요. 나는 갑자기 벌어진 일에 정신이 없었어요.

눈이 튀어나온 물고기가 내 앞으로 다가와 진지하게 말했어요.

"부탁입니다. 우리들이 들어가 살 수 있게 해주십시오."

"네, 네?"

나는 당황해서 말을 제대로 할 수가 없었어요.

"여기가 아니면 우리는 살 데가 없어요!"

"제발 부탁이에요!"

앞바다 물고기들이 간절한 목소리로 내게 말했어요.

"무, 물론이에요! 어서 들어오세요!"

나는 떨리는 목소리로 말했어요.

"야호!"

"이제 살았어!"

앞바다 물고기들이 환호성을 질렀어요.

"정말 잘 되었군!"

해송 할아버지가 흐뭇하게 웃으셨어요.

"고맙습니다. 이제 안심하고 알을 낳을 수 있겠어요."

"여기라면 상어가 와도 문제없겠어!"

"어이쿠, 저도 신세 좀 지겠습니다."

앞바다 물고기들이 활짝 웃으며 내 몸 속으로 들어왔어요. 그들은 부서진 창틀, 망가진 선실, 배 바닥에 옹기종기 모여 터를 잡았어요.

"네 덕분에 바다에 다시 평화가 찾아왔구나."

해송 할아버지가 따뜻하게 말씀하셨어요.

"불청객들이 이제 식구가 된 건가요? 뭐, 어쩔 수 없죠."

연산호가 머리를 쓸어 올리며 말했어요.

나는 이상하게도 자꾸만 웃음이 났어요.

"바보냐? 왜 혼자 실실거리고 있어?"

까만 줄무늬 물고기가 슬쩍 다가왔어요.

"간지러워서. 헤헤헤."

물고기들이 간질간질 내 몸 안을 돌아다니니 웃음이 끊이질 않았어요. 웃으면 웃을수록 자꾸만 행복해졌어요.

까만 줄무늬 물고기가 자꾸만 주위를 휘휘 돌았어요. 그러다가 심각한 얼굴로 이렇게 말했어요.

"나도 여기로 이사 올까나?"

난파선을 의인화하여 주인공으로 등장시켜 세상에는 쓸모없는 물건은 없다는 내용을 주제로 한 아름다운 동화이다. 바닷속에 사는 다양한 물고기들과 해초류들, 심지어 유조선의 충돌로 인한 바다의 오염, 이사 온 물고기 떼들과 기존에 있던 물고기들 간의 영역다툼, 결국은 쓸모없을 것 같던 난파된 배가 그들의 새 보금자리로 터를 잡음으로써 함께 더불어 사는 평화적 공존의 메시지를 던진다.

동화의 전성시대, 동화의 르네상스 동화로 노벨문학상을 ……

동화는 상상력의 결정체이다. 동화 없이 산다는 건 앙고 없는 빵을 먹는 격이고, 고무줄 없는 팬츠를 입는 식이다, 그만큼 동화는 우리에게 반드시 필요한 문학 장르라는 말이다. 사람이 빵만 먹으면서 살 수 있는가? 빵과 더불어 음료도 마셔야 하듯이 삶을 영화롭게 하는 게 동화이다.

동화를 창작하는 일은 구두장이가 구두를 만드는 일만큼, 양복장이가 양복을 만드는 일만큼, 프로그래머가 소프트웨어를 개발하는 일만큼 중요한 일이다. 동화 작가가 독자 연령에 따라 동화를 창작하는 일이 일반적인 현상이지만, 마인드를 바꿔야 한다. 저학년 아동을 대상으로 하든, 고학년 아동을 대상으로 하든, 혹은 청소년이나 성인을 대상으로 하든, 모든 사람에게 어필하고 감동을 주는 그런 동화를 썼으면 좋겠다.

동화는 시와 소설 그리고 드라마의 종합예술이다. 다시 말해, 동화는 서정적·서사적·극적 요소를 갖춘 문학의 본질이라는 말이다. 그래서 동화를 쓰려면 시와 소설과 드라마를 두루 편력해야 된다.

최근에는 동화를 쓰던 작가가 청소년 소설이나 그림책 작가로 전향하는 경우가 빈번하다. 별로 좋은 일은 아닌 듯하다. 오히려 시인이나 소설가나 드라마 작가가 동화를 쓰고 싶어 하듯이, 청소년 소설을 쓰거나 그림책을 써본 사람이 동화를 쓰는 게 바람직하다고 생각한다. 결국 동화를 제대로 쓰고 싶다면 다양한 장르를 섭렵한 후 창작의 완숙한 경지에서 동화를 쓰라는 말이다.

동화의 전성시대, 동화의 르네상스를 맞이하여 출범한 동화 전공 학과의 학부와 대학원이 동화의 메카로서 국내뿐만 아니라 세계로 진출하여 이름을 떨치는 후학들을 기대하며 동화 창작에 대한 저술을 마무리한다. 동화로 노벨문학상을 받는 시대를 기대하면서…….

참고문헌

1. 외국 도서

Aarne, Antti, *Ursprung der Märchen*, in: Wege der Märchenforschung, Hrsg. von Felix Karlinger, Wissenschaftliche Buchgesellschaft Darmstadt, 1985.

Alewyn, Richard, *Über Hugo von Hofmannsthal*, Vandenhoeck & Ruprecht Göttingen, 4. Aufl., 1967.

Andersen, Hans Christian, *Märchen*, Bilder von Nikolaus Heidelbach, Aus dem Dänischen von Albrecht Leonhardt, Beltz & Gelberg, 2007.

Apel, Friedmar, *Die Zaubergärten der Phantasie. Zur Theorie und Geschichte des Kunstmärchens*, Carl Winter Universitätsverlag Heidelberg, 1978.

Bastian, Ulrike, *Die "Kinder-und Hausmärchen" der Brüder Grimm in der literaturpädagogischen Diskussion des 19. und 20. Jahrhunderts*, Haag + Herchen Verlag Frankfurt/Main, 1981.

Beicken, Peter U., *Franz Kafka*, Athenäum Fischer Taschenbuch Verlag Frankfurt am Main, 1974.

Beit, Hedwig von, *Symbolik des Märchens. Versuch einer Deutung*, Francke Verlag Bern, 2. Aufl., 1960.

Boeckmann, Klaus, *Untersuchungen zu den Elementen des Komischen im Werk Nestroys,* Ein Beitrag zur Phänomenologie der literarischen Komik und zur Poetik der Komödie, Diss. Hamburg, 1970.

Brill, Siegfried, *Die Komödie der Sprache. Untersuchungen zum Werk Johann Nestroys*. Erlanger Beiträge zur Sprach- und Kunstwissenschaft, Nürnberg, 1967.

Broch, Hermann, *Hofmannsthal und seine Zeit*, Suhrkamp Verlag Frankfurt am Main, 1974.

Brüder Grimm, *Kinder- und Hausmärchen*, Wissenschaftliche Buchgesellschaft Darmstadt, 1978.

Csúri, Károly, *Die frühen Erzählungen Hugo von Hofmannsthals*, Scriptor Verlag Kronberg/Ts., 1978.

Derungs, Werner, *Form und Weltbild der Gedichte Hugo von Hofmannsthals in ihrer Entwicklung*, Juris Verlag Zürich, 1960.

Dettmering, Peter(Hrsg.), *Kinder- und Hausmärchen der Gebrüder Grimm, Erstdruckfassung 1812-1815*, Verlag Dietmar Klotz GmbH Eschborn bei Frankfurt am Main, 2004.

Dolle, Bernd(Hrsg.), *Es wird einmal... Soziale Märchen der Zwanziger Jahre*, Weismann Verlag München, 1983.

Fetscher, Iring, *Wer hat Dornröschen wachgeküßt?*, das Märchen-Verwirrbuch, Fischer Taschenbuch Verl. Frankfurt am Main, 1976.

Franz, Marie-Louise von, *Der Schatten und das Böse im Märchen*, Kösel-Verlag München, 1985.

_____, *Psychologische Märchen*, Kösel-Verlag München, 1986.

Freud, Sigmund, *Die Ichspaltung im Abwehrvorgang*, GW XVII, S. Fischer Verlag Frankfurt am Main, 1938.

Geerken, Hartmut(Hrsg.), *Die goldene Bombe. Expressionistische Märchendichtungen und Grotesken*, Agora Darmstadt, 1970.

Goethes Werke, *Bd. 2*, Verlag C. H. Beck München, 10. Aufl., 1976.

_____, *Bd. 12*, Verlag C. H. Beck München, 10. Aufl., 1982.

Hagedorn, Günter, *Die Märchendichtung Hugo von Hofmannsthals*, Diss. Köln, 1967.

Hasselblatt, Dieter, *Zauber und Logik Eine Kafka-Studie*, Verlag Wissenschaft und Politik Köln, 1964.

Hederer, Edgar, *Hugo von Hofmannsthal*, S. Fischer Verlag Frankfurt am Main, 1960.

Heimrath, Ulrich, *Innerlichkeit und Moral, Ein Beitrag zur Charakterisierung des Erzählwerkes Hugo von Hofmannsthals*, Diss. Bochum, 1975.

Hein, Jürgen, *Johann Nestroy Der Talisman*, Philipp Reclam jun. Stuttgart, 1993.

_____, *Spiel und Satire in der Komödie Johann Nestroys*, Verlag Gehlen·Bad Homburg v. d. H.·Berlin·Zürich, 1970.

Herles, Helmut, *Nestroys Komödie: "Der Talisman"*, Wilhelm Fink Verlag München, 1974.

Hesse, Hermann, *Die Märchen*, Suhrkamp Taschenbuch Verlag, Frankfurt am Main, 1975.

Hippe, Robert, *Textanalysen mit Aufgaben und Übungen,* C. Bange Verlag Hollfeld,

1982.
______, *Kleine deutsche Poetik*, C. Bange Verlag Hollfeld, 1966.
Hofmannsthal, Hugo von, *Die Erzählungen*, Herg. von Herbert Steiner, S. Fischer Verlag Frankfurt am Main, 1968.
______, *Gedichte und lyrische Dramen*, Hrsg. von Herbert Steiner, S. Fischer Verlag Frankfurt am Main, 1970.
______, *Aufzeichungen*, Herg. von Herbert Steiner, S. Fischer Verlag Frankfurt am Main, 1973.
______, *Prosa I*, Hrsg. von Herbert Steiner, S. Fischer Verlag Frankfurt am Main, 1956.
______, *Prosa II*, Herg. von Herbert Steiner, S. Fischer Verlag Frankfurt am Main, 1959.
______, *Briefe 1890～1901*, Herg. von Herbert Steiner, S. Fischer Verlag Frankfurt am Main, 1953.
______/ Richard Beer-Hofmann, *Briefwechsel*, Hrsg. von Eugene Weber, S. Fischer Verlag Frankfurt am Main, 1972.
Honegger, Andreas, *Die Entwicklungskrise im Werk Hugo von Hofmannsthals*, Diss. Zürich, 1978.
Hoppe, Manfred, *Literatentum, Magie und Mystik im Frühwerk Hugo von Hofmannsthals*, Walter de Gruyter & Co Berlin, 1968.
Hüttner, Johann, *Johann Nestroys Werke auf der Wiener Bühne seit seinem Tode*, Diss. Wien, 1965.
Jolles, André, *Einfache Form*, Max Niemeyer Verlag Tübingen, 5. Aufl., 1974.
Kafka, Franz, *Die Verwandlung*, in Die Erzählungen, S. Fischer Verlag Frankfurt am Main, 1961.
Kahl, Kurt, *Johann Nestroy oder Der wienerische Shakespeare*, Molden, Wien, 1970.
Karlinger, Felix, *Grundzüge einer Geschichte des Märchens im deutschen Sprachraum*, Wissenschaftliche Buchgesellschaft Darmstadt, 1983.
Kassel, Norbert, *Das Groteske bei Franz Kafka*, Wilhelm Fink Verlag München, 1969.
Klotz, Volker, *Das europäische Kunstmärchen*, J. B. Metzlersche Verlagsbuchhandlung Stuttgart, 1985.
Knüsel, Käthi, *Reden und Schweigen in Märchen und Sagen*, Diss. Zürich, 1980.
Köhler, Wolfgang, *Hugo von Hofmannsthal und "Tausendundeine Nacht"*, Herbert Lang Bern Peter Lang Frankfurt/M., 1972.

Kümmerling-Meibauer, Bettina, *Die Kunstmärchen von Hofmannsthal, Musil und Döblin*, Böhlau Verlag Köln Weimar Wien, 1991.

Lee, Song Hoon, *Die Dualismusprobleme bei Hugo von Hofmannsthal*, Diss. Bielefeld, 1992.

Leo, Tönz, *Nestroys Talisman und seine französische Vorlage*, Diss. Wien, 1967.

Lüthi, Max, *Das europäische Volksmärchen*, Francke Verlag München, 5. Aufl., 1976.

_____, *Die Gabe im Märchen und in der Sage*, Zürich, 1943.

_____, *Es war einmal*, Vandenhoeck & Ruprecht in Göttingen, 3. Aufl., 1968.

_____, *Das Volksmärchen als Dichtung und als Aussage*, in: Wege der Märchenforschung, Hrsg. von F. Karlinger, Wissenschaftliche Buchgesellschaft Darmstadt, 1985.

Mautner, Franz H., *Nestroy*, Lothar Stiehm Verlag Heidelberg, 1974.

Mense, Josef Hermann, *Die Bedeutung des Todes im Werk Franz Kafkas,* Diss. Kassel, 1978.

Metzeler, Werner, *Ursprung und Kriese von Hofmannsthals Mystik*, Bergstadt-Verlag Wilhelm Gottlieb Korn München, 1956.

Müller, Paul Emanuel, *Novalis' Märchenwelt*, Diss. Zürich, 1953.

Nehring, Wolfgang, *Die Tat bei Hofmannsthal*, J. B. Metzlersche Verlagsbuchhndlung Stuttgart, 1966.

Nestroy, Johann, *Der Talisman*, in Komödien 1838-1845 (2. Band), Hrsg. von Franz H. Mautner, Insel Verlag Frankfurt am Main, 1970.

Novalis, *Schriften (1. Bd.)*, Hrsg. von Paul Kluckhohn und Richard Samuel, W. Kohlhammer Verlag Stuttgart, 1960.

_____, *Schriften(1. Bd.) Das Märchen von Hyacinth und Rosenblüthe*, in Die Lehrlinge zu Sais, Hrsg. von P. Kluckhohn und R. Samuel, Verlag W. Kohlhammer Stuttgart, 1977.

_____, *Fragmente*, Hrsg. von Ernst Kamnitzer, Wolfgang Jess Verlag in Dresden, 1929.

_____, *Fragmente Ⅱ*, Hrsg. von Ewald Wasmuth, Verlag Lambert Schneider Heidelberg, 1957.

Obenauer, Karl Justus, *Das Märchen*, Vittorio Klostermann Frankfurt am Main, 1959.

Oft, Herich, *Das Problem der Autonomie bei Hofmannsthal*, Diss. Berlin, 1976.

Paede, Paul, *Krankheit, Heilung und Entwicklung im Spiegel der Märchen*, Vittorio Klostermann Frankfurt am Main, 1986.

Pfeifer, Martin, *Hesse-Kommentar zu sämtlichen Werken*, Suhrkamp Verlag Frankfurt am Main, 1990.

Poser, Therese, *Das Volksmärchen*, R. Oldenbourg Verlag München, 1980.

Propp, Vladimir, *Morphologie des Märchens*, Hrsg. von Karl Eimermacher, Suhrkamp München, 1975.

______, *Die historischen Wurzeln des Zaubermärchens*, Carl Hanser Verlag München, 1987.

Reitz, Klaus, *Ästhetik und Sittlichkeit. Die Entwicklung von Hofmannsthals Prosa in ihrer zeitgeschichtlichen Bedeutung*, Diss. München, 1976.

Resch, Margit, *Das Symbol als Prozeß bei Hugo von Hofmannsthal*, Forum Academicum in der Verlagsgruppe Athenäum Hain Scriptor Hanstein, 1980.

Rölleke, Heinz(Hrsg.), *Die älteste Märchensammlung der Brüder Grimm*, Fondation Martin Bodmer Cologny-Genève, 1975.

______, *Die Stellung des Dornröschenmärchens zum Mythos und zur Heldensage*, in: Antiker Mythos in unseren Märchen, Hrsg. von W. Siegmund, im Erich Röth-Verlag Kassel, 1984.

Ryan, Judith, *Die allomatische Lösung: Gespaltene Persönlichkeit und Konfiguration bei Hugo von Hofmannsthal*, in: Deutsche Vierteljahrs Schrift für Literaturwissenschaft und Geistesgeschichte, J. B. Metzlersche Verlagsbuchhandlung Stuttgart, 1970.

Schmalstieg, Dieter-Olaf, *Eros und Vogelflug. Hugo von Hofmannsthal als Hermeneut alttestamentlicher Weisheit*, in: Deutsche Vierteljahrs Schrift für Literaturwissenschaft und Geistesgeschichte, J. B. Metzlersche Verlagsbuchhandlung Stuttgart, 1969.

Schmid, Martin Erich, *Symbol und Funktion der Musik im Werk Hugo von Hofmannsthals*, Carl Winter Universitätsverlag Heidelberg, 1968.

Schneeberger, Irmgard, *Das Kunstmärchen in der ersten Hälfte des 20. Jahrhunderts*, Diss. München, 1960.

Schwalbe, Jürgen, *Sprache und Gebärde im Werk Hugo von Hofmannsthals*, Klaus Schwarz Verlag Freiburg im Breisgau, 1971.

Sokel, Walter H., *Kafkas Verwandlung: Auflehnung und Bestrafung*, in Franz Kafka Herausgegeben von Heinz Politzer, Wissenschaftliche Buchgesellschaft Darmstadt, 1973.

Stier-Somlo, Helene, *Das Grimmsche Märchen als Text für Opern und Spiele*, Walter de Gruyter & Co. Berlin und Leipzig, 1926.

Tismar, Jens, *Kunstmärchen*, J.B. Metzlersche Verlagsbuchhandlung Stuttgart, 1977.

_____, *Das deutsche Kunstmärchen des zwanzigsten Jahrhunderts*, J. B. Metzlersche Verlagsbuchhandlung Stuttgart, 1981.

Thomasberger, Andreas, *Verwandlungen in Hofmannsthals Lyrik*, Max Niemeyer Verlag Tübingen, 1994.

Träbing, Gerhard, *Hugo von Hofmannsthals 'Reitergeschichte'*, in: Deutsche Vierteljahrs Schrift für Literaturwissenschaft und Geistesgeschichte, J. B. Metzlersche Verlagsbuchhandlung Stuttgart, 1969.

Urbach, Reinhard, *Die Wiener Komödie und ihr Publikum*, Jugend und Volk, Wien, 1972.

Weigel, Hans, *Johann Nestroy*, dtv Hannover, 2. Aufl., 1972.

Wellek, Albert, *Die Polarität im Aufbau des Charakters*, Francke Verlag Bern und München, 3. Aufl., 1966.

Wesselski, Albert, *Versuch einer Theorie des Märchens*, Verlag Dr. H.A. Gerstenberg Hildesheim, 1974.

Wilpert, Gero von, *Sachwörterbuch der Literatur*, Alfred Kröner Verlag Stuttgart, 5. Aufl., 1969.

Wolfersdorf, Peter, *Märchen und Sage in Forschung, Schule und Jugendflege*, Waisenhaus-Buchdruckerei und Verlag Braunschweig, 1958.

2. 국내 도서

강숙인, 마지막 왕자, 서울: 푸른책들, 1999.

_____, 아, 호동왕자, 서울: 푸른책들, 2000.

_____, 화랑 바도루의 모험, 서울: 길벗어린이, 2001.

_____, 하늘의 아들 왕검 1, 2, 서울: 푸른책들, 2003.

_____, 초원의 별, 서울: 푸른책들, 2006.

_____, 지귀, 선덕여왕을 꿈꾸다, 서울: 푸른책들, 2009.

강정연, 재미나면 안 잡아먹지, 서울: 비룡소, 2010.

_____, 건방진 도도군, 서울: 비룡소, 2007.

_____, 위풍당당 심예분 여사, 서울: 시공주니어, 2008.

_____, 심술쟁이 버럭영감, 서울: 비룡소, 2007.

_____, 고것 참 힘이 세네, 서울: 사계절, 2009.

______, 만복마을 장똑새, 서울: 사계절, 2009.
______, 초록눈 코끼리, 서울: 푸른숲주니어, 2010.
______, 정마로의 정말 억울한 사연, 서울: 비룡소, 2009.
______, 바빠 가족, 서울: 바람의 아이들, 2006.
강희안, 새로운 현대시작법, 서울: 천년의 시작, 2011.
교양교재편찬위원회편, 문학입문, 서울: 건국대학교출판부, 1995.
권정생 외 4인, 똘배가 보고 온 달나라, 서울: 창작과비평사, 1983.
김수영, 내 이름은 퀴마, 서울: 효리원, 2011.
류 은, 바람드리의 라무, 서울: 바람의 아이들, 2009.
마해송, 사슴과 사냥개, 서울: 창작과비평사, 1981.
송영규, 그때 그날, 서울: 좋은땅, 2009.
안도현, 짜장면, 서울: 열림원, 2000.
______, 연어, 서울: 문학동네, 1996.
오규원, 현대시작법, 서울: 문학과 지성사, 2006.
이금이, 우리 반 인터넷 소설가, 서울: 푸른책들, 2010.
이미애, TV동화 행복한 세상, 박인식 기획, 서울: 샘터, 2002.
이부영, 한국민담의 심층분석, 서울: 집문당, 2000.
이성훈, 동화의 이해, 서울: 건국대학교출판부, 2003.
______, 독일시 연구, 서울: 건국대학교출판부, 2004.
______, 그림동화-동창미인 그림형제, 서울: 건국대학교출판부, 2011.
______, 동화론, 서울: 건국대학교출판부, 2014.
______, 아동교육매체로서 동화, 서울: 건국대학교출판부, 2014.
______, 동화치료, 서울: 건국대학교출판부, 2014.
이영서, 책과 노니는 집, 서울: 문학동네, 2009.
이원수, 꼬마 옥이, 서울: 창작과비평사, 1983.
이원수·손동인 엮음, 한국전래동화집, 1~6, 서울: 창작과비평사, 2002.
이주홍, 못나도 울엄마, 서울: 창작과비평사, 1983.
임달영, 제로, 서울: 이소프트넷, 2000.
주경철, 신데렐라 천년의 여행, 서울: 산처럼, 2005.
최유정, 나는 진짜 나일까, 서울: 푸른책들, 2009.
최원식 외 3인 엮음, 채만식·김유정, 20세기 한국소설 5, 경기도 파주: 창비, 2005.
최인훈, 7월의 아이들, 한국문학대계, 서울: 현대문학사, 1965.
한국문인협회 편, 한국단편문학대계, 제1권~제20권, 서울: 삼성출판사, 1978.
한상남 엮음, 가장 재미있는 전래동화, 서울: 재능아카데미, 1997.

함지슬 외, 도서관 길고양이, 서울: 푸른책들, 2010.
황석영, 모랫말 아이들, 서울: 문학동네, 2001.
황선미, 마당을 나온 암탉, 서울: 사계절, 2003.
황순원, 황순원 작품집, 서울: 지식을 만드는 지식, 2010.

3. 번역 도서

김열규 옮김, 어른을 위한 그림형제동화전집, 경기 고양시: 현대지성사, 2010.
김유경 옮김, 안데르센동화전집, 서울: 동서문화사, 2007.
김재남 옮김, 셰익스피어 4대비극·5대희극, 서울: 북앤북, 2012.
로알드 달, 지혜연 옮김, 찰리와 초콜릿 공장, 서울: 시공주니어, 2000.
루이스 캐럴, 김서정 옮김, 이상한 나라의 앨리스, 서울: 살림어린이, 2009.
릿따 아지리안 외 1명 엮음, 노재윤 옮김, 아프리카 동화, 서울: 서광사, 1993.
미사오 키류(Misao Kiryu), 이정환 역, 알고 보면 무시무시한 그림동화, 서울: 서울문화사, 1999.
생텍쥐페리, 이병기 엮음, 어린왕자, 서울: 지식서관, 2003.
요한 볼프강 폰 괴테 외, 차경아 외 옮김, 세상에서 가장 재미있는 낭만동화집 Ⅰ, Ⅱ, 서울: 이룸, 2006.
울리히 존넨베르크, 김수은 옮김, 안데르센과 함께 코펜하겐을 산책하다, 서울: 갑인공방, 2005.
윤후남 옮김, 어른을 위한 안데르센동화전집, 경기 고양시: 현대지성사, 2004.
이링 페처(Iring Fetscher), 이진우 역, 누가 잠자는 숲 속의 공주를 깨웠는가, 서울: 철학과 현실사, 1991.
재키 울슐라거, 전선화 옮김, 안데르센평전, 서울: 미래M&B, 2006.
정관호 외 옮김, 어린이 세계의 동화 1~15, 서울: 계몽사, 1987.
크리스치안 슈트리히(Chrstian Strich), 김재혁 역, 세계의 동화, 서울: 현대문학사, 2005.

www.google.co.kr
www.naver.com
www.daum.net

찾아보기

(ㄷ)

(ㄹ)

(ㅁ)

(ㅇ)

(ㅈ)

(ㅊ)